班组安全 100 丛书

冶金企业班组安全生产事故分析精编

“班组安全 100 丛书” 编委会　组织编写

中国劳动社会保障出版社

图书在版编目(CIP)数据

冶金企业班组安全生产事故分析精编/“班组安全100丛书”编委会组织编写. -- 北京：中国劳动社会保障出版社，2020
(班组安全100丛书)
ISBN 978-7-5167-4543-4

Ⅰ.①冶… Ⅱ.①班… Ⅲ.①冶金企业-工业企业-生产小组-安全事故-事故分析 Ⅳ.①F407.306.6

中国版本图书馆CIP数据核字(2020)第131088号

中国劳动社会保障出版社出版发行
(北京市惠新东街1号 邮政编码：100029)

*

北京市艺辉印刷有限公司印刷装订 新华书店经销
880毫米×1230毫米 32开本 8.875印张 206千字
2020年8月第1版 2020年8月第1次印刷
定价：28.00元

读者服务部电话：(010) 64929211/84209101/64921644
营销中心电话：(010) 64962347
出版社网址：http://www.class.com.cn

“班组安全100丛书”编委会

内容简介

冶金企业主要是指炼铁、炼钢、轧钢企业以及与之相关的烧结、球团耐火工艺企业和氧气、碳素、铁合金企业等。冶金企业生产过程长、工艺复杂，危害因素多，容易发生各种各样的事故。为了预防各类事故的发生，冶金企业要按照《中华人民共和国安全生产法》等法律、法规的要求，结合本企业的实际情况，建立、健全各项安全生产规章制度和岗位操作规程，提高从业人员的安全生产法律意识，保证从业人员具备必要的安全生产知识，熟悉有关的安全生产规章制度和安全操作规程，掌握本岗位的安全操作技能，以及在紧急情况下应采取的应对处理措施。

本书针对冶金企业常见多发的各类事故，详细分析了事故经过、事故原因、事故教训和整改措施，还对每起事故所涉及的相关知识进行了介绍，同时还有的放矢地介绍了相关企业的做法。本书所分析的七类事故，即爆炸火灾事故、中毒窒息事故、灼烫伤害事故、触电伤害事故、机械伤害事故、起重伤害事故以及其他常见事故，都与生产一线班组、生产一线作业人员密切相关。本书内容丰富，层次清楚，叙述深入浅出，非常适合于班组职工和基层管理人员的学习和培训，也适合于生产班组的日常教育，并且可以作为培训教材使用。

前言

随着科学技术的进步，工业化大生产应用于各行各业，机械、电子设备的广泛使用极大地提高了劳动生产率，也使工作环境日益得到改善。然而，工业化也带来了由于工作环境越来越复杂所产生的安全问题，要么不发生事故，要么会发生更加严重的事故。因此，生产方式的进步对作业人员安全意识的提高和安全习惯的养成提出了更高的要求。

俗话说“安全不安全，自己管一半”。有些伤害是操作者本人引发的事故造成的，有些伤害是他人引发的事故造成的。因此，管住自己违章的“手”，就能有效地减少事故的发生，在减少由此给自己带来的伤害的同时，也减少对别人的伤害。如果每个人都能做到这一点，事故的发生率就会大大降低。另外，如果掌握了充分的安全知识和应急避害技能，即使遇到了事故，人们也能有效地采取合理的措施，减少甚至避免伤害的发生。从这个角度讲，“安全不安全，自己管一半”可以改为“安全不安全，自己说了算”。

大量事实表明，许多刚参加工作的人员非常重视工作技能的学习，但却忽视了安全知识的掌握，非得经历一次事故才能真正明白安全生产的重要性。但是，一次安全生产事故有可能导致非常严重的后果，甚至使人遗憾终身。因此，企业一定要贯彻“安全第一、预防为主、综合治理”的方针，督促员工学习安全生产知识和技能，养成遵章守纪、不随意妄为的良好习惯，确保安全生产，从而保障企业、员工的切身利益。

“班组安全 100 丛书”以案例的形式，从事故预防的角度教育企业负责人和作业人员，从以往发生的事故中吸取教训，从而提高安全生产意识，以免重蹈事故伤害的覆辙。

“班组安全 100 丛书”共有十三个分册，分别是：

《班组安全管理经验和方法精编》《违章违纪与操作失误事故分析精编》《危险作业现场隐患事故分析精编》《设备设施潜在隐患事故分析精编》《生产班组亲历事故教训精编》《机械制造企业班组安全生产事故分析精编》《冶金企业班组安全生产事故分析精编》《矿山企业班组安全生产事故分析精编》《道路交通运输企业班组安全生产事故分析精编》《化工企业班组安全生产事故分析精编》《建筑企业班组安全生产事故分析精编》《企业负责人安全生产责任分析与事故预防精编》《企业管理人员安全生产责任分析与事故预防精编》。

丛书案例均选自真实发生的生产事故，有的还来自当事人的自述，按照企业培训和员工自学的使用要求进行分类，经过精心编排，具有很重要的参考意义，适合企业对员工的安全生产培训，有助于员工安全生产意识的提高。

编者

2020 年 3 月

目录

CONTENTS

一、爆炸火灾事故/1

1. 铁水外溢遇积水发生爆炸/1
2. 冷却水遇高温钢水发生喷爆/8
3. 转炉内进水发生爆炸/11
4. 干渣坑内铁水遇含水物料发生爆炸/14
5. 带压操作氧气流速过快引发燃爆/17
6. 气阀未关闭乙炔泄漏发生爆炸/22
7. 煤气发生炉高温缺水突然注水发生爆炸/26
8. 油箱未加处理直接补焊引发火灾/28
9. 在禁火区使用明火引发爆炸/32

二、中毒窒息事故/38

10. 进入危险区域防护不当导致中毒窒息/38
11. 未采取防护措施违章作业导致煤气中毒/45
12. 硫化氢泄漏导致中毒窒息/49
13. 未佩戴呼吸器作业导致煤气中毒/53
14. 违章作业吸入氮气导致窒息/58
15. 蝶阀未关闭到位煤气泄漏导致中毒/63
16. 未采取防护措施作业一氧化碳中毒窒息/71
17. 作业人员未切断煤气气源导致中毒/75
18. 未佩戴防毒面具导致煤气中毒/79
19. 人员贸然在缺氧危险场所作业导致窒息/83

三、灼烫伤害事故/88

20. 高炉炉料外泄员工被高温灼烫/88
21. 钢水泄漏导致人员被烫伤致死/95
22. 钢水喷炉导致人员被灼烫/99
23. 矿热炉塌料产生剧烈燃烧导致人员被灼烫/102
24. 作业人员不慎被铸坯烫伤/105
25. 倾倒炉膛钢水时钢水外溅导致灼烫/108

四、触电伤害事故/112

26. 电工作业未断开开关直接操作造成触电/112

27. 检修结束随意送电造成触电/116
28. 吊装作业未采取安全防护措施导致触电/120
29. 电工作业未进行验电导致触电/124
30. 作业人员不慎坠入电缆沟导致触电/127
31. 电线老化漏电导致触电/131

五、机械伤害事故/135

32. 人员工作服不系扣被卷入运转皮带/135
33. 皮带工违规作业导致颈部被卡致死/139
34. 人员作业不慎被卷入运转皮带/144
35. 人员违章操作被卷入传动轴/147
36. 人员违规进入危险区域被打包机击中头部/151
37. 工人冒险穿越平台被拦焦车挤压致死/155
38. 调整工违章作业手腕被红钢撞断/157
39. 打包工违章横穿输送辊道被挤压致死/161
40. 员工不停机违章冒险作业导致被机械伤害/163
41. 人员擅自进入停机的圆筒筛内受到机械伤害/167
42. 作业人员违规进入小车运行区域受到机械伤害/170
43. 错误使用高转速电机导致风机转子解体击中作业人员/172
44. 维修工作业站位不当被打捆机挤压致死/177
45. 人员违规作业被卷入辊道联轴器/180

六、起重伤害事故/185

46. 轨道梁存在质量缺陷导致起重机整体坠落造成伤害/185

47. 吊运铁水包耳轴脱落造成起重伤害/192
48. 人员违规手扶吊物导致被压伤/195
49. 因操作失误人员被撞击坠落至水池死亡/198
50. 包装工违规指挥天车站位不当被挤压致死/201
51. 电动葫芦钢丝绳锈蚀严重吊物掉落造成伤害/206
52. 天车主钩冲顶钢丝绳被绞断坠落造成伤害/211
53. 吊装工冒险进入吊物下方被掉落炮泥砸死/215
54. 天车起吊时人员未及时撤离被撬杠击中致死/218
55. 天车工忽视安全身体越线被天车挤压致死/221

七、其他常见事故/226

56. 人员高处作业未系好安全带导致坠落/226
57. 人员气割作业发生煤气爆炸造成高处坠落/230
58. 人员违规移动高空作业平台导致平台倾覆人员坠落/234
59. 人员违章作业导致高处坠落/238
60. 平台围栏缺陷且人员未系安全带导致高处坠落/241
61. 厂房顶部作业瞬时大风导致人员高处坠落/245
62. 混匀机筒体结圈料大面积脱落导致保护架坍塌/248
63. 清理给料机上部淤煤受煤仓塌落引发事故/251
64. 清理料仓粘料突然坍塌导致人员窒息/256
65. 冷箱外壁破裂珠光砂喷出导致坍塌/262
66. 拖拉机倒进车间撞倒人员造成伤害/266

一、爆炸火灾事故

在冶金企业生产过程中，如果处置不当，就会发生铁水和熔渣喷溅与爆炸事故、钢水和熔渣喷溅与爆炸事故、氧枪回火燃烧爆炸事故等。在冶金企业传热型蒸汽爆炸中，水与高温物体接触引起的蒸汽爆炸非常有代表性，约占爆炸事故总数的60%。一般说来，蒸汽爆炸不需要点火源和可燃物，它的预防措施与需点火源的爆炸预防措施完全不同。平常被认为最安全的水，在一定的条件下能够变成一种危险物质，就是蒸汽爆炸事故的特征。发生蒸汽爆炸的设备，以熔矿炉、熔融炉、平炉、电炉、回收锅炉为最多，其次是坩埚、铸模等。蒸汽爆炸的预防措施是不使水与高热物体有直接接触的机会。

1. 铁水外溢遇积水发生爆炸

2016 年 4 月 1 日 17 时 15 分左右，山东省临沂某特钢有限公司（本案例简称特钢公司）二号炼钢厂混铁炉生产区，混铁炉在出铁过程发生铁水外溢，外溢铁水接触受铁坑内潮湿地面发生爆炸，造成 3 人死亡、3 人受伤，直接经济损失 454. 74 万元。

（1）企业基本情况

1）企业相关情况。特钢公司始建于2003年9月，是集烧结、炼铁、炼钢、轧钢、发电于一体的民营股份制钢铁联合企业。特钢公司拥有5座108 m^2烧结机、5座630 m^3炼铁高炉、3座60 t转炉和5条螺纹钢轧钢生产线，员工5 100人，年产钢材360万t。

2）事发生产线情况。二号炼钢厂于2011年1月开工，2011年11月试生产，2012年1月投产，建设主厂房1栋，分加料跨、转炉跨、连铸跨、出坯跨、渣跨，主要设备有2座60 t转炉、1台600 t混铁炉、1条五机五流连铸生产线和13台起重机。

发生爆炸的部位为混铁炉区域，位于二号炼钢厂加料跨西端，当时该部位共有7名员工（混铁炉操作员1人，挂钩工2人，平台指挥1人，行车司机2人，制冷机维修工1人）。主厂房为单层钢结构厂房，加料跨东西长120 m，宽21 m，高27. 3 m。主厂房北侧为渣跨，混铁炉操作室位于上料系统南侧二层平台（混铁炉平台对面偏东），主控室东侧留有人员出入楼梯。

3）混铁炉生产工艺情况。混铁炉系统主要用于调节转炉生产的节奏，短暂储存高炉来的铁水，是调节高炉炼铁和转炉炼钢的缓冲带。高炉铁水由铁水罐运送到加料跨内，再由加料跨起重机吊起，通过混铁炉上部兑铁口，将铁水兑入混铁炉内。混铁炉用于铁水存储、混匀、保温，当转炉需要铁水时，起重机将铁水包吊运至受铁坑内铁包车上，铁包车移至出铁位置后开始出铁。当铁水量出至转炉需要量时，停止出铁，铁包车再移至吊装位，起重机将铁水包吊至转炉进行炼钢。

（2）事故经过

2016年4月1日17时15分左右，特钢公司二号炼钢厂混铁炉生产区，混铁炉在出铁过程发生铁水外溢，外溢铁水接触受铁坑内潮湿地面发生爆炸，致使停靠在受铁坑上方 2 台行车驾驶室内 2 名行车司机当场死亡、1 名制冷机维修工重伤（于 4 月 2 日经抢救无效死亡）、1 人轻伤、2 人轻微伤。

（3）事故原因分析

1）直接原因。混铁炉出铁过程中失控，造成铁水外溢，外溢铁水与受铁坑潮湿地面或积水接触，引发水蒸气急剧膨胀发生爆炸事故。

2）间接原因。特钢公司安全生产主体责任落实不到位，存在以下问题：

①安全意识淡薄，安全管理混乱。该企业重效益、轻安全，不能正确处理安全与效益的关系。企业主要负责人、管理人员变动频繁，安全生产规章制度和操作规程不健全，安全责任制落实不到位，存在有章不循、有令不行、有禁不止的违法违规行为。

②设施设备变更管理制度执行不到位。企业对混铁炉主控室、受铁坑等安全设施的变更审核、变更过程及变更后的事故隐患分析、控制过程管理不到位，导致摇炉工视线受阻。

③设备维护管理不到位。气动应急装置、机械装置应急手柄等应急装置和控制继电器自投入运行后，没有进行经常性维护、保养和定期检测，导致当电动控制混铁炉无法复位时，气动应急装置、机械装置应急手柄不具备应急处置作用。受铁坑内电气线路未采取隔热措施，导致铁水熔断电气线路，发生电网短路停电。

④现场安全管理不到位。该企业现场事故隐患排查治理不系统、不细致、不到位，未能及时发现混铁炉配电柜内控制继电器炭化失效，对违规在混铁炉平台设置水管、受铁坑积水问题治理不到位，致使铁水外溢后遇水发生爆炸。吊运区域附近平台、厂房立柱未采取防铁水喷溅措施。

⑤现场应急处置不当。事故车间相关人员未按规定对铁水外溢启动应急预案，未开启气动应急装置、操作机械装置应急手柄，导致铁水持续外溢，进而发生爆炸事故。

⑥事故隐患排查整改走过场。该企业事故隐患排查整改不深入、不扎实、不细致，自查自纠走过场，导致一些事故隐患反复出现，得不到彻底整改。

⑦安全教育培训流于形式。该企业安全教育培训不深入，从业人员存在安全素质不高、安全操作技能不强、对危险作业的安全风险认知不足等问题，导致空调维修工在起重机运行期间违规登上天车巡检，致使事故伤亡扩大。

（4）事故教训和整改措施

经调查认定，这起铁水外溢爆炸事故是一起较大生产安全责任事故。针对这起事故暴露的突出问题，为深刻吸取事故教训，进一步加强冶金企业安全生产工作，有效防范类似事故重复发生，提出如下整改措施：

1）切实落实企业安全生产主体责任。各类生产经营单位要坚决克服重生产、轻管理，重效益、轻安全的思想，依法履行安全生产主体责任，全面加强企业安全管理。要建立、健全并严格落实以法定代表人负责制为核心的各级安全生产责任制，层层延伸到车间、班组、岗位。

2）要坚持高标准、严要求、细管理，完善安全管理制度和安全责任体系，严格现场安全管理，确保安全生产法律、法规、标准、规程和工作部署要求真正落到实处。要加大安全投入，推进科技创新与进步，在风险较高环节和危险部位落实机械化减人、自动化换人措施，不断提高本质安全水平。

3）要认真开展事故隐患排查治理工作，及时发现和治理安全生产事故隐患，防患于未然。要强化对员工的安全教育培训，尤其要对新进员工、转岗员工、使用新设备和新工艺的员工、危险工序关键岗位员工，开展有针对性的安全教育与培训，并加强考核和监督检查，切实提高员工的法制意识、安全意识和安全操作技能。要建立风险识别、评估、管控制度，加强危险因素辨识及风险分析，严格落实风险对策及措施，强化关键工序、环节的技术检查与安全控制。

4）要加强安全设施管理和维护工作。要督促企业定期对安全设备设施进行检查、校验，对安全性能差、危及安全生产的技术、工艺和装备及时进行更新或改造，完善预防积水和渗排水设施，对所有炼钢用罐、坑、池、槽、斗和混铁炉铁水罐进行检查，防止存在积水或堆放潮湿物品。加强安全防护装置设施管理，建立安全防护装置设施管理登记表和逐级检查台账，健全检查、维护、检修及评价、管理机制，确保各类安全防护装置设施齐全、完善、有效。

（5）相关知识与管理借鉴

这起事故涉及混铁炉，混铁炉主要用于调节转炉生产的节奏，短暂储存高炉来的铁水，是调节高炉炼铁和转炉炼钢的缓冲带。

这起事故的发生与几个因素相关，一是混铁炉主控室、受铁坑等安全设施的变更审核、变更过程及变更后的事故隐患分析、控制过程管理不到位，导致摇炉工视线受阻。二是气动应急装置、机械装置应急手柄等应急装置和控制继电器自投入运行后，没有进行经常性维护、保养和定期检测，导致当电动控制混铁炉无法复位时，气动应急装置、机械装置应急手柄不具备应急处置作用。受铁坑内电气线路未采取隔热措施，导致铁水熔断电气线路，发生电网短路停电。三是未能及时发现混铁炉配电柜内控制继电器炭化失效，对违规在混铁炉平台设置水管、受铁坑积水问题治理不到位，致使铁水外溢后遇水发生爆炸。此外，事故车间相关人员未按规定对铁水外溢启动应急预案，未开启气动应急装置、操作机械装置应急手柄，导致铁水持续外溢，进而发生爆炸事故。

在混铁炉操作时，应注意以下事项：

1）接班时检查炉体机电设备，并进行全面试车（包括紧急事故气动手闸），确认运转正常后，方可摇炉和进铁水。若发现有异常现象，应及时报告有关领导或部门处理，严禁炉子带事故隐患运转。

2）摇炉前炉口正下方要对准铁水包，进铁前要了解炉内铁水情况，避免铁水溢出倒在轨道上。

3）结盖的铁水兑铁前，应先了解结盖的位置，兑铁时结盖液面的倾角应控制在5°左右，避免因倾角过大铁水突然爆出发生事故。如果液面结盖摇不开，应用氧气烧个出口再进行兑铁。

4）进、出铁前应先警示，以保证周围及炉顶上的人员安全。

5）摇炉时思想要集中，禁止做摇炉以外的任何事。摇炉时，挡位指令要清晰，严禁猛推猛拉，杜绝因指令不清导致炉子无法紧停产生事故。摇炉时，出铁速度应遵照慢—快—慢的原则，确保出铁量精准和操作安全。

6）摇炉时若炉子失控，应立即启用紧急气动手闸，将炉子摇回零位，并通知相关部门处理。

7）指挥行车起吊落罐时，应严格检查铁水包两边挂耳是否套入，落脚是否落槽、平稳，杜绝因歪吊斜放而引起的重大安全事故。

8）接班后要对铁水包的包衬和耳轴进行观测。铁水包的包底浇注层厚度不得小于250 mm，包壁厚度不得小于120 mm，包口直径不得小于50 mm，包壁不能有明显坑洞，若包壳发白发红应立即停止使用。耳轴轴套损坏的，应立即更换。

9）班中应对炉体表面进行测温，特别是炉役中后期时，如遇到温度突然升高，甚至炉壳发红的，应马上采取紧急措施并及时上报。

炉体表面的临界温度为 240 ℃。

10）铁水包热补后烘烤时间须超过 1.5 h 才可重新使用。

11）水套冷却水回水流量小于 15 m^3/h 时，应先观察水套是否漏水或水源断绝。水套漏水应及时更换，因漏水导致受铁坑有积水的，不能倾斜炉子或进铁水。水源断绝则要在 20 分钟内吊离水套。

12）上炉顶工作时，应关闭煤气和风机，且有人监护。

13）相关设备检修前，应在该设备的操作按钮上挂好检修牌，并将该检修情况通报班中全体人员。如遇交班，也应将情况告知下一班全体人员。急用时应先与检修人员沟通联系，任何人不能私自开启挂有检修牌的设备。

14）出铁口要保证完好，破损应及时修补，避免铁水溅出铁水包外。

15）每班必拉铁水包渣子，铁渣过多后拉包口时容易损伤铁水包包嘴浇注料，甚至拉不动包口而结死整个铁水包。铁水包拉渣后倒第一炉铁水时，应注意铁水冲到浮渣会发生喷溅，可能烧伤附近人员。

16）吊运物体前应先检查吊具，吊具损坏或吊具不合格的严禁使用。

17）指挥行车吊运物体时应指令清晰，人员禁止站在吊物下方或行走在行车开动方向的前方。

18）开动铁包车前应先确认前方无人，满包铁水开动后应靠铁包车自身惯性停止，严禁打反车，防止铁水摇晃出包外。

19）铁水包要留出 30 cm 的装入上限。严禁用包龄 200 炉以内的铁水包装盛 50 t 以上的铁水。

20）禁止往过氧化钢水中补兑铁水，防止发生剧烈反应时钢水翻出包外造成事故。

21）铁水要进混铁炉时，领航员必须到规定的指挥台上指挥，严禁在其他地方领航或者不领航。

22）混铁炉进铁水或者出铁时，必须开启二次除尘阀门，避免厂房大量冒烟。

23）受铁车轨道上严禁有异物，防止受铁车脱轨。

24）倒铁水时铁水罐底部与铁水包上部之间要留有 0.5 m 的间距，杜绝倒铁水时铁水罐的前翻点顶到铁水包产生事故。

25）倒铁水时应严格执行正中兑铁。

26）倒好一包铁水后应先指挥行车松下小钩，禁止在不倒铁水时将铁水罐保持在倾翻状态。

2. 冷却水遇高温钢水发生喷爆

2018 年 5 月 17 日 8 时 50 分左右，河南省南阳市南阳某特钢有限公司（本案例简称特钢公司）发生钢水喷爆较大事故，造成 2 人死亡、13 人受伤。

（1）企业基本情况

特钢公司位于河南省南阳市西峡县回车镇古庄河村，成立于 2003 年 8 月，在岗职工 4 000 多人。主要设备有 1 260 m^3 高炉 1 座，450 m^3 高炉 2 座，80 t 转炉 3 座，以及 3 条连铸生产线、2 条模铸生产线和 2 条轧线，具备年产 300 万 t 粗钢能力。

（2）事故经过

2018 年 5 月 17 日上午，特钢公司正常生产。7 时左右，特钢公司炼轧厂模铸作业区准备开始进行浇铸作业。7 时 45 分，行车工将装有 100 t 钢水的钢包吊运到模铸浇钢车上。8 时 5 分左右，钢水吹氩降温后，5 名浇钢工开始浇铸作业。

8 时 20 分左右，浇铸作业即将完成时，水口滑板间隙处出现漏钢现象，钢水流洒至中注管内部、顶部及外壁，迅速形成了结瘤。浇钢人员先向南侧事故包开动浇钢车，被中注管结瘤粘连，水口滑板停在南面的结晶器上方，向北侧事故包开动时动力系统失效，导致浇钢车无法动作，剩余钢水流洒至结晶器冷却水管上方及冒口顶部。

8 时 27 分，岗位人员通知调度室钢包跑钢需进行紧急处理。8 时 30 分左右，设备厂长等 4 人赶到现场处置，并将在外面的 6 名摆模工喊来进行辅助工作。8 时 50 分左右，结晶器冷却水管出现破口，导致冷却水喷射入冒口内，遇钢水发生喷爆，造成现场作业的 15 人受伤。

（3）事故原因分析

1）直接原因。水口滑板损坏，导致钢包内残余钢水经水口滑板间隙向下喷洒，飞溅至冒口周边冷却水管及结晶器上方；冷却水管长时间受热，导致保护钢丝、石棉布熔化，铝管应力变形产生破口，冷却水喷射至冒口模腔内部，遇高温钢水瞬间发生喷爆。

2）间接原因如下：

①风险辨识不到位。该工艺自身存在漏钢风险，但企业未提供现场处置方案；不能辨识出高温钢水随时有损坏冷却水管引发喷爆的风险。

②应急处置不当。在无法将浇钢车移至事故包，且水口滑板停留在结晶器上方时，企业未能及时组织现场人员撤离，而是组织更多人员盲目进行抢修，导致事故伤亡人数扩大。

③设备设施安全性差。企业自行研发的事故模铸工艺，中注管与浇钢车底部间距过小（15 cm），经常造成中注管顶部钢水结瘤，影响浇钢车正常运行。企业明知该问题却未采取有效防范措施，导致此次漏钢故障发生后浇钢车不能移至事故包区域。

④设备设施安全防护不到位。浇钢车现场电气控制柜未采取防高温、防喷溅措施，电气控制柜被高温钢水持续炙烤造成短路，且未设置远程控制系统，致使浇钢车动力失效无法移动到事故包位置。

（4）事故教训和整改措施

1）成型及冷却设备中，结晶器堵塞、渗水或无水，会造成其他爆炸。因此，要注意检查结晶器，特别是倒锥度应符合设计规范。

2）新结晶器或检查后的结晶器必须经水压试验合格才能使用。

3）合格的结晶器在安装前应暂时封堵进、出水口，防止异物进入而堵塞结晶器。

4）准备使用和使用中的结晶器及上口有渗水现象时，不能浇注。

5）检查确认结晶器、二次喷淋冷却装置所配备的事故供水系统安全可靠，一旦正常供水中断，在规定时间内应能保证铸机的安全。

（5）相关知识与管理借鉴

从事故经过来看，这起事故的发生与设备设施安全性差有直接的关系。浇钢工浇铸作业即将完成时，出现漏钢，钢水迅速形成结瘤，浇钢车被结瘤粘连。之所以发生结瘤粘连，是在企业自行研发的模铸工艺中，中注管与浇钢车底部间距过小（15 cm），经常造成中注管顶部钢水结瘤，影响浇钢车正常运行。企业明知该问题却未采取有效防范措施，由此导致后面的事故。此外，发生紧急情况后，设备厂长等人赶到现场处置，不仅没有及时组织现场人员撤离，反而组织更多人员盲目进行抢修，导致事故伤亡人数扩大。

在这起事故中，最需要引起注意的，是“经常造成中注管顶部钢水结瘤，影响浇钢车正常运行，企业明知该问题却未采取有效防范措施”问题。在这方面可以借鉴某钢铁公司值班厂长制度。

该公司推行值班厂长制度，值班厂长由职工推选，在任期内履行厂长一定的管理权限，代表厂长管理一定的事务。公司把值班厂长的办公电话、手机号码向职工公布，职工在工作中遇到事情都可以直接与值班厂长通话。凡是涉及安全方面的问题，值班厂长有权安排中层干部落实各项决定。该公司自推行值班厂长制度以来，已经有 400 多名一线职工在值班厂长的岗位上处理了 1 300 多条涉及职工安全健康权益的事项。特别是在事故隐患方面，培养了职工敢于说“不”的意识和习惯。例如，一线职工的工作鞋经常破损严重，但又没有达到使用期限，值班厂长了解这个事情后，不仅及时予以解决，还对此做了半年的调研，整理出厚厚一本数据簿，一直上报到总经理，最终重新制定了劳动防护用品定额标准。

3. 转炉内进水发生爆炸

2013 年 4 月 1 日 11 时 20 分左右，某钢铁集团有限公司（本案例简称钢铁公司）发生爆炸事故，造成 4 人死亡、28 人受伤。

（1）企业基本情况

钢铁公司是国有钢铁公司，有员工 3.6 万人，年产 1 000 万 t 钢。发生事故的第一炼钢厂为钢铁公司直属二级单位，2003 年 5 月 5 日投入生产运行，有员工 920 人，工艺设备包括 3 座 100 t 顶底复合吹炼转炉、3 座精炼炉、1 座真空精炼炉、2 台板坯连铸机、2 台方坯连铸机，年产 419 万 t 钢，主要产品有方坯、板坯等。主要生产工艺：铁水—混铁炉—转炉—精炼炉—连铸机—出坯料。

（2）事故经过

2013 年 4 月 1 日 8 时 10 分左右，第一炼钢厂 2 号转炉在吹炼过程中出现氧枪结瘤卡枪现象，计划冶炼完成后再进行处理。8 时 45 分，出钢结束，进行溅渣护炉。8 时 50 分左右，溅渣护炉结束，发现氧枪无法正常提起。调度室通知钳工对氧枪提升装置进行修理，11时左右，修理完毕，氧枪提起，电焊工进行切割。

11 时 20 分左右，摇炉工摇动转炉准备进行下炉冶炼，转炉内突然发生爆炸，产生巨大冲击波并引发火灾，将主控室全部损毁，造成现场 4 人死亡、28 人受伤。

（3）事故原因分析

1）直接原因。经调查分析，切割前摇炉工未将转炉摇转到位，导致氧枪冷却管内残留的冷却水（约 0.3 t）在氧枪切割放水时流入转炉炉底，在炉渣（3~4 t）表层冷却形成积水；摇炉工未发现转炉内已经进水，直接转动转炉，导致水与底部热渣混合，瞬间汽化，体积急剧膨胀，因无法释放而发生爆炸。

2）间接原因如下：

①作业区未能认真贯彻落实安全管理规章制度，对作业现场缺乏检查指导，未能按照安全生产标准化实施安全管理。

②生产管理部门在制订、安排、检查生产计划时，未同时制订、安排、检查安全措施计划。设备管理部门对设备操作、维护安全规程执行情况检查、考核不到位。

③岗位安全操作规程不完善，对危险因素辨识不深入、不细致。

（4）事故教训和整改措施

1）结合冶金企业安全生产标准化建设工作，深入开展岗位达标活动，提高岗位员工安全技能，减少因违规操作造成的事故发生。

2）认真组织开展事故隐患排查治理工作，特别是要落实风险作业审批制度，确保重点作业环节有审批、有检查、有防护，在确认安全的条件下，企业方能开始作业。

3）针对事故暴露出的问题，严格落实炼钢有关标准规定，防范同类事故再次发生。

(5) 相关知识与管理借鉴

在这起事故中，摇炉工操作错误，切割前未将转炉摇转到位，以至于发生爆炸事故。

转炉炼钢是以铁水、废钢、铁合金为主要原料，靠铁液本身的物理热和铁液组分间化学反应产生热量而在转炉中完成炼钢过程。转炉按耐火材料分为酸性转炉和碱性转炉，按气体吹入炉内的部位分为顶吹转炉、底吹转炉和侧吹转炉，按吹入气体的种类分为空气转炉和氧气转炉。碱性氧气顶吹和顶底复吹转炉由于其生产速度快、产量大，单炉产量高、成本低、投资少，为目前使用最普遍的炼钢设备。

炼钢看似简单，实则复杂，任何一个环节出现差错，都会导致事故发生。因此，企业要切实加强对一线员工的安全教育培训，全面提高作业人员的安全意识，提高技术操作水平。

摇炉工在生产作业中，要注意以下事项：

1）摇炉工要掌握炉子与氧枪的联锁装置情况，兑完铁后要检查铁水包是否离开炉口，无误以后方可摇炉。

2）倾动机械、电气方面有故障时，不能摇炉。

3）炉下有人工作时，禁止摇炉。

4）取样倒炉时禁止快速摇炉。

5）摇炉工要经常检查各种联锁装置及事故报警装置情况，发现问题立即找有关人员处理，不准解除联锁操作。

6）摇炉工在离开摇炉岗位时，要切断所有操作设备的电源。

7）摇炉工不准在炉子倾动时交接班。摇炉控制器未复零位，操作人员不准离开岗位。

8）严禁将钢水倒入渣罐中。

9）有人处理氧枪粘钢时，不准兑铁加废钢。

4. 干渣坑内铁水遇含水物料发生爆炸

2016 年 5 月 10 日 16 时 5 分，某钢铁有限公司（本案例简称钢铁公司）3 号高炉在生产过程中发生爆炸事故。事故未造成人员伤亡，震碎周边部分玻璃，引燃高炉北边绿化带枯草，产生大量烟尘。

（1）企业基本情况

钢铁公司拥有 100 万 t 铁、150 万 t 钢、170 万 t 材的年生产能力，生产 39 个规格品种的中宽带钢。产品广泛应用于焊管、冷弯型钢、建筑、汽车工业、五金家电等行业。

（2）事故经过和救援情况

2016 年 5 月 10 日 14 时 35 分，钢铁公司 3 号高炉打开铁口开始出铁至 15 时 20 分时，炉前工发现挡渣沙坝高度降低，继续使用下去可能导致渣中带铁水，铁水进入水冲渣系统将造成高温金属熔体遇水爆炸事故。当班工长与炉前组长共同确认干渣坑表面无积水后，于 15 时 35 分决定停止使用水冲渣系统，启用干渣坑。

16 时，炉前工发现沙坝高度进一步降低，且铁水随着铁渣一同进入渣沟向干渣坑流淌。16 时 5 分，西边干渣坑发生爆炸事故。事故未造成人员伤亡、设备损坏、生产中断，但震碎周边部分玻璃，引燃高炉北边绿化带枯草，产生大量烟尘。

（3）事故原因分析

1）直接原因。干渣坑底部存有含水量较大的物料，铁水随铁渣进入干渣坑，与含水量较大物料相遇，急剧产生大量蒸汽，发生爆炸。

2）间接原因如下：

①钢铁公司炼铁厂对干渣坑、挡渣沙坝的管理不到位，对高温熔体遇水爆炸的危险性认识不足，对小型爆炸习以为常，出铁前对挡渣沙坝安全检查确认不落实，没有严格执行干渣坑使用管理相关制度。

②经查阅干渣坑设计图纸，该干渣坑仅在前端有一个低位排水口，不能有效排水排渗，存在先天设计缺陷，导致底部物料含水量过大。炉前挡渣沙坝管理维护不到位，大量铁水通过渣沟进入干渣坑。

③相关人员安全意识淡薄，习惯性违章依然存在。

④事故隐患排查治理不细致，导致安全管理和事故隐患排查治理存在缺陷。

（4）事故教训和整改措施

该事故属生产安全责任事故（属确认不到位、事故隐患排查治理不到位导致的事故）。钢铁公司炼铁厂应立即停止使用3号高炉西干渣坑，全面开展事故隐患排查，彻底进行排水和渗水系统等事故隐患整治，经复查验收合格后方能恢复使用。

1）公司要举一反三，认真吸取事故教训，制定事故隐患排查治理具体方案，并在全公司范围内开展事故隐患排查治理，重点检查煤气安全、高温熔体爆炸、有限空间作业和煤粉制备等关键环节和重点领域，做到检查全覆盖，对查出的事故隐患定人、定责，闭环整治，确保生产安全。

2）立即拆除干渣坑上方小便池，消除事故隐患。修订、完善干渣坑防范高温熔体遇水爆炸的相关规定和规程。

3）钢铁公司要进行事故隐患排查治理，认真配合第三方机构开展金属冶炼企业安全生产状况诊断排查，做好相关安全生产工作。

（5）相关知识与管理借鉴

这起事故是由于铁水进入干渣坑后，与含水量较大物料相遇，急剧产生大量蒸汽而发生爆炸。为什么会有积水呢？干渣坑仅在前端有一个低位排水口，不能有效排水排渗，存在先天设计缺陷，导致底部物料含水量过大。如果再进一步分析，为什么炼铁厂对干渣坑积水没有治理呢？是因为炼铁厂对高温熔体遇水爆炸的危险性认识不足，对小型爆炸习以为常，也就没有严格执行干渣坑使用管理相关制度。

干渣坑积水是事故隐患，是事故隐患就有可能导致事故，因此必须重视，必须治理。在事故隐患治理方面，可以参考借鉴某钢铁公司推广事故隐患排查“工具包”的做法。

这里所说的“工具包”，不是一个装有很多扳手、旋具等工具的包，而是没有具象的事故隐患检查工具，即从员工的安全需求和心理需求出发，考虑问题和解决问题的“工具包”。“工具包”根据国际劳工组织和国际工效学学会编写的《工效学检查要点》（第二版），包括了企业工作场所中存在的物料储存和处理、手持工具、机械安全、工作台设计、照明、厂房、有害物质和有害因素、辅助（福利）设施、工作组织 9 个方面的内容。“工具包”旨在运用工效学原理，减少工作场所中的生产安全事故、职业危害，还可以改善员工的工作环境。

例如，配电室是车间作业人员需要经常出入的场所，平均每 1 h 就要进出 1 次。根据规定要求，变压器室、配电室、电容器室等应设置防止雨、雪和蛇、鼠类小动物从采光窗、通风窗、门、电缆沟等进入室内的设施。防鼠板的高度过高，导致员工每天进出非常不方便，经常会磕破脚腕。在“工具包”推广之后，车间员工集思广益，将生产过程中一块废弃的岩石刷上与防鼠板颜色相一致的油漆，放置在防鼠板前方，起到台阶的作用。同时，车间员工还将电焊工经常使用的氧气带从中间劈开，卡在铁质防鼠板的边框上，以此起到缓冲的效果，防止员工磕破脚腕。

再如，仪表柜读数问题一直困扰工作人员。仪表柜共有 16 个仪表盘，表盘的数字较小、不易观察，因此读数也比较困难，信号的细微变化也不易被察觉。在此次的“工具包”推广应用中，车间购买了一些红色和绿色的贴纸，按照表盘的形状剪裁，在正常区域贴上绿色贴纸，在非正常区域贴上红色贴纸。利用这种方法“改造”后的仪表盘更加清晰直观，既降低了员工因为马虎大意导致读数错误的概率，也提高了员工的工作效率。

消除事故隐患其实并不难，关键在于动手去做，循序渐进，不断整改，这样才能促进劳动条件和作业环境的持续改进，并不断提高生产作业场所的安全可靠性。

5. 带压操作氧气流速过快引发燃爆

2013 年 7 月 30 日 7 时 1 分，河北省廊坊市文安县某钢铁有限公司（本案例简称钢铁公司）制氧厂发生燃爆事故，造成 7 人死亡、1 人受伤，直接经济损失 1 290 万元。

（1）企业基本情况

1）企业相关情况。钢铁公司地处文安县新钢工业园区内，有 12 个分厂。企业主要生产设备有 1 080 m^3 高炉 2 座，600 m^3高炉 1 座（停产状态），100 t 转炉 2 座，60 t 转炉 1 座，180 m^2烧结机 3 台，110 kV 变电站 2 座。企业主要产品有钢坯、热轧带钢、冷轧带钢、镀锌带钢、光亮带钢、黑退带钢、40 铬特种圆钢、水渣和钢渣矿粉及相关产品。

2）制氧厂基本情况。钢铁公司所属制氧厂主要生产装置有 6 500 m^3/h、10 000 m^3/h、15 000 m^3/h 制氧机组各 1 套。3 套制氧机组均没有正规设计单位，6 500 m^3/h、10 000 m^3/h 制氧机组制造单位和建设单位为河南开封某空分设备厂，15 000 m^3/h 制氧机组制造单位和建设单位为河南某空分设备厂。制氧厂未办理“三同时”手续和经相关部门验收。

（2）事故经过和救援情况

1）事故发生经过。2013 年 7 月 30 日 6 时 40 分，钢铁公司制氧厂乙班值班主任王某强接公司总调度员王某南通知，氧气主管网压力低，约 0. 5 MPa。6 时 50 分，丙班即将接班，王某强告诉丙班值班主任刘某让，调压间氧气气动薄膜调节阀存在故障，刘某让告诉王某强处理完调压间故障后再接班。于是王某强带领乙班电仪班班长李某和 3 个空分班班长刘某、张某等共 5 人一同去调压间处理故障。刘某让在主控室看到氧气压力显示为 2. 2 MPa，于是又安排本班空分班班长王某亮、电仪班班长韩某波去调压间协助乙班工作。7 时 1 分，调压间突然发生爆炸着火。

2）应急救援情况。爆炸发生后，值班主任刘某让立即安排氧压工朱某帅关停所有氧压机，刘某让将制氧设备供氧总阀关闭，并电话报告制氧厂厂长杨某喜。杨某喜从宿舍赶到调压站后，安排刘某让切断气源并组织工人佩戴空气呼吸器实施救援，同时电话报告钢铁公司党总支书记陈某杰及钢铁医院院长陈某建。

钢铁公司领导立即赶到事故现场组织救援，先后从调压站内救出 8 名伤亡人员，由钢铁医院院长陈某建确认，事故造成 4 名工人当场死亡，3 名工人受重伤，1 名工人受轻伤。3 名重伤人员经救治无效先后死亡。

（3）事故原因分析

1）直接原因。现场作业人员未按生产规程要求，首先打开旁通管道手动截止阀，再关闭气动薄膜调节阀（气开式）两侧手动截止阀，便直接对气动薄膜调节阀进行带压操作，导致气动薄膜调节阀迅速打开，氧气瞬间流速过快，引起燃爆。

2）间接原因如下：

①钢铁公司设施设备巡检维护不到位。钢铁公司制氧厂从建成投

产后至事故发生时，主要设备一直未进行过大中修，气动薄膜调节阀未进行过定期保养，设备管理、巡检、维护不到位。

②钢铁公司设施设备未按国家标准要求设置防雷、防静电防护措施。钢铁公司制氧厂所有氧气管道仅设置了一处防雷、防静电接地点，不符合相关规定要求。

③钢铁公司片面追求经济效益，忽视安全生产工作，安全生产责任制、安全生产规章制度、设备操作规程不健全。

④钢铁公司安全生产事故隐患排查不力。制氧厂设备阀门出现故障及氧气输出管道气动薄膜调节阀前后压差过大，以前生产中出现过此类问题，制氧厂及钢铁公司未引起足够重视。

⑤钢铁公司对从业人员的安全教育培训不到位，岗位操作人员不具备必要的安全生产知识，未能熟悉有关的安全生产规章制度和安全操作规程，未能掌握本岗位的安全操作技能及工作岗位存在的危险因素和防范措施。

⑥钢铁公司未按照有关规定对重大危险源进行监控，未对存在的重大事故隐患进行排查整改消除。

（4）事故教训和整改措施

1）要牢固树立和落实科学发展观，牢固树立以人为本、安全第一、生命至上的安全发展理念，牢固树立正确的政绩观和业绩观，认真实施安全发展战略，摆正生命与生产、生命与效益、安全与发展的关系，坚持发展以安全为前提和保障，决不能以牺牲人的生命为代价来换取经济和企业的发展。

2）切实落实企业安全生产主体责任。钢铁公司要在全面落实企业安全生产法定代表人负责制的基础上，完善并严格执行以安全生产责任制为重点的各项规章制度，切实加强全员、全方位、全过程的精细化管理；建立、健全安全生产组织机构，配备具有本专业安全知识的专职安全管理人员；加强设备设施安全管理，定期对设备进行维护保养，确保设备设施的本质安全；加大事故隐患排查力度。

3）公司所属制氧厂须由有设计资质的设计单位进行设计，有资质的建设单位施工，同时对制氧厂的周边条件、工艺布置、设备设施、管道及安全设施等生产条件及管理条件必须逐项诊断，对不符合安全生产条件的要逐项整改。

4）全面深入开展安全大检查，通过明察暗访、组织专家检查、企业员工日常自查等方式和途径，及时、全面、彻底地排查企业各类安全生产事故隐患和存在的各种安全问题，强化安全措施，及时消除各类事故隐患，解决存在的问题，堵塞安全漏洞。要加强组织领导，落实工作责任，创新检查手段，确保取得实效，有效防范和坚决遏制重特大事故发生。

（5）相关知识与管理借鉴

在这起事故中，造成事故的原因：一方面是现场作业人员未按安全生产规程要求进行操作，直接对气动薄膜调节阀进行带压操作，导致气动薄膜调节阀迅速打开，氧气瞬间流速过快，引起燃爆；另一方面是设施设备巡检维护不到位，制氧厂从 2008 年建成投产后至发生事故时，5 年期间主要设备一直未进行过大中修，未对气动薄膜调节阀进行过定期保养，设备管理、巡检、维护不到位。

预防事故，既需要对设备设施进行定期保养，加强巡检维护，同时又需要作业人员遵守安全操作规程，按照操作规程进行操作，而不能违反操作规程。

制氧工在生产作业中，应注意以下事项：

1）制氧工需经安全技术教育，了解安全知识，掌握防范措施和操作规程，并经考试合格后才可进行操作。

2）所有仪表、阀门、安全防护装置必须完整、灵敏、可靠。仪表和安全阀应定期校验，压力容器、管道要定期做水压、气密试验。

3）严格遵守设备操作规程。设备运转时，操作者应密切注意各部位压力和温度的变化，严禁超压、超温运行。

4）操作氧压机、分馏塔、充气台及其他与氧气接触的设备和阀门时，所使用的工具、手套应绝对禁止沾油脂，设备附近不准放置油桶、油壶等物。

5）氧压机运行时，应经常检查蒸馏水的供给情况，不准缺水或断水；应经常检查氧压机上、下密封圈的密封效果，发现问题及时修复。避免油被活塞杆带入汽缸。

6）定期分析液氧中乙炔的浓度，将其控制在规定数值以下。利用吸附法消除水分、一氧化碳和乙炔杂质时，应经常检查吸附效果是否良好。如果过滤器与乙炔吸附器一起再生，应在再生前排放其内的液体。再生后严密关闭吸附器进、出口阀门。设备、管道的修理工作应在卸掉负荷后进行。绝对不准在受压时拧螺栓等。

7）凡与氧气接触的设备、容器、管道等需动火修理时，应首先进行吹洗、置换，经化验空气含氧量在22%（体积分数）以下，并报告有关部门，方可进行。动火时应有人监护。

8）修理或安装与氧气接触的零部件时，应进行脱脂。

9）禁止用氧气进行试压、检漏和吹扫工作。

10）进行化碱工作和用四氯化碳脱脂时，应戴防护眼镜、防护面具和橡胶手套，避免被火碱烧伤，加强通风，预防四氯化碳中毒。用汽油清洗时，应戴多层防护口罩及胶皮手套，工作完后，皮肤外露部分要及时用肥皂水清洗。

11）放掉空分馏塔内液体时应认真、细致，避免冻伤。液体流经管道及地段不得有油脂，此时厂房内禁止动火作业。

12）分馏塔的加热气体，进口温度不准超过70 ℃。

13）低温阀门泄漏时，必须在结冻后处理。

14）制氧站内和周围20 m内严禁烟火，不准用火检查是否漏气，并严防铁器撞击产生火花。

15）站内消防器材应齐备，定期检查消防器材。

16）站房内发生火灾等事故时，应立即进行抢救。同时应保护现场，报告领导。

6. 气阀未关闭乙炔泄漏发生爆炸

2009年2月26日15时20分，内蒙古某创业公司（本案例简称创业公司）建设公司材料工具库突然发生爆炸，造成4人死亡、1人重伤，直接经济损失150万元。

（1）企业基本情况

创业公司成立于2008年3月10日，共有员工8 000余人。公司经营范围：机械制造与加工、冶金机械设备制造及检修等。

创业公司所属建设公司，成立于2008年，主要承担高炉、焦炉等重点工程的建设、检修和民用工程建设项目的施工。

（2）事故经过

2008年建设公司承揽了某矿选场建设工程。选场厂房的采暖排管制作与安装由建设公司一分公司负责。

2009年2月26日13时，靳某等10人在机具库（厂房）进行采暖排管的切割与焊接。15时20分，距电焊工吴某等人焊接采暖排管作业现场约1 m处的工具箱突然发生爆炸，造成作业现场3人当场死亡，1人在送往医院途中死亡，1人受伤。

（3）事故原因分析

1）直接原因。现场作业人员停止气割作业后，将气割枪头部挂入工具箱右侧钢板长方形孔内，而乙炔气瓶阀门和气割枪乙炔气阀未关闭（或未完全关严），乙炔气瓶中的气体通过气割枪不断泄漏至整个箱体并扩散至箱体周边，当工具箱内乙炔气体浓度达到爆炸极限时，遇现场焊接作业明火（现场人员在距箱体约 1 m 处进行采暖排管焊接作业）发生爆炸。

2）间接原因如下：

①从事气割作业的人员严重违章操作，未按操作规程要求关闭乙炔气瓶阀门和气割枪乙炔气阀。

②采暖排管制作现场管理混乱，气割与焊接混合作业，且不符合安全距离，乙炔气瓶距电焊作业仅 1.5 m。电焊工安全操作规程明确规定，施工现场进行电焊（割）作业，应履行三级动火申请审批手续，作业前应根据申请审批要求清理施工现场 10 m 内的易燃易爆物品。

③从事气割、焊接作业人员不具备作业资质，无特种作业操作证，非法从事特种作业。

④作业现场安全管理混乱，监督检查不到位，对作业人员，特别是特种作业人员安全培训、教育不够，未督促、检查作业人员严格遵守安全操作规程。对施工、作业现场存在的事故隐患没有及时发现和消除，对作业人员违章行为没有及时制止。

⑤创业公司没有设立专门的安全管理机构，也没有配备专职的安全管理人员，安全监管规章制度不健全，责任不明确，对所属公司安全生产缺乏有效的监督、管理和检查。

（4）事故教训和整改措施

综合事故原因，这起事故是一起由于现场作业人员严重违章操作、单位安全管理不善造成的责任事故。

1）要认真吸取事故教训，进一步建立、健全安全生产责任制，完善安全管理制度，增强法制观念，依法规范企业的生产经营活动。

2）要切实加强对施工作业现场的安全管理，公司各级负责人和安全管理人员要引以为戒，从思想上高度重视安全生产，真正把安全生产工作当作头等大事来抓，并落实在行动上。

3）要加强事故隐患排查治理工作，不断加强施工作业现场的监督检查，发现不符合安全生产条件的要立即进行整改，确保生产作业过程中各个环节安全生产。

4）要切实加强对全体员工进行安全生产教育，特别是加强对农民工、临时工的教育，提高员工的自我保护意识，把严格遵守安全生产操作规程贯彻落实到每个人、每道工序，对违章指挥、违章操作行为进行严厉处罚。

5）要加强特种作业的安全管理，未经培训取得特种作业操作证的人员一律不得从事特种作业，同时要加强对特种设备作业现场的安全管理。

6）要建立、健全安全生产责任制，完善安全管理制度，切实加强对所属生产经营单位的安全管理，严格履行和落实监管责任，认真查找存在的事故隐患和不足，下决心、花力气进行深入细致的整改，并常抓不懈。

（5）相关知识与管理借鉴

在这起事故中，作业人员停止气割作业后，没有把乙炔气瓶阀门和气割枪乙炔气阀关闭（或未完全关严），乙炔气瓶中的气体通过气割枪不断泄漏至整个箱体并扩散至箱体周边，当工具箱内乙炔气体浓度达到爆炸极限时，遇焊接作业明火产生爆炸。

这起事故发生的原因，主要是作业人员麻痹大意。作业人员在进行气割作业时，应注意以下事项：

1）进行气焊（气割）作业的人员必须持特种作业操作证方可上岗操作。

2）氧气瓶、乙炔瓶的阀门和仪表均应齐全有效、紧固牢靠，不得松动、破损和漏气。氧气瓶及其附件、胶管和开闭阀门的扳手上不得沾油脂。

3）氧气瓶应与其他易燃气瓶、油脂和其他易燃物品分开保存，也不得同车运输。氧气瓶应有防震胶圈和安全帽，不得在强阳光下暴晒。严禁用塔吊或其他吊车直接运氧气瓶或乙炔瓶。

4）乙炔胶管与氧气胶管不得错装。乙炔胶管为黑色，氧气胶管为红色。

5）氧气瓶与乙炔瓶储存和使用时的距离不得小于 5 m，氧气瓶、乙炔瓶与明火或割炬（焊炬）间距离不得小于 10 m。

6）点燃焊（割）炬时，应先开乙炔阀点火，然后开氧气阀调整火焰；关闭时先关乙炔阀，后关闭氧气阀。

7）工作中如发现氧气瓶阀门失灵或损坏，不能关闭时，应让瓶内氧气自动跑尽，再进行拆卸修理。

8）氧气胶管和乙炔胶管的各项性能应符合《气体焊接设备　焊接、切割和类似作业用橡胶胶管》（GB/T 2550—2016）的规定。

9）使用中，氧气胶管着火时不得折弯胶管断气，应迅速关闭氧气阀门，停止供气。乙炔胶管着火时，应先熄灭炬火，可用胳膊弯折前面一段胶管将火熄灭。

10）变质老化、脆裂、漏气的胶管及沾上油脂的胶管均不得使用。

11）不得将胶管放在高温管道和电线上，也不得将重物或热的物件压在胶管上，更不得将胶管与电焊用的导线敷设在一起。胶管经过车道时应加护套或盖板。

12）氧气瓶使用时可立放也可平放（端部枕高），乙炔瓶必须立放使用。立放的氧气瓶，要注意固定，防止倾倒。

13）不得将胶管背在背上操作。割（焊）炬内若带有乙炔、氧气时不得放在金属管、槽、缸、箱内。

14）工作完毕后应关闭氧气瓶、乙炔瓶，拆下仪表，拧上气瓶安全帽；将胶管盘起、捆好，挂在室内干燥的地方，减压阀和气压表应放在工具箱内；认真检查操作地点及周围，确定无起火危险后，方可离开。

7. 煤气发生炉高温缺水突然注水发生爆炸

2012 年 8 月 15 日 13 时 40 分左右，山东省滨州市邹平县某钢铁有限公司（本案例简称钢铁公司）发生一起煤气发生炉爆炸事故，造成 3 人死亡。

（1）企业基本情况

钢铁公司是一家电炉冶炼钢铁企业，成立于 2003 年 10 月，有员工 260 人，年产能为 100 万 t。

（2）事故经过

2012 年 8 月 15 日 13 时 10 分左右，该公司煤气发生炉操作工在对煤气发生炉进行巡检后，认为一切正常，便通知上煤工到操作平台（距离地面约 5 m）上煤。

13 时 40 分左右，煤气发生炉夹套突然发生爆炸，炉体被抛至北面 50 m 左右的轧钢车间操作棚上，导致 2 名轧钢操作工被夹套砸倒当场死亡；上煤工倒在距离煤气发生炉北面 3 m 处，经抢救无效死亡。

（3）事故原因分析

1）直接原因。上煤工违反操作规程，在煤气发生炉高温缺水的情况下，突然向水套内注水；水在瞬间汽化为水蒸气，体积急剧膨胀，水套内部压力迅速升高，超过其所能承受的最高压力后发生爆炸。

2）间接原因如下：

①设备管理较差，制度不落实，管理人员安全意识薄弱，操作人员选拔和管理不得力。

②企业对一线生产作业员工的安全技术培训、安全知识教育不深入。对于这种煤气发生炉操作人员，培训和教育时不仅要讲本岗位的设备、工艺、安全操作方法，还要讲操作过程中不讲科学、无知蛮干的后果，通过事故案例，让操作人员时刻保持警惕，避免错误操作。

③生产现场管理混乱，煤气发生炉高温缺水应自动报警，人员在监控时也应能够及时发现。

（4）事故教训和整改措施

事故企业应从本次事故中认真吸取事故教训，坚决杜绝违章操作，避免同类事故重复发生。

1）事故单位应认真吸取事故教训，举一反三，认真落实安全生产责任制和各项安全生产规章制度，确保生产安全。

2）要进一步加强对从业人员的安全教育培训，切实提高从业人员的安全意识和遵守安全操作规程的自觉性，提高作业人员的自我保护能力和对事故的防范意识。

3）切实落实企业安全生产主体责任，增强排查事故隐患的意识，强化现场的安全管理和定置管理，杜绝违章指挥和违章作业。

（5）相关知识与管理借鉴

这起事故的发生，主要还是操作人员违反操作规程造成的。操作人员在煤气发生炉高温缺水的情况下，突然向水套内注水，水在高温状态下瞬间汽化为水蒸气，导致体积急剧膨胀、压力升高，超过煤气发生炉所能承受的最高压力而发生爆炸。类似的事故，在锅炉运行中经常发生。这起事故之所以会发生，主要还是安全教育和技术培训不够，操作人员遇到紧急情况时心慌意乱，匆忙之中无法保证操作的正确性。

在对企业员工进行安全教育和技术培训方面，某钢铁公司的做法可以借鉴。

为进一步提高公司员工岗位安全生产风险辨识和防控能力，规范员工在生产作业活动中的安全操作行为，该公司积极采取措施，自2017年4月以来，在全公司范围内组织开展了岗位安全生产风险辨识和安全规程大讨论活动。公司所属各单位结合自身安全管理实际，分析、查找问题和不足，先自下而上，再自上而下地组织针对性讨论、梳理、归类和完善。有的单位以吸取事故教训为切入口，组织员工参与岗位作业危险因素辨识、事故隐患排查、习惯性违章作业行为的讨论与辨识，从统一思想、改进方法、亲情化管理等方面深入开展工作。有的单位以班组为单元，开展事故隐患排查治理、危险有害因素辨识活动，组织员工学规程、用规程、反“三违”，进一步提高了员工的安全技能和安全意识。有的单位要求领导亲自到现场参加班组班前、班后会，并在班前会上每天由一名员工说出自己辨识的风险、采取的控制措施，深化员工对岗位安全风险的辨识。对岗位的安全风险辨识与防控、安全操作规程讨论及修订等工作，取得初步成效，员工的安全风险意识和安全风险防范能力得到明显增强。

8. 油箱未加处理直接补焊引发火灾

2015年10月11日14时30分，河北省唐山某钢铁有限公司（本案例简称钢铁公司）第一炼铁厂辅助车间机车班发生一起火灾事故，造成1人死亡，直接经济损失90万元。

（1）企业基本情况

钢铁公司是集烧结、炼铁、炼钢、轧钢于一体的大型钢铁联合企业。钢铁公司分为南、北2个生产区，设5个生产厂及12个职能处室，并设有独立的安全管理机构（安全监察部）。

钢铁公司第一炼铁厂（本案例简称第一炼铁厂）于2001年建成投产，集烧结、炼铁于一体，拥有450 m^3高炉5座、1 780 m^3高炉2座，132 m^2烧结机2台、230 m^2烧结机2台，16.5万m^3煤气柜1座，130 t锅炉3台，配套TRT（高炉煤气余压透平发电装置）发电设备7座、铸铁机3台、喷煤系统4套，年产铁水600万t、烧结矿800万t。第一炼铁厂下设5个科室、5个车间，有员工2 670人。

（2）事故经过和救援情况

1）事故发生经过。2015年10月11日13时40分左右，第一炼铁厂辅助车间机车司机幺某喜发现自己驾驶的9号机车油箱有燃油（柴油）渗漏情况，便把9号机车开到第一炼铁厂机车库外西侧，并告知维修工刘某义，机车的油箱漏油需要修理。当时油箱内有200 L左右柴油（油箱容积700 L）。按照正常维修程序，机车维修工应先将燃油抽出，将油箱拆下并通知炼铁厂检修包片车间，由专门的焊工对处理后的油箱进行补焊。

14时25分左右，维修工刘某义（无焊工操作资格证）违反操作规程，直接在机车机械室内对油箱进行补焊，焊接时的热量使油箱内残油迅速汽化，高温电弧引燃油气，导致油箱爆炸起火，引发火灾。刘某义一只脚卡在机车机械室内管路上，未能及时逃生，被烧伤。

2）应急救援情况。事故发生后，机车库附近的维修工人看到机车内着火后，立即用手提灭火器进行扑救，同时通知公司调度室派公司消防队前来救火。14时40分左右，机车车厢火灾被扑灭，同时

“120”急救车赶到，机车班班长夏某清组织维修工进入机车内把刘某义抬到“120”急救车上送往医院抢救。16时左右，刘某义经抢救无效死亡。

（3）事故原因分析

1）直接原因。刘某义违反安全操作规程，没有按照正常维修程序，在不具备焊工上岗资格证书的情况下对未加处理的油箱进行补焊而导致事故。

2）间接原因如下：

①钢铁公司安全管理不到位。安全管理人员未认真履行安全监管职责，安全责任意识差。特种作业人员在未经专门的安全作业培训，未取得相应资格情况下，便上岗作业。

②钢铁公司安全教育培训不到位，导致作业人员安全意识淡薄，对危险操作、违章作业存在的危险因素认识不足。

③钢铁公司未严格落实事故隐患排查治理制度，事故隐患排查治理不彻底、流于形式，对事故隐患未能及时发现和处理。

（4）事故教训和整改措施

这是一起因企业安全管理和教育培训不到位，员工违章冒险作业而导致的生产安全责任事故。

1）钢铁公司要认真贯彻“安全第一、预防为主、综合治理”的方针，强化红线意识，促进安全发展，举一反三，认真吸取事故教训，在全公司范围内开展一次安全大检查，全面排查事故隐患，杜绝类似事故再次发生。

2）钢铁公司要加强安全管理，认真完善安全生产规章制度和操作规程，落实安全生产责任制；强化危险区域作业现场的安全监管，加大对作业现场安全检查力度。

3）钢铁公司要切实搞好员工的“三级安全教育”，确保作业人员具有对各类事故隐患和风险的判断识别能力，从本质上提升作业人员的安全意识，杜绝“三违”现象发生。

4）钢铁公司要加强事故隐患排查治理工作，特别是要针对事故中暴露出的问题，进行专门的整改，加强对作业现场安全设施、警示标识的日常检查。

（5）相关知识与管理借鉴

在这起事故中，作业人员缺乏常识，违反安全操作规程，在不具备焊工上岗资格证书的情况下，对未加处理的油箱进行补焊，导致事故发生就成为必然。

电焊又称电弧焊，是通过焊接设备产生的电弧热效应，促使被焊金属的截面局部加热熔化达到液态，使原来分离的金属结合成牢固的、不可拆卸的整体的接头工艺方法。根据焊接工艺的不同，电弧焊有自动焊、半自动焊和手工焊之分，但使用最多的还是手工焊。手工焊由于不受作业地点条件的限制，具有良好的灵活性，目前用于露天施工作业比较多。由于工作场所差别很大，电焊作业中伴随着电、光、热及明火的产生，因而电焊作业中存在着各种各样的危害。例如，电焊作业容易引起触电事故、火灾爆炸事故、灼伤事故，易产生有害的气体和烟尘而引起职业病，还可引起电光性眼炎等。在各种危害中，最需要预防的是火灾爆炸事故。焊接过程会产生电弧或明火，在有易燃物品的场所作业时，极易引发火灾。特别是在易燃易爆装置区（包括坑、沟、槽等）及储存过易燃易爆介质的容器、塔、罐和管道上施焊时，危险性会更大。

预防电焊作业火灾爆炸的措施主要有以下几点：

1）在易燃易爆场所焊接时，焊接前必须按规定事先办理动火工作票，经有关部门审批同意后方可作业，严格做到“三不动火”，即没有动火工作票不动火，动火手续不完善不动火，安全措施未做好不动火。

2）正式焊接前检查作业下方及周围是否有易燃易爆物，作业面是否有诸如油漆类的防腐物质，如果有，应事先做好妥善处理；临近运行的生产装置区、油罐区进行焊接作业时，必须砌筑防火墙；如有高处焊接作业，还应使用石棉板或铁板予以隔离，防止火星飞溅。

3）如在生产、储运过易燃易爆介质的容器、设备或管道上施焊，焊接前必须检查与其连通的设备、管道是否关闭或用盲板封堵隔断，并按规定对其进行吹扫、清洗、置换、取样化验，经分析合格后方可施焊。

9. 在禁火区使用明火引发爆炸

2017 年 3 月 20 日 13 时 34 分，河南某股份有限公司（本案例简称股份公司）某冶炼厂（本案例简称冶炼厂）阳极泥预处理工序塔酸槽顶部动火作业过程中发生一起爆炸事故，造成 3 人死亡，直接经济损失 300 万元。

（1）企业基本情况

1）企业相关情况。股份公司是河南省济源市国有企业，下设炼铅厂、熔炼厂、精炼厂、冶炼厂等 15 个生产分厂，主要产品有粗铅、电解铅、电解铜、硫酸及副产品金、银等。

冶炼厂成立于 2013 年 10 月，采用双底吹熔池熔炼铜技术，生产系统下设原料、连吹一、连吹二、硫酸、电解、渣选 6 个生产工段和动力服务工段。主要产品为电解铜、硫酸。生产系统主要处理含铜冶炼渣料，综合回收金、银、铜、铅、铟、硫酸等有价金属及产品。

2）事故发生前情况。冶炼厂计划于 2017 年 2 月 20 日至 3 月 26 日检修。事故发生时，阳极泥预处理工序已经停产 28 天。西塔酸槽内有液位高度约 1. 28 m 的塔酸，东塔酸槽内有液位高度约 3 m 的塔酸。企业考虑到合同中设备质保期限较长，因此，此次检修未将塔酸槽槽体列入检修范围内。

（2）事故经过和救援情况

2017 年 3 月 20 日，冶炼厂按照检修计划对电解工段阳极泥预处理工序塔酸槽顶部的电动阀门进行拆卸维修。

10 时左右，预处理工序班长孙某安排周某洋（项目负责人）、张某喜（检修项目监护人）拆除电动阀门。10 时 41 分，张某喜、周某洋到西塔酸槽顶开始用扳手拆卸电动阀门法兰连接螺栓。11 时 2 分，2 人离开塔酸槽顶休息吃饭。

13 时 9 分，张某喜、周某洋推着氧气瓶和乙炔瓶到塔酸槽附近。13 时 12 分，张某喜到西塔酸槽顶，用绳将割炬吊到塔酸槽顶部。13 时 16 分，张某光、周某洋先后来到西塔酸槽顶。13 时 18 分，张某光用打火机点燃割炬。

13 时 34 分，张某光开始切割第二根螺栓时，2 台塔酸槽突然爆炸，塔酸槽顶盖均被炸开。西侧塔酸槽槽体向东北侧移位，大量土黄色烟雾从槽内喷出，弥漫至槽顶空间。3 名作业人员随顶盖向上抛起，周某洋被爆炸冲击波抛掷到预处理车间北面马路北侧绿化带处，张某喜被抛掷到预处理车间北侧空地处，张某光被抛掷到预处理车间北面窗户处。

现场人员拨打“120”急救电话，“120”救护人员赶到事故现场时，3 人已经死亡。

（3）事故原因分析

1）直接原因。停工检修期间，塔酸槽连接的环境集中处理系统引风机停机，塔酸槽内衬橡胶破损，造成酸性介质与槽体铁壁反应产生的氢气不能及时排出，与槽内空气混合，达到爆炸极限；职工在拆除电动阀门时未经批准擅自在禁火区使用明火作业，违规操作，引爆塔酸槽内爆炸性混合气体。

2）间接原因如下：

①冶炼厂风险辨识不到位。没有辨识塔酸槽可能因内衬橡胶破损导致槽内稀硫酸与槽体铁壁发生化学反应产生氢气的隐患。动火作业安全管理和现场安全管理不到位。职工未经批准擅自在禁火区域动火作业，现场监护人员未制止。

②股份公司在塔酸槽验收环节中管理不到位。塔酸槽验收时没有对内衬橡胶质量进行验收，企业没有拿到塔酸槽检验检测报告和使用技术说明文件。股份公司对内衬橡胶在质保期 2 年期限内，可能发生破损的隐患认识不足。在设备管理工作中，将塔酸槽划归一般设备进行管理，导致在使用及设备维护检修等环节埋下隐患。

③股份公司对冶炼厂风险辨识审批不严格，对冶炼厂现场安全管理监管不到位，安全生产培训教育力度不够。

（4）事故教训和整改措施

经调查认定，这起塔酸槽较大爆炸事故是一起生产安全责任事故。

1）冶炼厂要立即开展安全风险辨识与管控工作。依据相关行业法规、标准和技术规范，对排查和预判出来的风险点进行分级，确定风险类别，并按照危险程度及可能造成后果的严重性，在企业醒目位置设置公告栏。在存在安全生产风险的岗位设置告知卡，分别标明本企业、本岗位主要危险有害因素、后果、事故预防及应急措施、报告电话等内容；在重大危险源、存在严重职业病危害的场所设置明显标识，标明风险内容、危险程度、安全距离、防控办法、应急措施等内容；在有重大事故隐患和较大危险的场所和设施设备上设置明显标识，标明治理责任、期限及应急措施；必须在工作岗位标明安全操作要点，实施动态管理。

2）冶炼厂要加强设备、工艺的改进。改进塔酸槽材质，改用新型无钢壳防酸蚀材质或不发生化学反应的材质，杜绝槽内发生与正常工艺无关的其他化学反应，减少有害有毒、易燃易爆等气体产生。

3）冶炼厂要强化现场安全管理。严格厂区内动火等作业管理制度，严格审批流程，强化实施过程监管。要加强重点部位、重点设备等危险源点的在线监测监控管理。在塔酸槽装置上增设氢气在线工艺监测点，连接塔酸槽的引风机要采用防爆风机。

4）股份公司要举一反三，开展事故隐患排查治理。深刻吸取事故教训，建立全员参与、全岗位覆盖、全过程衔接的闭环管理事故隐患排查治理机制，实现企业事故隐患自查、自纠、自治常态化。要进一步强化内部管理。项目建设部门和设备采购部门要严把质量关，要与生产单位进行设备交底、技术交底，确保生产单位编制的操作规程和安全制度能够保障企业安全生产和设备运行稳定。要进一步完善安全管理制度和作业操作规程，加大职工安全培训教育力度，按章操作，坚决杜绝“三违”现象，确保安全。

（5）相关知识与管理借鉴

这起事故由于发生在停工检修期间，作业人员思想上麻痹大意，认为经过清除、置换等措施后会比较安全，于是未经批准擅自在禁火区使用明火作业，同时也没有辨识塔酸槽可能因内衬橡胶破损导致槽内稀硫酸与槽体铁壁反应产生氢气的隐患。2 个因素结合在一起，导致爆炸事故的发生。

对此，事故企业要吸取教训，做好以下安全管理工作：

1）完善安全生产制度。依据国家有关法律、法规的规定，结合本单位实际情况，完善以安全生产责任制为核心的企业内部各项安全生产规章制度和各岗位操作规程。

2）加强对从业人员进行安全生产教育和培训，保证从业人员具备必要的安全生产知识，熟悉有关的安全生产规章制度和安全操作规程，掌握本岗位的安全操作技能。未经安全生产教育和培训合格的从业人员，不得上岗作业。采用新工艺、新技术、新材料或者使用新设备，必须采取有效的安全防护措施，并对从业人员进行专门的安全生产教育和培训。特殊工种人员必须持证上岗。

3）认真执行“三同时”规定。新建、改建、扩建工程项目的安全设施，必须与主体工程同时设计、同时施工、同时投入生产和使用。安全设施投资应当纳入建设项目概算。

4）加强对重大危险源的监控。建立重大危险源登记建档制度，进行定期检测、评估、监控，并制定应急预案，告知从业人员和相关人员在紧急情况下应当采取的应急措施。将本单位重大危险源及有关安全措施、应急措施报有关地方人民政府有关部门备案。

5）强化日常检查。安全管理人员应当根据本单位的生产工艺特点，对安全生产状况进行经常性检查，对检查中发现的安全问题，应当立即处理；不能处理的，应当及时报告本单位有关负责人。检查及处理情况应当记录备案。对安全设备进行经常性维护、保养，并定期检测，保证正常运转。维护、保养、检测应当做好记录，并由有关人员签字。在有较大危险因素的生产经营场所和有关设施设备上，设置明显的安全警示标识。

6）保障安全生产投入。冶金企业应保障必要的安全生产投入，使企业具备《中华人民共和国安全生产法》（以下简称《安全生产法》）及有关法律、行政法规和国家标准或者行业标准规定的安全生产条件。

7）加强相关方（生产协作单位、外来施工单位等）及外来务工人员的安全管理。明确相关方的安全生产责任和义务，做好资质审查和安全培训，加强工程施工安全监管，将外来施工单位和外来务工人员的安全管理落到实处。

二、中毒窒息事故

冶金企业生产过程中需要使用大量煤气来加速冶炼过程，同时在冶炼过程中也会产生煤气。煤气的主要成分为一氧化碳、氢气、甲烷、氮气、二氧化碳等。煤气是冶金生产中主要的危险源之一，其主要危害是腐蚀、毒害、燃烧和爆炸。煤气事故的主要类别有急性中毒和窒息事故、燃烧引起的火灾和灼烫事故以及爆炸事故。导致煤气事故发生的主要原因是人员的违章操作或误操作，设备（施）及防护装置的自身缺陷，缺乏安全技术知识，现场缺乏检查指导和监护措施，监护装置与劳动防护用品缺失或有缺陷，以及事故预防与救护措施不完善等。

10. 进入危险区域防护不当导致中毒窒息

2015 年 12 月 19 日 9 时 30 分，某特种钢有限公司（本案例简称特钢公司）炼铁厂白灰作业区进口煤气管道排水器被击穿，造成煤气泄漏，检查处置过程中致 1 人煤气中毒，因救援不当又致 2 名施救人员煤气中毒，最终造成 3 人死亡，直接经济损失 242. 4 万元。

（1）企业基本情况

1）企业相关情况。特钢公司年生产铁 100 万 t、钢 100 万 t。公司下设 7 个职能部门，有炼铁厂、炼钢厂、动力厂 3 个分厂。公司有员工 1 372 人，其中专职安全管理人员 23 人。

2）事故生产区域情况。该起事故发生在特钢公司炼铁厂白灰作业区生产区域。其基本情况如下：

①炼铁厂白灰作业区煤气输送情况。转炉煤气经特钢公司动力厂煤气加压机加压后，通过架空管道（长 510 m），再由地下自东向西横穿迁曹支线电气化铁路，管道（直径 800 mm）埋入地下深 4. 5 m 处，东西走向长 50 m，进入炼铁厂白灰作业区排水器地坑，由地坑处转为地上。管道在距地面 4. 4 m 高处，用三通连接一南北走向直径为 800 mm 的煤气管道，将煤气向南送向 2 座 140 m^3 白灰窑作为燃料，向北送向 1 座 200 m^3 白灰窑作为燃料。

②炼铁厂白灰作业区煤气泄漏点地坑情况。特钢公司炼铁厂白灰作业区进口煤气管道排水器地坑，位于白灰作业区 200 m^3 白灰窑东南侧。地坑长 3. 5 m，宽 2 m，深 6. 5 m。地坑上沿高出地面 150 mm，坑沿四周设有高为 1 200 mm 的安全防护栏杆。栏杆南侧有一高为 1 000 mm 、宽为 800 mm 的活动栅栏门，西侧栏杆上安装一固定式煤气报警仪。

③煤气管道排水器。从地坑内煤气管道最低位置引下一直径为 100 mm 的下降管，用 M16 螺栓与一蝶阀相连，蝶阀另一端与一单级排水器连接。排水器下部坐在一圆柱形排水坑内（直径 1 000 mm，深 900 mm），排水器上沿距地面 5. 8 m。煤气排水器排出的水，用潜水泵泵到地面。该煤气排水器直径 550 mm，高 1 600 mm，水封有效高度 1 300 mm，为单级煤气排水器。

（2）事故经过和救援情况

1）事故发生经过。2015 年 12 月 19 日 7 时 20 分，特钢公司炼铁厂白灰作业区甲班班长刘某光组织召开班前会，安排了当班的工作任务，交代了安全注意事项。7 时 45 分，班前会结束，各岗位工到岗进行开工前的设备巡检工作。

8 时左右，各岗位开始正常作业。8 时 50 分，因炼钢厂停止炼钢，煤气量供应不足，公司总调度室调度员党某业通知白灰作业区主控室主控工戚某芬白灰窑停烧。接到通知后，戚某芬电话告知动力厂 5 万 m^3 煤气柜岗位主值王某山：白灰作业区准备停窑，请适当减压。随后戚某芬使用对讲机通知丙班看火工秦某权停窑。8 时 55 分，白灰作业区停窑完毕。8 时 57 分（动力厂 5 万 m^3 煤气柜仪表显示时间 8 时 51 分，与北京时间存在 6 分钟误差），动力厂动力作业区煤气柜煤气加压机出口瞬时压力达到 16.03 kPa。此压力经 510 m 长的管道传递，并经炼钢烤包用户少量使用，8 时 58 分到达炼铁厂白灰作业区煤气管道排水器时的压力为 14.93 kPa，超出排水器水封承压上限（13 kPa），造成排水器水封被击穿，煤气泄漏。

9 时左右，白灰作业区作业长靳某光通过对讲机安排甲班出灰工王某军打扫作业区卫生。9 时 2 分，王某军前往 200 m^3 白灰窑出灰口处取清扫工具时，发现出灰口处安装的固定式煤气报警仪报警，报警仪显示煤气浓度为 3.0×10^{-5}（体积分数）。王某军取完工具后，途经 200 m^3 白灰窑休息室时，听到休息室内的固定式煤气报警仪也在报警，便立即向靳某光报告了煤气报警情况。接到报告后，靳某光安排秦某权前往 140 m^3 白灰窑加压机室取空气呼吸器，准备查找煤气泄漏点。9 时 10 分，秦某权携带空气呼吸器与靳某光一起查找煤气泄漏点时，发现进口煤气管道排水器地坑坑口处的固定式煤气报警仪显示煤气浓度为 1.1×10^{-3}（体积分数），2 人初步确定煤气泄漏点在进口煤气管道排水器地坑内。靳某光安排秦某权佩戴空气呼吸器到地坑内进一步查找煤气泄漏点，其在坑口处负责看护。

9 时 30 分，秦某权佩戴空气呼吸器下到地坑内查找煤气泄漏点时，突然晕倒。靳某光发现情况后，立即呼喊正在附近（距离 10 m 左右）打扫卫生的甲班上料工张某军，让其取空气呼吸器并喊人。9 时 34 分，靳某光在未佩戴空气呼吸器的情况下，贸然下到地坑内对秦某权实施救援，晕倒在坑底。

9 时 36 分，现场作业人员相继赶到事发坑口，并采取了关闭白灰窑煤气管道盲板阀和打开车间放散装置等应急措施，同时拨打了“119”“120”紧急救助电话。

9 时 43 分，甲班班长刘某光和上料工张某清佩戴空气呼吸器，下到地坑内对靳某光和秦某权实施救援。现场人员将电焊机焊把线顺到坑底，刘某光和张某清将焊把线栓系在秦某权身上，在坑口人员的配合下，合力将秦某权救出地坑，现场人员随即对秦某权实施心肺复苏。因张某清所佩戴的空气呼吸器压力报警，在将秦某权救出后，张某清上到了地面，刘某光则继续下到坑底对靳某光实施救援。9 时 50 分，刘某光在对靳某光实施救援过程中，也晕倒在坑底。

2）应急救援情况。9 时 57 分，“120”急救人员到达作业现场，对秦某权采取紧急救治措施。9 时 58 分，公司安监处安全员朱某佩戴空气呼吸器下到地坑内，对靳某光和刘某光实施救援。10 时 2 分，将靳某光救出地坑，朱某也随之上到地面，查看空气呼吸器压力（压力值在 20 MPa 以上）。10 时 3 分，朱某和公司安监处安全员王某海佩戴空气呼吸器下到地坑内对刘某光实施救援。10 时 6 分，刘某光被救出地坑。“120”急救人员对 3 人采取紧急救治措施后，送往滦南县医院继续抢救。后经抢救无效，3 人相继死亡。

（3）事故原因分析

1）直接原因。特钢公司动力厂动力作业区煤气加压机出口压力超压，致使煤气管道压力超过炼铁厂白灰作业区地坑内排水器承压上限，导致煤气排水器被击穿，造成煤气泄漏。

靳某光违章指挥秦某权进入煤气危险区域查找煤气泄漏点，秦某权进入煤气危险区域时未正确佩戴空气呼吸器，导致中毒窒息，是事故发生的直接原因。施救过程中，靳某光未佩戴空气呼吸器，刘某光使用空气呼吸器不当导致2人相继中毒窒息，是事故扩大的直接原因。

2）间接原因如下：

①特钢公司应急管理不到位。在发生煤气泄漏的情况下，炼铁厂白灰作业区现场人员未按照“发生煤气中毒、着火、爆炸和大量泄漏煤气等事故，应立即报告调度室和煤气防护站”的规定要求，及时向公司调度室和煤气防护站报告，而是违章指挥作业人员冒险进入煤气危险区域，致使部分作业人员未能正确使用煤气防护装备和器材，导致事故伤亡的扩大。

②特钢公司日常安全管理不到位。炼铁厂白灰作业区管理人员未能严格履行安全管理责任，违章指挥、违章作业。现场作业人员违反“必须严格实行作业审批制度，严禁擅自进入有限空间作业”“必须做到先通风再检测后作业，严禁未通风或检测不合格作业”的有关规定，违章作业，未经审批、通风及检测，便进入有限空间作业。

③特钢公司安全教育培训不到位。白灰作业区管理人员在明知煤气管道排水器地坑内发生煤气泄漏，且有一名作业人员中毒窒息的情况下，冒险进入地坑内施救，安全意识淡薄，对违章作业的危险性认识不足，自我防范意识差；部分从业人员未取得涉煤气岗位特种作业

资格证，违规从事涉煤气作业。

④特钢公司动力厂动力作业区煤气加压机操作人员履行岗位职责不到位，白灰作业区停用煤气后，未及时发现煤气加压机出口压力超压（动力厂动力作业区煤气柜岗位操作规程规定煤气加压机出口上限压力值 7.5 kPa），加压机转速未及时调整至与之相匹配转速，致使煤气管道压力超过炼铁厂白灰作业区地坑内排水器承压上限，导致煤气排水器被击穿，造成煤气泄漏。

（4）事故教训和整改措施

这是一起因应急处置不当，违章指挥、违章作业、冒险施救引发的较大生产安全责任事故。

1）特钢公司要切实加强应急管理，健全完善应急协调联动机制和快速反应机制，进一步完善应急预案并加强演练，提高应急演练的针对性并扩大员工覆盖面，保证煤气等危险区域作业人员均能正确使用劳动防护器材和装备。

2）特钢公司要建立、健全并严格落实各项安全生产规章制度和操作规程，在涉煤气作业、进入有限空间作业时，严格执行《工业企业煤气安全规程》（GB 6222—2005）等相关规定，确保作业安全。

3）特钢公司要加强安全教育培训，特别要加强对特种作业人员的安全教育培训，所有涉煤气作业人员必须持证上岗，确保作业人员具备本岗位相应的安全知识和安全操作技能。

4）特钢公司要完善动力厂煤气加压机加装超压报警装置，当煤气加压机出口压力达到一定值时报警；增加设备联锁装置，当煤气压力达到极限值时自动切断，消除人为因素的影响；在各用户煤气烧嘴处增设防煤气回火装置等，确保煤气输送、使用安全。炼铁厂要对锈蚀严重、存在事故隐患的煤气排水器等进行更换，按《工业企业煤气安全规程》（GB 6222—2005）补足排水器下降管阀门和煤气排水器法兰螺栓，确保煤气设备安全运行。

（5）相关知识与管理借鉴

导致这起事故的原因如下：一是煤气加压机出口压力超压，导致煤气排水器被击穿，造成煤气泄漏；二是作业人员麻痹大意、缺乏知识，未正确佩戴空气呼吸器，盲目进入煤气危险区域查找煤气泄漏点，导致中毒窒息事故。之后，救援人员相继中毒窒息，造成事故扩大。

煤气是由多种可燃成分组成的一种气体燃料。煤气的种类繁多，成分也很复杂，一般可分为天然煤气和人工煤气两大类，具有易燃易爆的特点。煤气的危险性主要是能与空气混合成为爆炸混合物，遇火星、高温有燃烧爆炸危险。

钢铁冶炼过程中煤占总能源的70%，副产品煤气占总能耗的32.2%。炼焦副产品为焦炉煤气，炼铁副产品为高炉煤气，炼钢副产品为转炉煤气，生产铁合金副产品为铁合金炉煤气。焦炉煤气、高炉煤气、转炉煤气和铁合金炉煤气等回收后可作为焦炉、热风炉、加热炉和发电锅炉的燃料，焦炉煤气还可作为民用燃气。煤气中含有大量易燃易爆、有毒有害物质，在生产、运输、储存和使用过程中，存在中毒、火灾和爆炸危险性。

煤气毒害性的主要表现：煤气由煤或焦炭、半焦等固体燃料或重油等液体燃料经干馏或汽化制得。凡是碳及含碳物质在氧气不足的情况下燃烧，都会产生一氧化碳，一氧化碳被人体吸入后，通过肺泡进入血液循环，与血液中的血红蛋白结合，即形成碳氧血红蛋白。一氧化碳结合血红蛋白的能力比氧气强300倍，而碳氧血红蛋白本身不能携氧，自身的解离速度只有氧合血红蛋白解离速度的1/3 600，这样就严重影响了血液的携氧，使组织缺氧，即表现为一氧化碳对人体的窒息作用。若吸入含5‰（体积分数）以上一氧化碳的空气时，就会引起重度的中毒症状，如昏迷、肺水肿、脑水肿、呼吸困难或不规律、心律失常、在短时间内休克甚至死亡。因此，冶金企业生产作业人员需要了解相关知识，积极预防煤气爆炸火灾事故和人员中毒窒息事故。

11. 未采取防护措施违章作业导致煤气中毒

2017 年 1 月 2 日 12 时许，江苏某钢铁集团有限公司（本案例简称钢铁公司）炼铁厂热风工段停产检修布袋除尘器箱体灰斗时，发生一起因未佩戴长管呼吸器进入箱体作业导致的煤气中毒事故，并因盲目施救造成事故扩大，共造成 2 人死亡、1 人受伤，直接经济损失约 240 万元。

（1）企业基本情况

钢铁公司成立于 2000 年 3 月 14 日，位于徐州市铜山区柳新镇高皇村，下设炼铁厂、炼钢厂、烧结厂、球团厂、制氧厂、发电厂等生产单位。2016 年 12 月 24 日起钢铁公司全面停产检修，停产前在职员工 816 人。

（2）事故经过和救援情况

1）事故发生经过。2017 年 1 月 2 日 8 时 10 分左右，炼铁厂热风技师高某坡到钢铁公司安环部办理有限空间作业安全工作票，并领取四合一煤气报警仪 1 台、长管呼吸器 1 台、呼吸面罩 3 副、氧气急救瓶 2 组。8 时 30 分左右，高某坡将防护设备及工作票交给热风工段段长杨某强，并强调了安全相关注意事项，杨某强带领李某余、王某旭从布袋除尘器 1 号箱体开始清除积尘。

10 时左右，热风技师高某坡巡检到布袋箱体处，看到李某余佩戴长管呼吸器正在布袋除尘器 5 号箱体内作业，杨某强、王某旭在人孔处监护，随后高某坡到其他检修岗位巡查。

12 时左右，热风技师高某坡在检查热风炉热风阀是否漏气漏水时，听到了热风工段段长杨某强呼救有人煤气中毒，高某坡立即给炼铁厂副厂长刘某雨打电话，并迅速赶到布袋箱体处，发现王某旭、李某余、杨某强 3 人倒在 9 号布袋箱体内，3 人均没有佩戴长管呼吸器。

2）应急救援情况。12 时 10 分左右，集团公司安环部部长权某华接到炼铁厂厂长于某良电话后赶赴现场（途中通知救护车），和赶到现场的炼铁厂副厂长刘某雨一起佩戴长管呼吸器进入布袋箱体，先后将王某旭、李某余、杨某强救出，并利用氧气急救瓶急救，几分钟后救护车赶到现场将王某旭、李某余 2 人送医院抢救。杨某强由集团公司车辆送医院抢救，后杨某强、李某余 2 人于 12 时 30 分抢救无效被医院确定死亡。

（3）事故原因分析

1）直接原因。作业人员李某余进入有限空间作业，未按规定佩戴防护设施，违章进行作业，导致煤气中毒。现场监护人员杨某强、王某旭发现李某余煤气中毒后，未按规定佩戴防护设施便盲目进入箱体进行施救，是导致事故扩大的原因。

2）间接原因如下：

①企业主体责任落实不到位，有限空间作业专项培训不到位，员工安全意识不强。

②作业现场风险因素分析不全面，没有考虑到布袋除尘器箱体下部人孔以下盲区残存煤气逸出的风险，风险分析及措施不到位。

③公司规章制度没有在基层得到认真落实，现场告知及作业程序不规范。

（4）事故教训和整改措施

经事故调查组认定，这是一起因违章作业和违规盲目施救导致事故扩大的生产安全责任事故。为认真吸取教训，有效预防和减少类似事故的发生，现提出如下整改措施：

1）钢铁公司要认真吸取此次事故教训，立即停产整顿，按照“四不放过”原则对相关人员进行处理。企业主要负责人和安全管理人员应重新参加安全资格培训，提高安全管理水平；全体员工要重新进行上岗前的培训，提高自我保护意识；全面排查事故隐患并采取有效措施进行事故隐患治理，安全生产事故隐患整改后经有资质的安全评价机构检查，具备安全生产条件并经验收合格后方可进行生产。

2）事故发生在冶金煤气、有限空间领域，并因盲目违规施救导致事故扩大，事故单位要切实落实好企业主体责任，加强企业内部管理、员工安全知识和技能培训，要抓班组、抓现场、抓细节，完善煤气作业区域审批制度和岗位安全操作规程并严格执行，加强有限空间辨识建档，落实作业审批、现场监护、器材配备等制度措施。

3）钢铁公司要开展有限空间作业知识技能普及，加大对冶金煤气、高温熔融金属、动火作业等风险较大特种作业人员的安全培训，完善事故应急预案，尤其是煤气、高温熔融金属、有限空间、动火作业等专项预案，配足应急装备、器材，加强技能培训演练，提高事故预防和科学施救能力，坚决杜绝类似盲目施救及应急处置不当所导致的生产事故发生。

（5）相关知识与管理借鉴

事故之后，经过事故调查组调查分析，认定以下情况：

1）作业票审批情况。事故发生前，由高某坡申请了有限空间作业票，李某余为作业人员，高某坡为现场负责人，王某旭及杨某强为监护人员。炼铁厂副厂长刘某雨代表厂进行了审批，集团公司安环部部长权某华代表集团公司进行了审批。但炼铁厂副厂长刘某雨在执行有限空间作业审批时，在没有到现场调查的情况下，就签发了有限空间作业票。

2）有限空间通风检测情况。事故发生前，高某坡安排王某旭及杨某强对布袋除尘器 9 号箱体进行了通风，通风之前打开了上、下人孔，进行了堵盲板作业。通风后，高某坡安排王某旭、杨某强及李某余对布袋除尘器 9 号箱体进行了有害气体（一氧化碳）和氧含量检测，检测仪器为四合一煤气报警仪和便携式煤气报警仪。其氧含量为 19.7%（体积分数），一氧化碳浓度为 0，符合作业条件。

3）作业防护监护情况。作业前，高某坡到集团公司领取了四合一煤气报警仪 1 台、长管呼吸器 1 台、呼吸面罩 3 副、氧气急救瓶 2 组，并安排王某旭、杨某强及李某余将库房的轴流风机拉到作业现场，作为应急通风设施。作业人员李某余刚开始作业时，按照规定佩戴了呼吸面罩进入布袋除尘器箱体作业，但在准备清理 9 号箱体时，已临近中午下班时间，因为赶时间、抢进度，李某余擅自摘除了呼吸面罩冒险进入 9 号箱体进行作业，而现场监护人员王某旭、杨某强没有阻止李某余的违章行为，且在李某余中毒倒在箱体内后，也未佩戴长管呼吸面罩和应急防护装备就盲目进入箱体施救。

4）中毒物质情况调查。布袋除尘器 9 号箱体结构上部为布袋，下部为锥型箱体，在锥型上部直筒段 40 cm 处左右为下人孔，通风时下部锥体为盲区，李某余清理锥体下部积灰时，盲区残余煤气浓度上升造成人员中毒。事故现场勘察时仍能检测到箱底一氧化碳体积分数为 $5\times10^{-6}\sim8\times10^{-6}$。因此，即使在通风之后，也还存在通风不彻底的问题。

从调查情况来看，为了预防煤气中毒事故的发生，作业负责人还是比较小心谨慎的，履行了规定程序。最后，作业负责人为了赶时间、抢进度，默许作业人员摘除呼吸面罩冒险进入 9 号箱体进行作业，在此出现关键性失误，如果能够继续小心谨慎，坚持按操作规程办事，那么这起事故就有可能避免。

 12. 硫化氢泄漏导致中毒窒息

2014 年 1 月 2 日 9 时 50 分左右，河北省邯郸市某工程技术有限公司（本案例简称工程技术公司）员工在清洗某钢铁有限公司（本案例简称钢铁公司）焦化厂酸气管道时发生中毒窒息事故，造成 2 人死亡、1 人受伤，直接经济损失 210 万元。

（1）企业基本情况

1）企业相关情况。工程技术公司于 2001 年 7 月 13 日注册登记，经营范围：机械备件、塑钢、废钢材加工、销售；机械、电气设备安装、检修；防腐清洗服务等。

钢铁公司于 2007 年 9 月 25 日注册登记，下设 5 个分厂和 7 个部室，年产钢 500 万 t。该公司所属焦化厂设有 4 个科室和 3 个车间，年炼焦 220 万 t，主要产品为焦炭，副产品有粗苯、焦炉煤气、焦油、硫酸、硫铵等。发生事故的地点在该厂化产区焦炉烟囱处。

2）工程承揽情况。工程技术公司于 2013 年 5 月 24 日与钢铁公司签订了焦化厂“过夏设备（换热器、管道、脱硫塔填料）专业清洗工程”清洗合同。合同约定维修时间为 2013 年 5 月 24 日至 2013 年 7 月 20 日，保质期为 1 年，时间自验收合格交付项目单位之日起计算保质期，并约定不允许第三方完成维修项目的主要工作。

（2）事故经过和救援情况

1）事故发生经过。2013 年 12 月 26 日，钢铁公司焦化厂煤气精制车间计划年前对酸气管道进行保质期清洗。车间主任李某震打电话给焦化厂设备室主管科员郭某华，要求近期对酸气管道进行清洗。煤气精制车间作业长刘某军随后也以电话形式通知工程技术公司负责清

洗作业的组长李某星，让他准备清洗备用酸气管道。

2014 年 1 月 2 日上午，工程技术公司清洗作业组组长李某星派副组长王某和员工王某川、冯某军、姜某堂 4 人到钢铁公司焦化厂清洗现场进行拆卸管道、安装清洗法兰、连接清洗胶管等工作，自己留在公司装载清洗用的固体烧碱。8 时 30 分左右，王某带领王某川、冯某军、姜某堂 3 人到达脱硫装置区内，拆卸拟清洗的备用酸气管道南端法兰和三通管道上的盲板，并接上了清洗法兰短管和胶管，然后让冯某军在脱硫装置区等待李某星拉来烧碱后帮助卸车。9 时左右，李某星带 130 客货车将烧碱拉到钢铁公司焦化厂煤气精制车间脱硫装置区，与冯某军一道卸车。9 时 30 分左右，李某星到焦化厂操作室找到作业长刘某军，对刘某军说："烧碱拉来了，什么时候开始干?"刘某军说："这两天不能干，上级正在进行环保检查，等上面检查结束后再通知，"李某星于是就向脱硫装置区卸烧碱的方向走去。

9 时左右，王某带领王某川、姜某堂到所需要清洗的酸气管道北端——焦炉烟囱处的 2 根酸气管道旁边，在钢铁公司焦化厂未派人指认所需清洗管道的情况下，王某用手摸了摸其中一个酸气管道，就认为是所需要清洗的备用管道（实际为运行管道），指派王某川与其分别站在 2 个空油桶（高约 1. 2 m）上方拆卸酸气管道法兰，并让姜某堂在下面协助。

9 时 50 分左右，酸气管道法兰被拆开，管道中的硫化氢气体瞬间逸出，造成王某、王某川 2 人吸入硫化氢气体中毒，先后从所站立的空油桶上方跌落至地面，站在地面的姜某堂被高浓度的硫化氢气体呛得受不了，就用自己的棉袄捂住鼻子向脱硫装置区方向跑去，在路上拨打了"120"急救电话。

2）应急救援情况。事故现场员工姜某堂跑到脱硫装置区，对刚卸完烧碱的李某星说："那边出事了，"李某星、冯某军急忙跑向焦炉烟囱处施救，姜某堂去接救护车。到事故现场后，李某星、冯某军就先拖拉王某川至安全区域，在拉王某川的过程中，由于酸气管道内的硫化氢仍在逸出，李某星中毒倒地，冯某军屏住呼吸，跑出四五米后也坐在地上。

事故现场附近，站在初冷器顶部的焦化厂鼓冷作业长马某宇看到这一情况，大声呼喊正好走到附近的焦化厂煤气精制车间主任李某震，李某震急忙跑到事故现场，边对李某星进行施救，边通知所属人员关闭酸气管道阀门，防止事故扩大，并向焦化厂主管生产的副厂长贾某成报告，贾某成迅速和厂内相关人员到达现场施救。约 20 分钟后，救护车到达事故现场，王某、王某川被送往医院抢救，李某星被送往医院治疗。王某、王某川经医院抢救无效，于 1 月 3 日 4 时死亡，李某星经住院治疗 2 日后出院。本次事故共造成 2 人死亡、1 人受伤。

（3）事故原因分析

1）直接原因。管道清洗作业人员错误拆卸运行中的酸气管道法兰，致使硫化氢气体外逸，造成作业人员硫化氢中毒窒息死亡。

2）间接原因如下：

①工程技术公司对所承包的焦化厂清洗工程项目疏于管理，维检修制度不落实，未制定相应的安全管理制度和安全操作规程，对作业人员的安全教育和现场管理不到位，未给作业人员配发足够的劳动防护用品。

②工程技术公司清洗作业员工安全意识差，在未得到明确指令、未佩戴劳动防护用品的情况下擅自进行清洗作业，事故发生后未采取任何安全措施盲目施救。

③钢铁公司安全管理不到位，安全制度不落实，未设立独立的安全管理机构，事故隐患排查治理工作不彻底。

（4）事故教训和整改措施

事故调查组认定，这是一起因维检人员违反安全生产规定，错误拆卸正在运行的酸气管道而造成的生产安全责任事故。

1）事故相关单位要深刻吸取事故教训，举一反三，严格落实企业安全生产主体责任，加大对员工的安全教育和培训，强化对作业现场的安全管理，加强对维检工作的组织领导，做好作业现场的组织管理、统筹协调和安全监管工作，做到防患于未然。

2）周密组织企业安全生产。事故相关单位在组织安全生产作业，特别是对有毒设备、管道和容器作业时，作业人员必须佩戴相应的劳动防护用品，作业前可靠地切断物料进、出口，必要时可对有毒设备增加取样口，用于作业前的取样检测，确保作业安全。

3）深入排查治理事故隐患。事故相关单位要建立长期的事故隐患排查治理和监控机制，组织各职能部门的专业人员和操作人员定期进行事故隐患排查，使事故隐患排查治理工作制度化、常态化，做到事故隐患整改的人员、措施、责任、资金、时限和预案“六到位”，确保彻底排查事故隐患，有效整改。

4）切实加强外协员工的管理。发包单位在承包单位作业时，要建立、健全作业审批手续，严格杜绝以口头或电话联系代替书面审批手续，要对外协员工做好安全交底和危险告知，进行安全确认。在施工或作业时，要对外协人员的安全措施落实情况进行全程监督检查。

（5）相关知识与管理借鉴

在这起事故中，导致事故的原因竟然是认错管道，管道拆卸之后硫化氢气体瞬间逸出，造成人员吸入硫化氢气体中毒。

硫化氢为无色、有腐蛋臭味的窒息性气体，常存在于废气、含硫石油及下水道、隧道中。含硫有机物腐败也可产生硫化氢气体。在阴沟疏通、河道挖掘、污物清理等作业时，时常会遭遇高浓度的硫化氢气体，在密闭空间作业时情况更为突出。如果防范不当，极易造成人员伤亡。

预防硫化氢中毒窒息事故，生产经营单位一是要认真宣传贯彻相关法律、法规，加强作业场所劳动保护工作，改善安全生产条件，保证安全生产的投入，落实安全生产责任。二是要对从业人员如实告知作业场所和工作岗位存在的危险因素、防范措施以及事故应急措施，上岗前和在岗期间要实行安全叮嘱，提示安全措施，并指导从业人员正确使用劳动防护用品。三是在可能产生硫化氢气体的场所，必须为从业人员配备气体检测仪器、呼吸器、救护带等安全设备；配备有毒有害气体报警仪、医疗救护设备和药品。防毒器具要定期检查、维护，确保整洁完好。

在作业时要加强现场管理，应注意以下事项：

1）要在高危场所设置警示标识，作业人员应在有专人监护且配备有效劳动防护用品的条件下进行作业。禁止在未采用任何防护措施的情况下私自作业。

2）当发生有人硫化氢中毒时，救援者应佩戴专业防护面具实施救援，制止盲目施救，避免出现更多的伤亡，并及时寻求专业救护。

3）在安排工作时，必须安排现场专人监护，检查上岗人员的上岗资格，提出安全生产要求，监督安全措施的落实，对作业中可能发生的不安全问题及时告知，发现不符合安全生产规定的情况立即制止，确保安全生产落实到全过程。

4）要制定详细的作业方案，填报中毒、窒息等危险作业票，经所在单位安全生产部门审核和单位负责人批准后方可实施作业。

13. 未佩戴呼吸器作业导致煤气中毒

2013 年 12 月 9 日 12 时 15 分左右，某钢铁有限责任公司（本案例简称钢铁公司）动力厂煤气工段，在对铸铁机南侧天然气与转炉煤气管道转换阀组进行翻盲板作业过程中2人煤气中毒，其中1人经抢救无效死亡，直接经济损失90万元。

（1）企业基本情况

1）企业相关情况。钢铁公司成立于1997年，下设6个生产分厂和22个部室，员工4 300人，经营范围：生铁及高炉水渣的生产、销售及进出口；钢、钢材及钢副产品等。钢铁公司具有年产钢260万t、钢材260万t的生产能力。

2）事发地点情况。事故发生在公司动力厂铸铁机南侧转换阀组操作平台。该平台高4.35 m，西侧有一钢质扶梯通向平台，平台东西长7.1 m，南北宽3.84 m，紧贴平台上方呈东西方向敷设煤气管道和天然气管道（直径约0.4 m）。煤气管道两端装有电动蝶阀，间距约1.65 m，中间为盲板阀，盲板阀两侧各有1根向上伸出的放散管。

（2）事故经过和救援情况

1）事故发生经过。2013年12月9日，钢铁公司动力厂煤气工段进行天然气管道勾头检修作业，需提前对阀门、放散管和氮气吹扫装置进行检查确认。12时12分左右，煤气工段段长赵某宏用对讲机与煤气调度员卜某来联系，让其确认023号和025号蝶阀是否处于关闭状态，卜某来确认两阀门处于关闭状态后用对讲机告知赵某宏。

12时15分左右，赵某宏用对讲机通知于某涛安排人到转炉煤气与天然气转换阀组（以下简称转换阀组）操作平台检查确认024号盲板阀阀门开关位置，如果盲板阀在通路位置，就组织人员翻到盲路。

12时20分左右，赵某宏与么某乾一起去天然气站，从转换阀组操作平台经过时，看到本工段皮卡车停在平台下东侧，在下面看不到平台上的人。赵某宏就上到平台，看到康某在转换阀组北侧斜靠在管路上，于是紧急大喊么某乾让他上来。么某乾听到赵某宏声音异常，赶紧跑上平台，看见康某跪在平台上，上身向后仰靠在北侧煤气管道上，于某涛在盲板阀南侧，身体蜷缩在平台上。

2）应急救援情况。事故发生后，么某乾先把盲板阀进一步夹紧，然后边呼喊边检查于某涛状况，发现其没有呼吸，遂将于某涛抬至平台北侧放平，对其做人工呼吸抢救。与此同时，赵某宏用对讲机呼叫煤气调度员，并联系煤气急救人员到现场急救，通知防护站刘某和天然气站人员携带苏生器到现场，并拨打了“120”急救电话。

厂内救护人员到达后，给康某进行了输氧，么某乾用自动呼吸机对于某涛进行了抢救。“120”救护车到来前康某经抢救已有了意识，“120”救护车和抢救人员赶到现场后继续抢救，并将 2 人送往医院。康某中毒较轻，经抢救脱离生命危险；于某涛中毒较重，经抢救无效死亡。

（3）事故原因分析

1）直接原因。于某涛、康某 2 人在翻盲板作业过程中，未佩戴呼吸器或通风式防毒面具，未将放散管开启就直接将盲板阀打开，导致管内天然气与转炉煤气混合气外泄，造成煤气中毒事故。

2）间接原因如下：

①员工违反安全管理规定作业。于某涛、康某 2 人在将盲板阀翻转至盲路位置作业过程中，未办理煤气危险作业申请票，违反了钢铁公司《煤气安全操作规程》第四十三条的规定。作业现场没有煤气防护站人员实施监护，违反了《工业企业煤气安全规程》（GB 6222—2005）的相关规定。

②作业现场安全条件不符合要求。转炉煤气与天然气转换阀组操作平台未设置风向标、警戒线。

③作业方案不严密，培训教育不到位。钢铁公司动力厂制定的

“天然气新增管道改造施工作业方案”，无具体的作业时间、作业地点和结束时间，未召开方案论证会，未组织员工进行专项培训，只下发到岗位要求员工自主学习，致使员工安全意识淡薄，存在侥幸心理冒险作业。

④钢铁公司安全管理不到位。公司对全厂落实安全管理制度及操作规程的情况缺乏有效的安全检查，致使涉煤气作业等危险作业项目管理混乱，“三违”现象严重。动力厂提供的天然气系统检修停煤气吹扫操作票中的时间、负责人、操作人等均未按要求填写，未严格落实操作票管理制度。

（4）事故教训和整改措施

这是一起因安全管理不到位、违反安全管理规定作业而引发的生产安全责任事故。

1）钢铁公司要深刻吸取事故教训，严格落实企业安全生产主体责任，进一步完善安全生产“三项制度”，将技改项目纳入安全管理的范畴，同时进一步明确技改、生产、安全等部门的职责分工，有效堵塞管理漏洞。

2）钢铁公司要加强对员工的安全教育和培训，未经安全教育培训合格的，不得上岗作业。要进一步强化煤气危险作业的安全管理，严禁无票进行煤气危险作业。严格条件确认、作业许可、安全措施、劳动保护、现场监护，确保煤气危险作业安全，杜绝“三违”现象。

3）钢铁公司要修订完善各项安全管理规定，与各工厂签订安全管理目标责任承诺书，工厂与各工段、岗位员工层层进行责任分解，从上到下，各自履行安全生产职责，要横向到边、纵向到底，不留盲区死角，把安全生产落实到基层每位员工。

4）钢铁公司要加强对检维修工作的组织领导，成立专门组织，明确责任，领导靠前指挥，重点加以防控。要制定完善、科学、安全、可靠的煤气—天然气检维修方案，做好检维修作业的组织管理、统筹协调和安全监管，制定并落实好检维修作业应急预案。检维修作业前，要进行作业现场安全交底，实行安全生产确认制；施工、检修作业过程中，监护人员配备到位，严格履行监护职责，建立操作人员互保联保机制，对习惯性违章行为要严肃处理并加大考核力度。

5）钢铁公司要全面开展各车间、工段、班组以及技改项目的事故隐患排查治理工作，对查出的事故隐患，要立即整改，一时难以整改的，要做到整改责任人、时限、资金、措施、预案“五落实”，确保整改到位。事故隐患排查治理工作要做到全覆盖、严要求、重实效，提升企业本质安全水平，努力防范各类事故的发生。

（5）相关知识与管理借鉴

这起人员中毒窒息事故的发生有几个原因：一是在将盲板阀翻转至盲路位置作业过程中，未办理煤气危险作业申请票，作业现场没有煤气防护站人员实施监护，也没有佩戴呼吸器或通风式防毒面具；二是作业现场安全条件不符合要求，转炉煤气与天然气转换阀组操作平台未设置风向标、警戒线；三是作业方案不严密，培训教育不到位。归纳起来讲，就是作业人员安全意识淡薄，不遵守规章制度，缺乏知识冒险作业。

冶金企业要加强对煤气的安全管理，注意以下事项：

1）要把煤气作业安全管理放在更加突出的位置，认真贯彻执行《工业企业煤气安全规程》（GB 6222—2005）等有关规定，切实落实责任。

2）要加强煤气从业人员安全教育培训工作，保证从业人员具备必要的安全生产知识，熟悉有关煤气安全生产规章制度和安全操作规程，掌握本岗位的安全操作技能和防范措施。

3）要严格执行煤气生产、储存、输送、使用环节防止泄漏、中毒窒息、爆炸的安全管理制度，要配齐各种监测、监控设备和防护设施，并加强日常检修维护，确保运行正常。

4）要以反“三违”为重点，加强冶金企业煤气安全生产日常检查工作，加强对安全生产影响较大的重要设备、关键设施和主要生产工艺的检查工作，要使高炉风口平台、炉身、炉顶等区域煤气泄漏处于受控安全状态，煤气柜、管线监控和防护设施的配置和运行应符合相关安全规程要求。

5）要制定煤气作业工艺环节的应急救援预案，并定期组织演练，防止施救不当造成事故伤亡扩大；要加大投入，配足必要的劳动防护用品，提高应对事故的处置能力。

6）要不断完善相应的规章制度、机制体制，夯实冶金企业安全管理基础。要防止和纠正盲目乐观、松懈麻痹思想，把工作抓实抓细，有效防范、遏制煤气中毒等重特大事故的发生。

14. 违章作业吸入氮气导致窒息

2013 年 4 月 3 日 16 时左右，河北省唐山某钢铁有限公司（本案例简称钢铁公司）炼铁厂喷煤车间 2 号喷吹站在关闭收粉器侧面人孔盖作业时，发生一起氮气窒息事故，造成 1 人死亡，直接经济损失 60 万元。

（1）企业基本情况

1）企业相关情况。钢铁公司是一家综合配套年生产能力 600 万 t 的民营钢铁联合企业。公司下设炼钢、炼铁、烧结、轧钢、热轧、动力、附属等 7 个分厂和多个部（室），设有独立的安全管理机构。

公司所属炼铁厂下设 16 个科（室），设有独立的安全管理机构，有员工 1 500 余人，其中专职安全管理人员 15 人、专职煤防员 18 人。

2）设备维修情况。2013 年 4 月 3 日，钢铁公司炼铁厂按计划对 2 号高炉及喷煤车间 2 号喷吹站进行停产检修。4 月 3 日 5 时，炼铁厂喷煤车间 2 号喷吹站运转班丙班作业人员延某电话通知煤气防护站陈某，要求对 2 号喷吹站收粉器（长 8 m，宽 4 m，高 7 m）内氧气含量进行检测。5 时 55 分，炼铁厂喷煤车间 2 号喷吹站停止了喷煤作业。6 时左右，2 号高炉停止运行。

6 时 30 分，运转班丙班班长郭某和喷吹工李某超打开收粉器顶部人孔盖和侧面人孔盖，随后陈某对收粉器内氧气含量进行检测，直至 7 时 30 分检测的氧气含量始终达不到作业要求。7 时 30 分，陈某与煤气防护站白班工人刘某胜进行了交接班，并将检测工作交给刘某胜。随后，刘某胜对收粉器内氧气含量进行了多次检测，直至 8 时左右，收粉器内氧气含量达到了作业要求。9 时 30 分，炼铁厂维修班班长张某文带领赵某勇、万某刚、杨某山 3 名作业人员对 2 号喷吹站收粉器内部的风道进行漏点补焊及提升阀维修作业。14 时左右维修工作结束，4 人撤离维修现场。15 时 22 分，运转班甲班班长张某里带领喷吹工李某龙（当班时间 3 日 7 时 30 分至 15 时 30 分）盖上了收粉器顶部人孔盖，因到了交班时间，侧面人孔盖的关闭工作交接给了乙班。

（2）事故经过和救援情况

2013 年 4 月 3 日 15 时 30 分，炼铁厂运转班喷煤车间 2 号喷吹站运转班乙班班长王某伟，带领梁某去关闭收粉器侧面人孔盖（人孔规格为 500 mm×500 mm）。2 人到达作业地点后，发现收粉器内遗有一盏手把灯。王某伟告诉梁某等一下，便去查看收粉器顶部人孔盖是否已关闭（顶部人孔盖距侧面人孔约 6 m）。王某伟检查完顶部盖子已经关闭后回到侧面人孔处时，未看到梁某，呼喊亦没有回应。王某伟察看四周，发现梁某侧卧在收粉器内。见到此种情况后，王某伟伸手从人孔外往外拉拽梁某，因梁某体重较重，经过努力也未将梁某拉出，便立即打电话向厂主控室进行了报告。

接报后，救援人员立即赶到事故现场，经 20 分钟的救援，把梁某救出，并立即将其送往遵化市人民医院进行救治。4 月 5 日 10 时 10 分，梁某经抢救无效后死亡。

（3）事故原因分析

1）直接原因。按生产工艺流程，粉仓内应用氮气进行惰化，多余氮气经连接管道（始终不封闭）由收粉器处排出。收粉器顶部人孔盖关闭后，粉仓内氮气通过管道进入收粉器内并逐渐聚集，梁某从侧面人孔进入收粉器内取手把灯时吸入氮气窒息，并导致事故。

2）间接原因如下：

①违章作业。在煤气防护站未对收粉器内氧气含量进行检测的情况下，梁某便违规从收粉器侧面人孔进入收粉器内取手把灯。

②安全管理不到位。钢铁公司对各岗位落实规章制度和操作规程方面的督导检查不到位，对作业人员违章作业未及时发现和有效制止。同时在涉及中毒窒息、触电等重点危险源点的安全警示标识、危险源辨识标牌等设置不足。

③钢铁公司安全教育培训不到位，导致从业人员安全意识淡薄，对作业场所可能存在的危险因素认识不足，自我防范意识不强。

（4）事故教训和整改措施

1）钢铁公司要认真贯彻“安全第一、预防为主、综合治理”安全生产方针，认真吸取事故教训，举一反三，并迅速在全公司开展拉网式安全大检查，全面排查事故隐患，杜绝类似事故再次发生。

2）钢铁公司要进一步加强安全教育培训，特别是对重要岗位操作人员的教育培训，确保从业人员具有对本岗位各类事故隐患和风险的判断识别能力，从本质上提升作业人员的安全意识，杜绝“三违”

现象发生。要立即制订具体培训计划，并委托有资质的培训机构分期分批开展全员教育培训，年内实现全员持证上岗。

3）钢铁公司要严格落实“一会二检三查四标准”，要对所有危险源点登记造册，并对每处危险源点设立明显的辨识标牌，标注出危险源点名称、危害方式、注意事项等，做到危险源辨识标牌不留死角，全厂覆盖，切实提高安全管理水平。

（5）相关知识与管理借鉴

在这起事故中，班长带领员工去关闭收粉器侧面人孔盖，发现收粉器内遗有一盏手把灯。于是班长告诉员工等一下，要先行查看收粉器顶部人孔盖是否已关闭，结果等他回来，发现员工已经侧卧在收粉器内，因氮气窒息导致事故。

氮气在通常状况下是一种无色无味的气体，而且一般情况下比空气密度小。氮气占大气总量的 78.08%（体积分数），是空气的主要成分。在标准大气压下，氮气冷却至-195.8 ℃时，变成没有颜色的液体，冷却至-209.8 ℃时，液态氮变成雪状的固体。氮气的化学性质不活泼，常温下很难跟其他物质发生反应，所以常被用来制作防腐剂。但在高温、高能量条件下，氮气可与某些物质发生化学变化，用来制取新物质。

这起事故的发生，与员工缺乏相关知识有直接关系，而班组在安全知识、预防措施等方面，也存在着不足。在此，可以借鉴某钢铁集团炼铁厂高炉车间主控班完善学习制度，搭建学习平台，促进员工学习的做法。

炼铁厂 3 号高炉车间主控班成立于 2009 年 12 月，有员工 22 人，平均年龄 30 岁。班组主要负责 3 号高炉的炉内日常操作与调剂、热风炉设备的操作维护、车间日常的生产与调度等工作。该班组自成立以来，完善学习制度，搭建学习平台，促进员工学习。

1）建立“每班一题、每周一课、每月一交流”的团队学习制度。“每班一题”是根据本班情况，由主值人员针对管理操作中发现的问题，在留言板上写下一道有关技术、管理、操作方面的问答题，引导员工学习技术知识，交流操作方法，形成学习互动。“每周一课”是在每周一技术例会上，组织员工进行操作规程等内容的培训，融入提问、讨论、考试等多种手段来活跃气氛，提高培训效果，并通过大家献言献策，制定出本周高炉操作制度和技术参数，形成团队学习的结晶。“每月一交流”是每月一次由厂里组织各高炉的班长和技术骨干进行专业技能、工作经验的交流，带动班组整体水平的提高。

2）建立“个人自学、互帮互学、一专多能”的个人学习制度。班组设置了24小时学习室、图书角，购置了《高炉炼铁生产技术手册》《高炉生产知识问答》等图书及其他事故案例和特殊炉况总结等学习资料，同时在老员工和年轻人、党员和群众之间，或在技能上有互补性的员工之间开展结对活动，形成“一师多徒、一徒多师”的培训格局，让员工掌握更多的实践操作知识。与此同时，班组还组织员工开展“一岗多能”和“精一会二学三知更多”岗位练兵活动，使员工人人掌握相邻工序3个以上工种的操作。

3）坚持学以致用，学习与生产相互促进。例如，通过对先进工艺学习、特点归纳、问题研究，坚持发扬“手勤、眼勤、腿勤、脑勤”的“四勤”风格，创造了4天实现日达产，当月达产达效，高炉长期稳定运行和指标提升的优良业绩。尤其是在低成本冶炼、经济炉料的配加和大高炉炉缸活跃性研究方面都有创新，在全国同类型的高炉中，主控班在原料入炉品位最低的条件下取得了各项经济指标排名前茅的好成绩。再如，班组开展“我为降耗献一计”等活动，鼓励岗位员工出主意、想办法，涌现出了“罐位位置增加摄像头”“炉顶点火孔盖改造”“快速赶料线法”等一批合理化建议和先进操作法，为企业降本增效做出了较大贡献。

15. 蝶阀未关闭到位煤气泄漏导致中毒

2018年1月31日18时56分，位于贵州省六盘水市钟山区的某钢铁（集团）有限责任公司（本案例简称钢铁公司）能源公司富余煤气发电站发生一起煤气中毒事故，造成9人死亡、2人受伤，直接经济损失约846万元。

（1）企业基本情况

1）企业相关情况。钢铁公司设有安全环保部、机动部、生产运输部、能源公司、炼铁厂等32个部室和二级单位，主要以钢铁制造业为主，是集采矿、煤焦化、电力生产等多种配套产业于一体的国有大型钢铁联合企业，年生产350万t钢。

钢铁公司所属能源公司系钢铁公司下属二级单位，负责钢铁公司生产能源介质的供给，主要有氧气、氮气、氩气、高炉鼓风、余热发电等能源产品，包含热力车间、汽机车间、化学车间、燃气车间、富余煤气发电站等单位。

能源公司所属富余煤气发电站（本案例简称富余煤气发电站）主要设备有240 t/h高温高压煤气锅炉、60 MW高温高压凝汽式汽轮机、65 MW发电机。连接9号锅炉的高炉煤气主管道隔断装置设有DN 2 400电动三偏心蝶阀（本案例简称蝶阀）、DN 3 000 U形水封装置（承受压力为29.4 kPa）。富余煤气发电站设有发电站站长1人，兼职安全员1人，员工24人。

2）事故当天高炉煤气管网系统运行情况。2018年1月31日，钢铁集团三高炉正常生产，四高炉按计划于当天12时休风作降料面准备工作。18时，四高炉逐步恢复风量进行降料面操作，煤气发生量逐步恢复。

1 月 31 日 18 时 50 分，三高炉、四高炉煤气发生总量为 66 万 m^3/h，而当时煤气用户端的四高炉热风炉停用（正常使用时，煤气消耗量为 18 万 m^3/h），9 号锅炉正在停炉检修（正常使用时，煤气消耗量为 20.4 万 m^3/h），即大约有 38.4 万 m^3/h 富余煤气没有负荷，而此时 2 座高炉煤气柜已处于高位运行状态，进气阀关闭，不再具有“呼吸式”调节功能。三高炉、四高炉 2 座煤气放散塔的实际放散量只有 10 万 m^3/h。此时，管网系统内还有约 28.4 万 m^3/h 的富余煤气没有负荷，因而煤气压力继续突增。

3）施工前期准备情况。2018 年 1 月 3 日，富余煤气发电站运行中的 9 号锅炉稳燃柱局部垮塌，按钢铁公司规定，富余煤气发电站报钢铁公司机动部申请外委施工。1 月 17 日，经钢铁公司交易中心招标，某工程技术公司（本案例简称工程公司）中标。中标后，钢铁公司与工程公司签订能源公司 9 号锅炉稳燃柱外委修复项目承揽合同，工期为 2018 年 1 月 23 日至 2018 年 2 月 3 日。

1 月 20 日，富余煤气发电站按计划停运。1 月 22 日，工程公司办理能源公司 9 号锅炉稳燃柱外委修复项目的施工方案、开工报告、安全管理协议、安全措施申报表、有限空间安全作业证等相关票据。

1 月 23 日，工程公司马某兵、杨某六、付某、徐某明、杨某章、王某树 6 人进场，富余煤气发电站对施工人员进行安全告知并考试，进行施工前准备。

1 月 24 日至 26 日，施工人员完成稳燃柱拆除及清理工作。1 月 27 日至 30 日，因天气原因砌筑用的耐火砖未运抵现场，在此期间未施工。

（2）事故经过和救援情况

1）事故发生经过。2018 年 1 月 31 日 9 时，耐火砖运抵富余煤气发电站，马某兵组织杨某六、付某、徐某明、杨某章、王某树，并雇用岳某明、王某康和陈某会（女）卸耐火砖。

12 时左右，在能源公司生产保供室设备组岳某强，能源公司生产保供室安全组刘某、王某，富余煤气发电站当班班长杨某举的监护下，杨某六、付某、徐某明、陈某会（女）、岳某明、杨某章 6 人进入 9 号锅炉炉膛内砌筑稳燃柱，马某兵、王某树、王某康 3 人从地面将耐火砖搬运到炉膛内。

15 时左右，杨某章因家中有事先行离开施工现场。17 时 40 分，能源公司生产保供室安全组刘某向安全组组长郑某檑报告施工方需要加班（办理的当天作业票施工时间至 22 时）。郑某檑要求，安全组现场必须留 1 人监护。经刘某和王某商议，现场留下安全组刘某监护。

18 时，四高炉逐步恢复风量进行降料面操作。

18 时左右，岳某强检查施工质量，看到稳燃柱砌筑高度为 1 m，要求施工方砌筑到 1.5 m 即停止当天施工。

18 时 4 分，富余煤气发电站连接 9 号锅炉的高炉煤气主管道蝶阀前压力为 11 kPa。18 时 20 分，富余煤气发电站站长高某、岳某强、刘某安排杨某举、富余煤气发电站当班人员曹某进行现场监护后，离开施工现场外出吃饭。

18 时 26 分，四高炉 TRT 煤气主管压力为 17.4 kPa，四高炉放散塔逐步打开，开始放散。18 时 35 分，富余煤气发电站连接 9 号锅炉的高炉煤气主管道蝶阀前压力表（量程为 20 kPa）超量程。18 时 40 分，由于三高炉放散塔操作电脑无放散历史趋势记录，根据值班记录，三高炉放散塔全量放散。

18 时 42 分，能源公司调度室向炼铁厂运行值班室联系，要求四高炉热风炉使用煤气。18 时 46 分，15 万 m^3 高炉煤气柜储气量已达高位（储气量13万 m^3）进气口关闭。18时47分，能源公司调度室向炼铁厂运行值班室联系，要求四高炉不要加风。此时，四高炉放散塔放散量为4.29万 m^3/h。18时54分，三高炉TRT煤气主管压力表（量程为30 kPa）超量程。

18时56分，炉外搬运耐火砖的马某兵感到异常，立即电话联系富余煤气发电站负责人高某，“现场有煤气，快停炉”。此时，事故已经发生。

2）应急救援情况。事故发生后，救援人员在富余煤气发电站变频室附近发现1名中毒人员，在东侧大门发现1名中毒人员，在东侧检修平台下发现1名中毒人员，在东侧检修平台上发现4名中毒人员，在炉膛内发现4名中毒人员，救援人员多次对现场搜救，未发现其他中毒人员。1月31日20时51分，11名中毒人员先后被送到医院进行治疗，至此，抢险救援工作结束。

这起事故共造成9人死亡、2人受伤，死亡原因为煤气中毒，直接经济损失约846万元。

（3）事故原因分析

1）直接原因。富余煤气发电站9号锅炉高炉煤气管道用于隔断煤气的关键装置蝶阀未关闭到位，在煤气管网压力突增的情况下，大量高炉煤气通过蝶阀将U形水封击穿进入炉膛，造成炉膛内、外的施工人员中毒。

2）间接原因如下：

①钢铁公司设备管理制度缺失。未按照相关规定要求，明确在进行蝶阀启闭操作时必须进行现场确认。未建立蝶阀等重要设施设备定期检维修、校验制度，从未对蝶阀进行过检维修和校验，未对蝶阀开展事故隐患排查治理。

②钢铁公司审查把关不严。在未对可能危及作业安全的煤气进行

风险辨识，未到现场进行有限空间作业安全条件确认的情况下，有关部门即签字同意，现场监护人员未严格按照能源公司9号锅炉稳燃柱更换施工方案要求，对施工人数和砌筑高度进行有效监督。

③钢铁公司煤气管网系统压力平衡处置不当。能源公司调度室值班人员在煤气管网压力突增的情况下，只是电话通知炼铁厂运行值班室，要求“四高炉热风炉使用煤气”“四高炉不要加风”，但对方是否落实，值班人员既不跟踪，也未向能源公司领导及钢铁公司总调度室报告。炼铁厂运行值班室在接到能源公司调度室值班人员要求使用煤气、不要加风的电话时，认为不是钢铁公司总调度室的指令，未执行指令，也未及时向炼铁厂领导及总调度室报告是否作使用煤气、不要加风处理。富余煤气发电站操作室未安排值班人员值守，不能及时发现并处置蝶阀前压力超量程、炉膛内煤气浓度超标等突发情况。

④钢铁公司应急救援管理不到位。未对9号锅炉稳燃柱外委修复项目开展安全风险评估，未制定专项应急救援预案，未对现场监护人员、外来施工人员开展空气呼吸器使用、应急救援教育，相关人员缺乏必要的风险意识和逃生知识，配备的空气呼吸器不能满足救援需要。发生煤气泄漏时，监护人员未能及时组织施工人员迅速撤离现场。煤气防护站人员的年龄结构老化、装备落后，与煤气防护站职责不匹配，救援人员盲目施救。

⑤钢铁公司外委项目以包代管。能源公司通过签订外委工程安全、环保管理协议，将外委项目的安全生产主体责任转嫁给施工方，由施工方编写了简单、无可操作性的能源公司9号锅炉稳燃柱更换施工方案，未履行对施工方安全生产工作的统一协调、管理职责，对外委项目以包代管。

（4）事故教训和整改措施

1）健全安全管理制度。钢铁公司要按照《工业企业煤气安全规程》（GB 6222—2005）、《煤气隔断装置安全技术规范》（AQ 2048—2012）等行业标准和规范，对企业各层级规章制度进行梳理，对缺失、过时及针对性、操作性不强的部分进行重新修改、完善，并组织相关人员认真学习，严格执行。

2）持续深入开展安全风险分级管控和事故隐患排查治理体系建设。钢铁公司结合《工贸行业较大危险因素辨识与防范指导手册（2016 版）》开展安全生产风险评估和危险因素辨识工作，建立安全生产风险分级管控制度，明确责任和防范措施，修订事故隐患排查治理制度，建立安全风险责任清单，做到“一岗位一清单”。

3）加强检维修作业安全管理。钢铁公司要切实落实有限空间作业、煤气作业的安全管理，涉及高风险、多人作业的项目，无论投资规模大小，一律要提高审批层级，严格项目审批。各层级要严格落实检维修方案审核、交叉作业协调、设备设施安全确认、安全技术交底、作业人员安全培训、监护人员配备及现场监护等主体责任。

4）加强安全教育培训。钢铁公司要对全公司所有涉煤气区域开展排查，涉煤气区域作业人员必须持煤气特种作业证上岗。完善外来人员安全教育培训制度，确保作业人员掌握相关安全知识和逃生知识，增强风险意识。

5）钢铁公司要加强现场安全监护人员管理，严格执行施工方案，控制作业现场人数，提升安全监护人员素质。发现异常情况时，要立即停止作业，迅速撤离现场，并采取正确的应急处理措施。

6）加强应急救援能力建设。严格对照标准强化企业应急能力建设，配齐配强煤气防护站等应急救援力量，强化应急预案体系建设，建立专兼职应急救援队伍，配齐应急设施装备物资，健全应急制度，加强宣教培训，加强应急物资管理，定期开展应急救援演练，及时总结评估，提升企业应急能力。

7）扎实开展钢铁企业重大生产安全事故隐患排查治理专项行动。钢铁公司要对煤气储存、运输、使用及高温熔融金属、检维修作业等方面存在的重大生产安全事故隐患开展全面排查治理专项行动。

8）强化安全基础管理。钢铁公司要开展安全生产信息化建设，对关键装备、流程实施在线监控，实现温度、压力、液位、有害气体浓度等重要参数远程实时监测报警，提升企业本质安全水平。

（5）相关知识与管理借鉴

这起事故的发生，主要原因是用于隔断煤气的关键装置蝶阀未关闭到位，在煤气管网压力突增的情况下，大量高炉煤气通过蝶阀将 U 形水封击穿进入炉膛，造成炉膛内、外的施工人员中毒。另一个原因，则是设备管理制度缺失，未按照技术规范要求，明确在进行蝶阀启闭操作时必须进行现场确认，并且在对可能危及作业安全的煤气进行风险辨识方面做得不够。

在冶金企业，尤其是与煤气相关的单位，一定要对煤气这个危险源做好控制管理。

危险源的控制可从 3 个方面进行。一是技术控制，即采用技术措施对固有危险源进行控制，主要技术有消除、控制、防护、隔离、监控、保留和转移等。二是人行为的控制，即控制人为失误，减少人的不正确行为对危险源的触发作用。人为失误的主要表现形式有操作失误、指挥错误、不正确的判断或缺乏判断、粗心大意、厌烦、懒散、疲劳、紧张、疾病或生理缺陷，以及错误使用劳动防护用品和防护装置等。人行为的控制首先是加强教育培训，做到人的安全化；其次应做到操作安全化。三是管理控制。

在管理控制中，可采取以下措施：

1）建立、健全危险源管理的规章制度。危险源确定后，在对危险源进行系统危险性分析的基础上建立、健全各项规章制度，包括岗位安全生产责任制、危险源重点控制实施细则、安全操作规程、操作人员培训考核制度、日常管理制度、交接班制度、检查制度、信息反馈制度、危险作业审批制度、异常情况应急措施、考核奖惩制度等。

2）明确责任，定期检查。应根据各危险源的等级分别确定各级的负责人，并明确他们应负的具体责任。特别是要明确对各级危险源的定期检查责任。除了作业人员必须每天自查外，还要规定各级领导定期参加检查。对于重点危险源，应做到公司总经理（厂长、所长等）每半年一查，分厂厂长每月查，车间主任（室主任）每周查，工段段长、班组长每日查。对于低级别的危险源，也应制订出详细的检查安排计划。

3）加强危险源的日常管理。要严格要求作业人员贯彻执行有关危险源日常管理的规章制度。搞好安全值班、交接班，按安全操作规程进行操作；按安全检查表进行日常安全检查；危险作业经过审批等。所有活动均应按要求认真做好记录。领导和安技部门定期进行严格的检查和考核，发现问题及时给予指导教育，根据检查考核情况进行奖惩。

4）抓好信息反馈，及时整改隐患。要建立、健全危险源信息反馈系统，制定信息反馈制度并严格贯彻实施。对检查发现的事故隐患，应根据其性质和严重程度，按照规定分级实行信息反馈和整改，做好记录，发现重大事故隐患应立即向安技部门和行政第一领导报告。信息反馈和整改的责任应落实到人。对信息反馈和事故隐患整改的情况，各级领导和安技部门要进行定期考核和奖惩。安技部门要定期收集、处理信息，及时提供给各级领导研究决策，不断改进危险源的控制管理工作。

5）搞好危险源控制管理的基础建设工作。危险源控制管理的基础工作除建立、健全各项规章制度外，还应建立、健全危险源的安全档案和设置安全标识牌。应按安全档案管理的有关内容要求建立危险源的档案，并指定专人专门保管，定期整理。应在危险源的显著位置悬挂安全标识牌，标明危险等级，注明负责人员，按照国家标准的安全标识表明主要危险，并扼要注明防范措施。

6）搞好危险源控制管理的考核评价和奖惩。应对危险源控制管理的各方面工作制定考核标准，并力求量化，划分等级。定期严格考核评价，给予奖惩，并与班组升级和评先进结合起来。逐年提高要求，促使危险源控制管理的水平不断提高。

16. 未采取防护措施作业一氧化碳中毒窒息

2015 年 10 月 9 日，某钢铁股份有限公司（本案例简称钢铁公司）炼铁厂炼焦分厂 6 号炉冷凝水回收箱内，上海某技术服务有限公司（本案例简称技服公司）发生一起中毒和窒息事故，造成 1 人死亡。

（1）企业基本情况

1）企业相关情况。钢铁公司炼铁厂（本案例简称炼铁厂）为钢铁公司下属独立生产单位，包括烧结分厂、原料分厂、炼焦分厂、高炉分厂和职能科室。

2）合同签订情况。2013 年年底，炼铁厂与技服公司签订钢铁公司炼铁厂炼焦分厂炼焦操作项目承包合同。双方约定：在炼铁厂区域内有关生产管理工作交由技服公司承担（内容包括成型煤巡检过程中现场设备的取样作业）。承包期限为 2014 年 1 月 1 日至 2016 年 12 月 31 日。

承包合同签订后，技服公司与某实业有限公司（本案例简称实业公司）签订生产作业（辅助）协力承包合同。双方约定：技服公司因生产作业（辅助）业务的需要，向实业公司提出协力需求，涉及的项目包括炼铁厂炼铁区域的炼焦、煤处理、成型煤巡检等作业；技服公司将实业公司人员纳入日常管控范围内进行统一管理。承包期限为2015年1月1日至2015年12月31日。

3）事故设备情况。发生事故的冷凝水回收箱，为煤气预热系统设备，用于回收煤气预热器低压蒸汽凝结后所形成的水。煤气经管网进入炼铁厂炼焦分厂区域，经煤气预热器加热后进行使用，采用双层管道进行输送和预热处理，煤气在内层管道（管程）输送，低压蒸汽在内外层管道间（壳程）输送，使煤气与蒸汽发生热交换，达到预加热的目的。凝结后的低压蒸汽通过管道回收至冷凝水回收箱，并根据需要进行外排或进入循环系统回收利用。

2015年4月16日起，因6号炉冷凝水回收箱内冷凝水浑浊，炼铁厂炼焦分厂停止冷凝水回收利用，并采取外排至污水处理的方式。

（2）事故经过和救援情况

2015年10月9日8时左右，炼铁厂炼焦分厂煤焦作业区成型煤操作工史某华，根据其日班班组长张某华的要求，安排技服公司成型煤巡检工刘某在巡检过程中对巡检路线上的6号炉冷凝水回收箱内水质进行观察，并视水质情况取样。8时30分左右，刘某按规定巡检路线开始巡检。9时左右，刘某通过现场指令电话向史某华报告巡检区域污泥清扫情况。

11时10分至13时30分，同班组作业人员刘某贵及炼铁厂烧结分厂煤焦作业区煤处理班班长周某等人，先后通过手机及指令电话联系刘某未果。

13时30分左右，周某先后联系炼铁厂炼焦分厂及技服公司人员寻找刘某。14时55分左右，刘某贵与技服公司煤焦作业区作业长李某发现刘某侧卧在6号炉冷凝水回收箱箱底。李某立即将情况上报至技服公司和炼铁厂。15 时 30 分左右，救护人员到达现场组织救援。经现场救护人员确认，刘某已死亡。

这起人员中毒事故造成 1 人死亡，直接经济损失约 61 万元。

（3）事故原因分析

1）直接原因。作业人员在未采取安全防范措施的情况下，进入富集一氧化碳的 6 号炉冷凝水回收箱，吸入一氧化碳后中毒窒息死亡。

2）间接原因如下：

①技服公司作业人员安全意识淡薄，未严格遵守公司“十项禁令”的规定，未经允许进入有限空间。

②炼铁厂对区域内煤气预热装置存在一氧化碳泄漏，并在冷凝水回收箱内富集的风险辨识不到位。

（4）事故教训和整改措施

经调查认定，这起中毒和窒息事故是一起生产安全责任事故。相关单位要深刻吸取事故教训，提升员工的安全意识，梳理、完善安全管理制度。

1）技服公司要进一步加强对员工的安全教育，确保员工严格遵守公司的各项安全生产规章制度，同时要提升员工自救、互救能力，确保事故发生后员工能采取科学方式实施救援，避免事故扩大。要强化对现场单独作业人员的管控，及时掌握人员动向。

2）炼铁厂要进一步加强对可能涉及有毒有害有限空间作业及涉及煤气的管路、设备的管控，及时发现事故隐患。针对现有的事故隐患排查方式不足以发现煤气预热装置（成套设备）存在泄漏现象的情况，应探索从本质安全角度提升设备安全性的方法及措施，并落实有限空间的管理措施，消除事故隐患。

3）为了有效预防煤气中毒，炼铁厂要严格遵守煤气安全规程和安全操作规程的有关规定，加强煤气安全防护，同时将可能存在泄漏或薄弱地方作为重大危险源加强控制，施行专人操作、专人检查、专人管理等制度，加强业务知识的培训，经常性地进行一氧化碳含量分析，保证操作环境安全。

（5）相关知识与管理借鉴

这起事故是作业人员在未采取安全防范措施的情况下，进入富集一氧化碳的 6 号炉冷凝水回收箱，吸入一氧化碳后中毒窒息死亡。

一氧化碳是无色、无臭、无味的气体，在水中的溶解度甚低，不易溶于水。空气混合爆炸极限为 12.5%～74%（体积分数）。一氧化碳进入人体之后会引起机体组织出现缺氧，导致人体窒息死亡。

一氧化碳是合成气和各类煤气的主要组分，是有机化工的重要原料，由它可制造一系列产品，如甲醇、乙酸、光气等，在冶金工业中还可用作还原剂。预防一氧化碳中毒窒息事故，需要做好预防煤气泄漏工作。

在预防煤气泄漏工作方面，可以借鉴湖北某钢铁有限公司煤气防泄漏监控系统的做法。

该公司是国内生产特钢品种最多和规格最全的特钢企业。近年来，公司以安全生产标准化建设为中心，采取了一系列标本兼治的措施，取得了良好的安全工作绩效。

该公司煤气设施多、管线覆盖长，极易发生煤气泄漏事故。对此，公司完善了企业安全生产预警机制，投入 300 万元，对煤气防泄漏监控系统进行了改造，对覆盖全公司煤气设备设施的 16 km 煤气管网实现了 24 小时监控。煤气防泄漏监控系统采用 ESD500 点型可燃气体探测器，分布在全公司煤气管网、伸缩节、排水器等易发生煤气泄漏的部位，其传感器采用进口气体敏感元件，具有防爆、精度高、线性好等特点。该探测器可以实时采集现场所测气体浓度，并判断是否超过报警阈值（体积分数 2.4×10^{-5}），如果超过则有红色 LED（发光二极管）灯报警，提示周边人员发生泄漏，要立刻疏散。系统可同时将信号传送至 24 小时有人值守的控制室，控制室值班人员可通过电脑监控画面及时发现泄漏地点，及时安排煤气防护人员赶赴现场进行处置。

该监控系统的运用，不仅降低了煤气巡查人员劳动作业强度，能够确保巡查人员作业安全，而且由于该系统能够实现 24 小时不间断监控，避免了因巡查不到位引发的安全事故。防泄漏监控系统自 2012 年投运以来，已成功监测到多次泄漏报警信号，为及时排除事故隐患发挥了作用。

17. 作业人员未切断煤气气源导致中毒

2009 年 8 月 21 日 21 时 30 分，河北省南宫市某金属制品有限公司（本案例简称金属公司）炼铁厂发生煤气中毒较大事故，造成 6 人死亡、1 人受伤，直接经济损失 500 余万元。

（1）企业基本情况

金属公司位于南宫市苏村镇南，经营范围：钢、铁及复合不锈钢制品的制造、销售。公司下设高线厂和炼铁厂。炼铁厂有职工 450 人，高炉 2 座，年产铁 120 万 t。

（2）事故经过

2009 年 8 月 21 日 19 时 25 分，炼铁厂 1 号高炉主风机跳闸断电，高炉被迫休风。19 时 45 分左右，故障排除，热风班开始对干式除尘器进行引煤气操作，用煤气置换除尘器箱体内的空气，并在主控室依次关闭除尘器 1 号至 7 号箱体放散管气动蝶阀。由于 7 号箱体放散管气动蝶阀出现故障没有完全关闭，21 时 30 分，1 号高炉热风班 4 名工人上到7号箱体顶部实施人工关闭（当时正在下大雨）。由于7号箱体气动蝶阀没有关闭到位，煤气仍处于放散状态，造成除尘器箱体顶部聚集大量煤气，导致4人当场中毒。

21时50分左右，在箱体下留守监护的闫某等3人怀疑箱体上面出现问题，也未佩戴空气呼吸器和携带一氧化碳报警仪，在未切断煤气气源的情况下，再次上到7号箱体顶部工作台，致使其中2人相继中毒倒下。

6名中毒人员经抢救无效死亡，1人中毒较轻，经治疗后痊愈出院。

（3）事故原因分析

1）直接原因。7号箱体放散管气动蝶阀关闭不到位，未切断煤气气源，放散管仍处于放散状态，4名作业人员未按照规定佩戴空气呼吸器，未携带一氧化碳报警仪，就贸然上到7号箱体顶部实施人工关闭，造成4人当场中毒。而其他3名操作人员也未佩戴空气呼吸器和采取任何措施，盲目进行施救，造成中毒并导致事故扩大。同时，干式除尘器属煤气设备，净化介质是高炉煤气，操作人员上到除尘器顶部从事带煤气维修作业，本身是一种危险性比较大的作业，此次操作又在雨天和夜间进行，不符合《工业企业煤气安全规程》（GB 6222—2005）规定的“不应在雷雨天气进行，不宜在夜间进行”的要求，属违规作业，导致事故发生。

2）间接原因如下：

①企业在安全教育培训工作上不深入、不细致，特别是在对新进厂职工的教育培训上不到位，重生产、轻安全，职工缺乏安全基本常识，自我保护意识差，安全素质低，安全意识淡薄，习惯性违章操作、违章指挥现象在生产环节中普遍存在。

②企业安全管理不到位。炼铁厂有职工450余人，只配备一名专

职安全管理人员，未设安全管理机构，安全管理力量非常薄弱，现场安全管理混乱。安全管理制度不健全，安全责任不落实，事故隐患得不到及时排除。例如，炼铁厂高炉车间 1 号高炉 7 号除尘箱体电控阀长期失灵得不到及时维修。高炉车间实施特殊作业、危险作业时没有严格的监护和防范措施。例如，中毒事故发生时职工盲目施救，不佩戴任何劳动防护用品，致使事故进一步扩大。

③安全投入不足。设备设施未做到定期保养、检修和检测；设备设施存在的事故隐患得不到根除。涉及煤气设施操作的岗位，安全防护器具配备不能满足防护及救护需要。

（4）事故教训和整改措施

1）落实企业安全生产主体责任。采取多种形式，督促冶金企业按照《安全生产法》等法律、法规的规定，进一步规范和完善安全生产“三项制度”；强化安全教育和培训，开展典型案例事故分析讨论，深刻吸取事故教训，切实增强职工的安全意识，消除“三违”行为。

2）企业必须高度重视安全生产工作，严格落实《安全生产法》等法律、法规的要求，建立、健全安全生产相关制度，加强对作业人员的岗位培训、安全教育和遵守劳动纪律培训，严格按照操作规程要求作业。要强化安全责任制的落实。要通过该起事故举一反三，认真查找和整改安全生产工作中的漏洞和薄弱环节，确保安全生产。要组织专门力量对事故现场勘察和技术分析指出的事故隐患进行彻底整改。

3）着力做好重要设备设施的检查检修，生产与基建技改同时作业时段的安全组织管理和安全措施落实；组织专业技术人员对冶金企业进行拉网式检查，确保不留死角。

4）完善应急救援预案，提高防控和处置能力。制定完善重点部位和关键工艺环节的应急救援预案，并定期组织演练，配足劳动防护用品，提高应对各类事故的能力。

（5）相关知识与管理借鉴

在这起事故中，4 名作业人员未按照规定佩戴空气呼吸器，也未携带一氧化碳报警仪就贸然上到 7 号箱体顶部实施人工关闭阀门，结果 4 人当场中毒。而其他 3 名操作人员也未佩戴空气呼吸器，未采取任何措施，盲目进行施救，也不幸中毒。

在冶金企业，发生煤气泄漏时应采取的应急措施主要有以下几点：

1）发现煤气泄漏应立即报告，操作人员按规程关闭送气阀门，打开紧急放散阀门进行减压。

2）强制向泄漏区通风，稀释泄漏区煤气。

3）工程抢险人员必须佩戴好防毒面罩，进入现场详细检查，找出原因；抢险抢修人员在安全的前提下，迅速开展对泄漏点的抢修堵漏工作。

4）煤气泄漏较严重时，应迅速划分危险单元，组织治安队在目标单元周围 200 m 范围内设立警戒线，严禁无关人员及车辆通过，查禁所有明、暗火源。

5）现场应急指挥根据情况及时报告当地政府相关管理部门，请求外部支援，对处在危险区域内的所有人员进行紧急疏散。

发生人员煤气中毒时，应采取的应急措施主要有以下几点：

1）进入泄漏区的人员必须佩戴空气呼吸器，携带一氧化碳报警仪。

2）设置隔离区并进行监护，防止其他人员进入煤气泄漏的区域。

3）救援人员要尽快让中毒人员离开中毒环境，并尽量让中毒人员静躺，避免活动后加重心、肺负担及增加氧的消耗量。

4）事故现场杜绝任何火源。

5）搜索后，要对在岗人员及参加抢险的人员进行人数清点，人数不符，搜救工作不能终止，直到人员全部点清。

6）对泄漏点周围逐个地点进行搜索，特别是死角、夹道等不易引起注意的地方。

7）应对警戒区域内的煤气含量进行检测，超过规定标准时警戒区不能撤销。

18. 未佩戴防毒面具导致煤气中毒

2009 年 8 月 24 日 18 时 20 分，山西省临汾市某钢铁有限公司（本案例简称钢铁公司）发生煤气中毒事故，造成 3 人死亡、1 人重度中毒、2 人轻度中毒，直接经济损失 200 余万元。

（1）企业基本情况

钢铁公司是集炼铁、炼钢、轧钢、发电、建材于一体的股份制钢铁企业，年产铸造铁 20 万 t、优质炼钢生铁 100 万 t、钢坯 110 万 t。

（2）事故经过和救援情况

2009 年 8 月 24 日 15 时 30 分，公司召开 1 号高炉烘炉由 2 号高炉供煤气转为 3 号高炉供煤气专题会，会议决定 2 号高炉空料线停炉，将 3 号高炉煤气引到 1 号高炉。

2 号高炉休风以后，技师王某安排热风工卢某等 2 人负责关闭 2 号高炉除尘箱体所有眼镜阀，由逮某等另 2 名热风工负责关闭 2 号眼镜阀。要将 3 号高炉煤气引到 1 号高炉，必须打开 3 号眼镜阀。3 号眼镜阀下方，煤气压力表显示 25 kPa，煤气压力偏高。17 时 40 分，高炉热风班班长杨某把 4 号煤气蝶阀关闭（4 号蝶阀与 3 号眼镜阀在一个管道上，关闭4号蝶阀的目的是降低管道内煤气的压力）。4号蝶阀关闭以后，煤气压力表显示2 kPa。煤气压力表显示为零后，开始组织热风工上高位平台，进行翻3号眼镜阀操作。

逯某等4人戴上煤气报警器、2套防毒面具上到了3号眼镜阀平台（平台距地面7.2 m）。由于戴着防毒面具工作不方便，2人摘掉防毒面具作业。4人很快将控制眼镜阀的2根丝杠松开（共3根丝杠），对另外一根拧不开的丝杠，作业人员用大锤在东面砸，眼镜阀松动了10 cm左右。18时20分，一股煤气从松动的法兰处喷出，正在作业的4名工人中，3人当即中毒倒在平台上。负责监护的2人见状先后爬上平台进行抢救时也中毒由平台摔落到地上。

接到事故报告后，企业启动应急救援预案进行抢险，将6名中毒人员迅速送往就近的医院。其中3人经抢救无效死亡，1人重度中毒转市人民医院就治，2人轻度中毒。

（3）事故原因分析

1）直接原因。没有严格执行公司专题会议决定，翻3号眼镜阀时，没有对4号蝶阀进行完全切断，错误地判断煤气管道内没有煤气。作业时，作业人员没有佩戴防毒面具。在3号眼镜阀生锈无法打开的情况下，作业人员违章砸阀门，造成大量煤气涌出，并导致事故。

2）间接原因如下：

①上、下作业平台为直梯且无护笼，用直径为14 mm的圆钢制作，与基础支架焊接不牢，人员上、下不方便，不符合煤气区作业安全要求，紧急情况下，人员无法迅速撤离。

②事故发生后救护人员没有采取有效的防护措施就进入现场抢救，导致事故受伤人员增多。

③在对3号眼镜阀进行操作过程中，现场没有安全监督人员和专

职安全管理人员。虽有措施，但没有严格执行。

④从 4 号蝶阀到 3 号眼镜阀之间约 120 m 的煤气管道上没有安装煤气放散阀，不能有效排出管道里的煤气。

⑤企业领导及职工安全意识淡薄，职工素质低，安全技术培训不到位，不懂得基本的煤气作业知识。

（4）事故教训和整改措施

1）要严格执行事故隐患排查制度，制定整治方案，落实责任领导和责任人，消除各类事故隐患。

2）要认真贯彻落实党和国家有关安全生产的方针、政策和法律法规，认真吸取事故惨痛教训，认真落实安全生产责任制，开展“三级安全教育”，对职工进行规范的安全培训。

3）建立、健全各项规章制度和操作规程，对煤气及高危场所要严格现场管理，严格执行有关操作规程和整治方案，杜绝“三违”现象。要在危险机械设备、危险源、高危场所设置明显的警示标识。制定切实可行的生产安全事故应急救援预案并对预案进行演练，防范各类事故，真正做到安全生产。

4）开展冶金企业安全大检查。凡存在安全责任不落实、职工安全培训不到位、违章作业、违章指挥的企业，要立即停产进行整顿，确保冶金企业安全生产，防止类似事故发生。对不具备安全生产基本条件的企业，要责令限期整改；对存在重大事故隐患的企业，要立即停产进行整顿。

（5）相关知识与管理借鉴

在这起事故中，作业人员在没有对 4 号蝶阀进行完全切断的情况下，错误地判断煤气管道内没有压力，又嫌戴着防毒面具工作不方便，将防毒面具摘掉。在 3 号眼镜阀生锈打不开的情况下，作业人员又违章砸开阀门，结果造成大量煤气涌出，并导致事故。

事故是一面镜子，通过这面“镜子”，可以发现企业在安全管理上存在的问题。在煤气安全管理上，可以借鉴某特殊钢厂（本案例简称特钢厂）建立煤气安全管理体系和运行模式的做法。

特钢厂依靠专业的设备设施和科学的操作与管理，自2000年实施“油改气工程”以来，积累了一定经验，实现了煤气利用的安全稳定运行，建立起了自己的煤气安全管理体系和安全运行模式，并收到了很好的效果。

1）抓好建设项目“三同时”工作，实现项目本质安全化。特钢厂在初期的煤气系统工程项目建设中，充分发挥煤气专业技术人员的作用，做好全过程的技术监督指导，按照相关规定的要求，及时解决了户外水封缺少冬季保温装置的问题，加装了区域隔断装置，优化了煤气放散和爆发试验环境；结合煤气操作的特殊要求，充分尊重人机界面的科学合理性，避免了一些先天性设计安装缺陷，提高了系统的本质安全化水平。由于煤气系统一旦投入运行，后续排除缺陷的工作将难于开展，特钢厂从设计、施工到试生产，凡是涉及煤气安全的问题，都非常慎重。

2）成立专业化的煤气安全管理队伍。加强煤气调度的职能建设，在厂总调度室设置了专职煤气调度岗位，通过严格落实煤气专项管理制度，树立煤气调度对煤气平衡使用的权威，实现煤气调度指令的“令行禁止”；编制了煤气系统的应急预案，并定期对煤气调度、相关管理技术人员和关键岗位的操作职工进行培训和演练，注重做好演练后的评审，在此基础上不断完善应急预案和应急措施，达到应急技能的持续改进。

3）建立、健全煤气安全管理制度，深化职工安全教育。特钢厂煤气管理的基本制度包括煤气安全生产责任制、煤气安全知识培训教育和定期演练制度、煤气安全操作规程、煤气专用电话管理制度、外来人员进入煤气区域安全管理制度、煤气要害部位外来人员进入登记制度、煤气监测救护设备使用保管制度等。完善的管理制度为提高煤气管理规范化水平打下了坚实的基础。

此外，该公司还深化、细化煤气检查和职工教育工作，提高煤气系统运行的受控水平。制定了煤气系统周检表，定期对煤气系统进行设备及设施的专业化安全检查；推行“煤气系统有毒有害化学物质信息卡”，将煤气中毒的症状、现场急救技巧、预控预防要点、卫生标准（最高容许浓度）、应急电话等制作成卡片，发放给每位职工，并定期组织学习和抽考检查，提高岗位职工的专业知识技能。

19. 人员贸然在缺氧危险场所作业导致窒息

2009 年 3 月 21 日 14 时左右，某建设公司（本案例简称建设公司）在某钢铁有限公司（本案例简称钢铁公司）连铸车间水泵房进行除盐水池防渗漏修护作业时，发生一起窒息事故，造成 5 人死亡。

（1）企业基本情况

建设公司是工程总承包一级大型施工企业，于 2007 年 5 月 31 日与钢铁公司签订一期一步炼钢连铸系统连铸水处理设施工程合同，2007 年 6 月 1 日进驻钢铁公司，成立了建设公司驻钢铁公司工程总项目经理部（本案例简称项目部），下设工程部、技术部、质检部、设备材料部、财务部、办公室。

（2）事故经过

2009 年 3 月 21 日 8 时 30 分，项目部闻某带领 2 名民工到钢铁公司连铸车间水泵房除盐水池（长 20 m，宽 4.6 m，高 3.65 m）进行池壁渗漏修复作业。事先钢铁公司已将水池水位降至溢流最低点（池内剩余水深约 0.5 m）。

13 时 45 左右，闻某等 2 人先后下到池底（池内余水已在当天中午前排出），相继晕倒。电工张某等 2 人闻讯下池救人，也晕倒在除盐水池内。电工安某顺爬梯下到水池一半高度时，发现池内已有 4 人倒地，感觉情况异常顺爬梯回到池上。管道安装工段郭某带人赶至事故现场，误以为是触电导致下池人员晕倒，在断电后让管道工杨某下池救人，导致杨某缺氧窒息倒在池内。至此，除盐水池内共 5 人窒息晕倒，送医院医治无效死亡。

（3）事故原因分析

1）直接原因。事故之前，稳压罐内氮气随回水管道反串到除盐水池内，造成池内氮气含量超标、严重缺氧。有关人员在除盐水池内作业过程中，在未经检测、不明池内环境和缺乏有效通风换气措施保障（作业人员在作业前准备了通风换气用的轴流风机，但在实际工作时没有使用）的情况下，贸然在缺氧危险场所作业，导致人员下池后窒息死亡。

2）间接原因如下：

①项目部对地上有限空间缺氧危险作业危险性认识不足，事前没有制定相应的安全措施和安全预案。

②员工安全教育培训不到位，作业人员安全知识匮乏，安全意识差。

③现场施救人员缺乏必要的救护知识，盲目施救，导致事故扩大。作业人员进行除盐水池防渗漏修复作业施工过程中，没有实施有效的安全监管。

（4）事故教训和整改措施

这是一起因现场施工作业人员对除盐水池内部环境危险性认识不足，违反《缺氧危险作业安全规程》（GB 8958—2006）作业，且事故发生后又盲目施救，导致多人缺氧窒息死亡的较大生产安全责任事故。

1）要加强对员工的安全教育与抢险救援培训，提高员工安全素质，特别是要增强员工在危险作业时自我保护意识及自救互救能力。某些事故发生后，一些自发参与救援的非专业救援人员，不佩戴或缺乏有效的劳动防护用品，结果造成自身伤害，酿成次生事故，教训非常惨痛。因此，要重视开展对员工，特别是危险岗位作业人员的自我保护和科学救援知识的教育与培训，应经常性地组织开展应急救援演练，并将此作为管理部门日常安全检查的重要内容。

2）在危险环境下作业，要严格按照国家安全生产的有关标准、规程、规定，制定相应的安全预案和事故防范措施，加强现场监管，防止事故发生。

3）要强化企业应急救援演练，切实增强企业应对安全生产突发事件的能力。

4）钢铁公司要加强对外包施工队伍的监督管理，落实安全生产责任制，完善安全管理规章制度。

（5）相关知识与管理借鉴

在这起事故中，有关人员在除盐水池内作业过程中，在未经检测、不明池内环境和缺乏有效通风换气措施保障的情况下，贸然在缺氧危险场所作业，导致人员下池后窒息死亡。

缺氧危险作业场所是指空气中的氧含量低于 19.5%（体积分数）的状态。缺氧危险作业场所分为 3 类：一是密闭设备，指船舱、储罐、塔（釜）、烟道、沉箱及锅炉等；二是地下有限空间，包括地下管道、地下室、地下仓库、地下工程、暗沟、隧道、涵洞、地坑、矿井、废井、地窖、污水池（井）、沼气池及化粪池等；三是地上有限空间，包括酒糟池、发酵池、垃圾站、温室、冷库、粮仓、料仓等封闭空间。

当从事具有缺氧危险的作业时，应按照先检测后作业的原则，在作业开始前，必须准确测定作业场所空气中的氧含量，并记录下列各项：测定日期、测定时间、测定地点、测定方法和仪器、测定时的现场条件、测定次数、测定结果、测定人员和记录人员。在准确测定氧含量前，严禁进入该作业场所。根据测定结果采取相应措施，并记录所采取措施的要点及效果。在作业过程中，应监测作业场所空气中氧含量的变化，并随时采取必要措施。在氧含量可能发生变化的作业中，应保持必要的测定次数或连续监测。

在一般缺氧危险场所进行作业，要注意采取以下安全防护措施：

1）监测人员必须装备准确可靠的测量分析仪器，并且应定期标定、维护，仪器的标定和维护应符合相关国家标准的要求。

2）在已确定为缺氧作业环境的作业场所，必须采取充分的通风换气措施，使该环境空气中氧含量在作业过程中始终保持在 19.5%（体积分数）以上。严禁用纯氧进行通风换气。

3）作业人员必须配备并使用空气呼吸器或软管面具等隔离式呼吸保护器具。严禁使用过滤式面具。

4）当存在因缺氧而坠落的危险时，作业人员必须使用安全带（绳），并在适当位置可靠地安装必要的安全绳网设备。

5）在每次作业前，必须仔细检查呼吸器具和安全带（绳），发现异常应立即更换，严禁勉强使用。

6）作业人员在进入缺氧作业场所前和离开时应准确清点人数。

7）在存在缺氧危险的场所作业时，必须安排监护人员。监护人员应密切监视作业状况，不得离岗。发现异常情况，应及时采取有效的措施。

8）作业人员与监护人员应事先规定明确的联络信号，并保持有效联络。

9）如果作业现场的缺氧危险可能影响附近作业场所人员的安全时，应及时通知这些作业场所的人员。

10）严禁无关人员进入有缺氧危险的场所，并应在醒目处做好标识。

三、灼烫伤害事故

冶金生产过程中的高温液体具有温度高、热辐射很强的特性，如铁水、钢水、钢渣、铁渣的温度往往在 1 250~1 670 ℃。高温液体易喷溅，对危险范围内的作业人员极易造成灼烫伤害。据有关资料统计，灼烫伤害事故数约占冶金企业伤害事故总数的 1/4，居各种伤害事故的第二位。导致灼烫伤害事故发生的原因，有人为因素、管理因素和物质因素 3 个方面。人为因素中主要是违章作业，其次是误操作和身体疲劳。管理因素中最主要的是不懂或不熟悉操作技术，劳动组织不合理；其次是现场缺乏检查指导，安全规程不健全，以及技术和设计上存在缺陷。物质因素中主要是设施（备）工具缺陷，劳动防护用品缺乏或有缺陷；其次是防护保险装置有缺陷和作业环境条件差。

20. 高炉炉料外泄员工被高温灼烫

2015 年 2 月 13 日 15 时 30 分左右，河北省承德某钢铁集团有限公司（本案例简称钢铁公司）炼铁厂 1 号高炉发生一起炉料外泄引起的灼烫事故，造成2人死亡，直接经济损失200万元。

（1）企业基本情况

1）企业相关情况。钢铁公司位于河北省宽城满族自治县板城镇下板城村，经营范围：钢、铁冶炼；钢材轧制、加工、生产与销售。公司下设炼铁厂、炼钢厂、轧钢厂等10个部门。

2）炼铁厂生产情况。炼铁厂于2007年6月建设，2008年9月投入使用，共有1号、2号2座高炉，均为650型高炉，设计年限为6~8年。1号高炉日产生铁约2 460 t，在运行过程中高炉各项指标稳定。事故发生前，各项运行参数和操作曲线均正常，2名炉前水工王某生、羿某强当班，负责对1号高炉水温进行监测、巡视，每2 h一次。

（2）事故经过和救援情况

1）事故发生经过。2015年2月13日15时30分左右，炼铁厂1号高炉正在进行第六次出铁水作业，当铁水流到第二包时，1号高炉西侧炉腰部位炉皮突然爆裂，大量炉料喷出，瞬间烟火弥漫，室内工长张某盈发现后立即采取紧急休风处理，关闭1号高炉风、水、电、煤气，并向总调度室报告。厂长石某永第一时间赶到现场，简单了解现场情况后立即向安全副经理李某新报告，并安排炉前工长侯某新核查在岗人数，经清点未发现2名炉前水工（羿某强、王某生），电话也无法接通。

此时安全副经理李某新和其他领导赶到现场，询问现场采取的措施后，立即要求对2号高炉也进行紧急休风处理，并将现场情况上报至总经理吴某峰，同时组织人员立即搜寻失踪者。因烟、火太大，公司调度室向“119”打电话请求救援。十余分钟后搜救组在风口平台通往重力除尘装置的安全通道上发现了王某生，看到其手扶着安全通道的栏杆，已经昏厥，几名工人将王某生抬下后送往医院抢救，其他人员继续搜寻羿某强。

2）应急救援情况。16时10分左右县消防大队、“120”急救车赶到事故现场，其中一名伤者王某生已被救出并送往宽城县中医院进行抢救。消防大队出动2个中队参与救援，使用生命探测仪对现场进行生命探测，寻找失踪者。13日19时左右，王某生经抢救无效死亡。14日5时左右，救援人员在外泄的炉料堆中发现了羿某强，经确认也已经死亡。

（3）事故原因分析

1）直接原因。经专家组实地勘察和实验，此次事故是炉腰第六段20号冷却壁大量漏水，遇到炙热焦炭发生剧烈的化学反应，炉内瞬间产生大量氢气、一氧化碳及水蒸气，导致炉内压力陡升，造成相邻薄弱处炉壳（2013年更换19号冷却壁，对炉壳进行气割和焊接）崩出，导致大量炉料外泄（约400 m^3），正在1号高炉西侧巡视的炉前水工王某生被热浪击倒在栏杆处，羿某强被外泄炉料掩埋，2人因高温灼烫致死。

2）间接原因如下：

①安全生产主体责任落实不到位，虽然各项监测、监控指标和操作曲线正常，但未充分考虑进入炉役后期设备老化因素的影响，未进行维护和检修。

②事故隐患排查治理制度落实不到位，未针对2013年19号冷却壁漏水问题进行分析，对冷却管漏水隐患未及时排查治理。

③维修时维修方案等落实不到位，原高炉外壳切割和焊接过程导致炉壳强度不足。

④企业存在拼设备现象，未及时根据高炉状况调整各项运行参数。

⑤冷却水等检测手段单一，各种运行记录未及时收集和分析

总结。

（4）事故教训和整改措施

这是一起因高炉设备、技术等环节管理不到位而引发的生产安全责任事故。

1）钢铁公司必须深刻吸取事故教训，对炼铁厂 2 号高炉采取休风措施并进行全方位事故隐患排查，完成整改后要经专家组安全确认后方可复风，同时按照年初计划提前做好大修各项准备工作，按时大修。

2）责令炼铁厂 1 号高炉立即停止生产组织大修，大修前要严格审核外委施工单位资质，坚决做到资质施工、资质监理。钢铁公司要将外委施工单位的安全管理统一纳入公司管理，进厂前必须组织严格培训，对从事特殊工种的检修人员要严格审核其特种作业人员资质，如有多个外委施工单位同时作业，要做好总体协调工作。

3）2 号高炉经专家组现场 2 次确认已于 2015 年 2 月 15 日复风，在大修之前生产期间，必须严格履行炼铁厂高炉各项操作规章制度，加强监控，提高监测频率，增加检测手段，尤其要求水工对冷却系统加强监测，冷却壁水温的监测要视炉况增加监测频次，出现异常及时报告，并采取相应措施；建立“水工—工长—炉长—厂长”四级分析报告制度，发现异常波动立即停产；适当降低冶炼强度，以减小对冷却壁的冲刷强度。

4）要充分考虑设备老化问题，对集团公司运转设备进行全面检测检验，确保正常运转，同时制定详细可行的应急处置方案，并组织演练。

5）1 号、2 号高炉完成大修后，必须委托资质机构进行安全验收评价，合格后方可投入生产使用。对正常运转的高炉，要定期进行安全鉴定。

(5) 相关知识与管理借鉴

导致这起事故发生的一个特别重要的原因，就是未充分考虑进入炉役后期设备老化因素的影响，未进行维护和检修。换句话说，就是对设备维修不够，也没有及时根据高炉状况调整各项运行参数。事故单位应吸取教训，加强对设备设施的安全管理。

在冶金企业设备设施的安全管理上，对设备设施运行管理的要求如下：

1）建立设备设施的检修、维护、保养管理制度。

2）建立设备设施运行台账，制订检（维）修计划。

3）按检（维）修计划定期对设备设施进行检（维）修。

4）危险场所和其他特定场所，照明器材的选用应遵守下列规定：①有爆炸和火灾危险的场所，应按其危险等级选用相应的照明器材；②潮湿地区，应采用防水型照明器材；③含有大量烟尘但不属于爆炸和火灾危险的场所，应选用防尘型照明器材。

5）厂区各类横穿道路的架空管道及通廊，应标明其种类及下部标高；当管道下方有高温物质运输经过的，必须有隔热措施。

6）道口、有物体碰撞坠落危险的地区及供电（滑）线，应有醒目的警告标识和防护设施，必要时还应有声光信号。

7）炉顶设备管理要求：①炉顶应至少设置 2 个直径不小于 0.6 m、位置相对的人孔；②应保证装料设备的加工、安装精度，不应泄漏煤气；③炉顶放散阀，应能在中控室或卷扬机室操作；④处理炉顶设备故障或清灰时，应有专人监护。

8）钟式炉顶的炉顶设备应实行电气联锁，并应保证大、小钟不能同时开启；均压及探料尺不能满足要求时，大、小钟不能自由开启；大、小钟联锁保护失灵时，不应强行开启大、小钟。

9）无料钟炉顶温度应低于 350 ℃，水冷齿轮箱温度应不高于

70 ℃。料罐、齿轮箱等不应有漏气和喷料现象。炉顶系统主要设备安全联锁，并符合安全规程的要求。

10）风口平台宽度应满足生产和检修的需要，上面应铺设耐火材料。

11）高炉应安装环绕炉身的检修平台，平台间的走梯不应设在渣口、铁口上方。

12）应对整个炉基进行自动连续测温，结果应显示在中控室（值班室）。

13）按照操作方法平衡好炉温和炉渣碱度，保证炉况顺行，减少炉况失常以及悬、崩料。

14）热风炉主要操作平台应设 2 条通道。

15）热风炉煤气总管应有可靠的隔断装置；煤气支管应有煤气自动切断阀；热风炉管道及各种阀门应严密；热风炉与鼓风机站之间、热风炉各部位之间，应有必要的安全联锁。

16）荒煤气系统煤气管道应维持正压，煤气闸板不应泄漏煤气；高炉煤气管道的最高处，应设煤气放散管及能在地面或操作室里控制的阀门。

17）荒煤气系统除尘器应设带旋塞的蒸汽或氮气管接头，其蒸汽或氮气管道应与炉台蒸汽包连接，且不应堵塞或冻结。高炉重力除尘器，其荒煤气入口的切断装置，应采用远距离操作。

18）炉前出铁场，应设防雨天棚，采用钢结构支柱。

19）水冲渣的高炉，应有单独的水冲渣沟。

20）富氧房应设有通风设施，富氧房及院墙内不应堆放油脂和与生产无关的物品。

21）渣、铁沟应有供横跨用的活动小桥。撇渣器上应设防护罩，渣口正前方应设挡渣墙。

22）炉前辅助材料及铁块，应实行机械化运输。

23）碾泥机应专人操作，并有自动联锁控制和信号。碾泥机、搅拌机及供料设备应有防护装置。碾泥机室应有良好的通风除尘设施和必要的装卸机械。

24）碾泥机之间、进出料口周围以及碾泥机下面的传动部件，应留有检修、运输及操作空间。碾泥机上料及供料，应实行机械化。

25）泥炮和开口机操作室，应能清楚地观察到泥炮的工作情况和铁口的状况，并应保证发生事故时操作人员能安全撤离。

26）铸铁车间的铁罐道两侧，应设带栏杆的人行道。操作室应采取隔热措施，室内应有通信及信号装置。操作室窗户应采用耐热玻璃，并设有 2 个方向相对、通往安全地点的出入口。

27）通信、信号和仪表：①水、水蒸气及煤气、氮气、氧气等的计量，应通过变送器，才能引入值班室；②经常检查和定期校验各仪表信号和联锁信号装置，并做好记录；③总调度室应设调度总机、工业电视，安装录音电话。高炉中控室应安装录音电话。

28）计算机房应安装正压通风设施。大、中型计算机房应设准确可靠的火灾自动报警装置和灭火装置，小型计算机房应配备灭火装置。

29）过剩煤气必须点燃放散，放散管管口高度应高于周围建筑物，且不低于 50 m，放散时要有火焰监测装置和蒸汽或氮气灭火设施。

30）炼铁厂内属于一级电力负荷的设施，应有 2 路独立电源供电。

31）水冲渣应有备用的电源、水泵，应有改向渣罐放渣或向干渣坑放渣的备用设施。

32）重罐车的行驶速度，应不大于 10 km/h；在高炉下行驶或倒罐时，应不大于 5 km/h。

33）带式输送机应有防打滑、防跑偏和防纵向撕裂的措施以及能随时停机的事故开关和事故警铃。

34）起重机同一时刻应由一人指挥，指挥信号应符合要求。吊运重罐，起吊时应进行试重，人员应站在安全位置，并尽量远离起吊地点。

35）起重吊物不应从人员和重要设备上方越过；吊物上不应有人，也不应用起重设备载人。

21. 钢水泄漏导致人员被烫伤致死

2013 年 4 月 11 日 14 时 30 分，河北某钢铁集团某钢铁有限公司（本案例简称钢铁公司）炼钢厂连铸车间二冷室发生一起灼烫事故，造成 1 人死亡，直接经济损失 60 万元。

（1）企业基本情况

钢铁公司主要从事钢铁冶炼和销售，产品有角钢、槽钢、工字钢、带钢等。公司设有 10 个处（室），并设有独立的安全管理机构，有员工 2 300 余人，其中专职安全管理人员 26 人。

钢铁公司所属炼钢厂于 2006 年 9 月投入使用，设备主要有 40 t 和 50 t 转炉各 1 座、连铸机 2 台，年产钢坯 120 万 t。炼钢厂共有员工 423 人，其中专职安全管理人员 3 人。连铸车间是炼钢厂主体车间之一，设备有四机四流和五机五流 2 台连铸机组，主要工艺是将钢水浇注成坯。连铸车间共有员工 84 人，有大包工、中包工、切割工、主控工、推钢工、配水工 6 个工种。

（2）事故经过和救援情况

2013 年 4 月 11 日 7 时 30 分，钢铁公司炼钢厂连铸车间连铸机组甲班班长刘某红，组织召开班前会，安排布置本班工作。二号连铸机要停流减产，中包工窦某彬负责用堵眼锥堵住二流机上水口铸孔，并处理滑板上的夹钢。8 时左右，现场作业人员王某磊、房某、鲁某琐、刘某文、吴某兵、杨某金、窦某彬等人开始进行作业。

14 时 20 分，刘某红接炼钢厂调度室发出停流减产的指令后，用对讲机告诉在作业现场的副班长张某坤，张某坤口头告诉窦某彬。窦某彬用堵眼锥堵住二流机上水口铸孔，使中包内钢水停止向二流生产线下方流淌后，开始清理生产线操作平台上的杂物。张某坤看到窦某彬完成工作任务后，便回到主控室。

14 时 30 分，刘某红安排杨某金到二号连铸机组处理二流生产线（二冷室上层）滑板内的夹钢。杨某金到达工作现场后，由于二流生产线滑板内下方支撑上水口的扇形板有夹钢无法摆动，就取下扇形板的扳手，用扳手敲击扇形板，敲击时用力过大，造成扇形板完全脱离上水口，导致与中包连接在一起的上水口失去支撑而坠落，中包内的钢水突然间泄流而出，流出的钢水经过结晶器流到下层的二冷室内。看到此种情况后，杨某金及现场作业人员立即进行避险。现场人员立即启动现场应急救险，将盛装钢水的钢水包吊装至地面上。

事故发生后，刘某红、张某坤以及连铸车间主任刘某伶立即赶赴二冷室平台。刘某红到达二冷室平台时，发现窦某彬躺在二冷室过道外侧，身上衣物被钢水引燃，刘某红担心灭火器干粉对窦某彬造成二次伤害，便用扫帚将窦某彬身上明火扑灭。公司安全处处长张某波立即拨打“120”急救电话。在“120”急救车尚未到达事故现场前，公司安排车辆将窦某彬送往附近医院进行救治。4 月 12 日 7 时，窦某彬经抢救无效后死亡。

（3）事故原因分析

1）直接原因。在处理二流生产线滑板内下方支撑上水口的扇形板夹钢时，杨某金取下扇形板的扳手，用扳手敲击扇形板，敲击时用力过大，造成扇形板完全脱离上水口，导致与中包连接在一起的上水口失去支撑而坠落，中包内的钢水突然间泄流而出，流出的钢水经过结晶器流到下层的二冷室内，将在二冷室内的窦某彬烫伤致死。

2）间接原因如下：

①违章作业。窦某彬违反安全操作规程，在钢坯浇注过程中违章进入二冷室内；杨某金违规取下扇形板的扳手，用扳手敲击扇形板，造成扇形板完全脱离上水口，导致与中包连接在一起的上水口失去支撑而坠落。

②安全管理不到位。钢铁公司管理人员安全意识不足，对窦某彬违章进入二冷室和杨某金违规用扳手敲击扇形板的行为未及时发现和有效制止。

③安全教育培训不到位，导致从业人员安全意识淡薄，对作业环境存在的危险因素认识不足。

（4）事故教训和整改措施

1）钢铁公司要举一反三，认真吸取事故教训，要在全公司开展一次安全大检查，全面排查和及时消除各类事故隐患，对不符合安全要求的要立即整改，达不到整改要求的，坚决不允许施工和生产。对事故区域要停产整顿，整改完成经验收合格后，方可恢复生产经营。

2）钢铁公司要加强安全管理，进一步深化事故隐患排查治理，认真完善和落实各项规章制度，强化监督，确保各项安全措施落实到位，杜绝类似事故再次发生。

3）钢铁公司要切实加强对从业人员的安全教育培训，要特别强化重点岗位和特种作业人员的教育培训，严格执行安全操作规程，杜绝“三违”现象发生。特种作业人员必须持证上岗，从本质上提升从业人员的能力。

4）钢铁公司要加强设备维修管理工作，在设备维修过程中，要加强协调与沟通，作业人员要结成互保对子，切实加强作业过程中的相互保安和自我保安意识。

（5）相关知识与管理借鉴

在这起事故中，作业人员在扇形板夹钢时，用扳手敲击扇形板，敲击时用力过大，造成扇形板完全脱离上水口，导致与中包连接在一起的上水口失去支撑而坠落，钢水流出烫伤他人。从事故经过来推断，一方面是作业人员用扳手敲击扇形板时用力过大，另一方面可能是扇形板在长时间高温炙烤下，连接的焊接处出现部分脱焊现象，连接不够牢固。

高炉炼铁炼钢在生产过程中有这样的特点：一是炼铁炼钢过程是一个连续进行的高温物理化学变化过程，整个工艺过程都伴随着高温、粉尘及毒气，在出铁出钢过程还与高温熔融物及高炉煤气密切相关；二是在作业过程中需要动用较多的机电设备，如起重运输设备以及高压水、高压氧气及高压空气等高压系统；三是附属设备系统多而复杂，各系统间协作配合要求严格；四是炉前操作人员的劳动强度较大，并且需要较高的安全意识和操作水平。

在安全管理上，要对生产作业过程中人的不安全行为进行辨识，并制定相应的控制措施。相关注意事项如下：

1）生产作业过程中人的不安全行为如下：在没有排除故障的情况下操作，没有做好防护或提出警告；使用不安全的设备或不安全地使用设备；处于不安全的位置或不安全的操作姿势；在运行中或有危险的设备上工作；未使用或正确佩戴劳动防护用品等。

2）建立“三违”行为检查制度，明确人员行为监控的责任、方法、记录、考核等事项。

3）对生产作业过程中人的不安全行为进行辨识，并制定相应的控制措施。

4）对危险性大的作业实行许可制、工作票制。

5）要害岗位及电气、机械等设备，应实行操作牌制度。

6）不应带电作业。特殊情况下不能停电作业时，应按有关带电作业的安全规定执行。

7）要为作业人员配备与工作岗位相适应的符合国家标准或者行业标准的劳动防护用品，并监督、教育作业人员按照使用规则佩戴、使用。

22. 钢水喷炉导致人员被灼烫

2009 年 1 月 17 日 7 时 15 分，山东省胶州市某铸钢有限公司（本案例简称铸钢公司）发生中频电炉钢水喷炉灼烫事故，导致 4 人死亡、1 人重伤，直接经济损失 190 余万元。

（1）企业基本情况

铸钢公司位于胶州市马店镇第二工业园内，注册资本 100 万元，员工约 50 人。该公司于 2008 年 6 月投产，主要从事锻件制造、普通机械加工等。

（2）事故经过

2009 年 1 月 16 日 23 时，该公司夜班操作工根据当日生产安排，开始通电熔化。17 日 3 时 40 分，第一炉钢水熔化完毕，存放于 3 号保温炉中，接着熔化第二炉。

熔化初期，电炉底部已有部分钢水，本应根据工艺要求向炉内不断添加直径不大于 250 mm 的小块废钢，并用铁棍捣料作业。操作工为了达到降低劳动强度的目的，减少向炉内加料和捣料的次数，在当班车间主任李某的安排下，通过行车将未经切割加工的、不符合熔炼工艺规定要求的大块铸件冒口料（直径 750 mm，高度 600 mm，重约 2.5 t）吊至炉口旁，再由李某和炉前操作工纪某 2 人扶着吊入炉内进行熔化。因冒口截面尺寸及质量太大，熔化速度太慢，顶部结壳搭桥。李某安排行车司机从 3 号保温炉内取出约 700 kg 的钢水，由纪某配合倒入 1 号电炉内，以期用钢水化开顶部结壳。倒入钢水后，钢水不但未能化开结壳，反而受顶部结壳的急冷很快凝固，使顶部结壳更厚，电炉继续加热，炉内钢水温度超过 1 500 ℃，炉内气体不断受热膨胀，电炉内产生的气体无法排出，7 时 15 分左右，发生钢水喷炉事故，因钢水喷溅灼烫造成 4 人死亡、1 人重伤。

（3）事故原因分析

1）直接原因。1 号电炉在熔炼第二炉钢水时，电炉内钢水熔化初期加入的铸件冒口料因其尺寸较大，熔化速度缓慢，顶部搭桥结壳捣不开，本应采取倾斜炉体用铁棍捣的办法解决。李某却违章指挥、违章作业，命人错误地向炉内倒入钢水。铸件冒口料顶部的钢水在炉膛内随即冷却成一体，不但未化开结壳，反而使结壳更厚。铸件冒口料顶部存在补缩孔洞、夹杂物，倒入的钢水将铸件冒口料上面的孔洞内气体、夹杂物封闭住，使炉膛下部形成密闭容器。由于顶部钢水凝固结壳，铸件冒口料与炉墙成为一体不能下移，炉膛底部正在加热熔化，封闭在铸件冒口料下面的气体和夹杂物燃烧产生的气体不能排出，造成高温加热过程中炉膛底部气体压力急剧增大，发生钢水喷炉。

2）间接原因如下：

①企业安全生产主体责任不落实，基础管理薄弱，技术水平低。

②安全管理制度和技术规范、操作规程不完善，职工不能正确按照操作规程作业。

③在日常劳动组织方面没有按照国家法律、法规要求开展安全生产“三级安全教育”，致使员工安全意识淡薄。

④操作工文化程度偏低，安全知识匮乏，操作技能与经验明显不足，违反工艺要求开展作业，缺乏处置生产过程中突发事件的能力。

⑤铸钢公司未按照法律、法规规定办理建设项目相关手续，严重违规建设施工，事故隐患未进行彻底整改，建设项目不具备安全生产条件，未经安全验收就开工生产，导致事故发生。

（4）事故教训和整改措施

1）要认真抓好“治隐患、保安全”专项行动，督促各级各部门和相关责任人，明确工作任务，切实履行职责。按照安全事故“四不放过”的原则，加强企业安全生产主体责任的落实和隐患整治活动，狠抓各项法律、法规的贯彻落实，狠抓安全生产各项制度的落实。

2）安监部门在开展工作中必须认真负责，杜绝在安全检查中发现问题不及时整改处理，增强各级各部门的安全意识。要开展建设项目安全设施“三同时”情况的督查工作。

3）切实落实企业安全生产主体责任，增强排查事故隐患的意识。加强“三级安全教育”，强化现场的安全管理和定置管理，杜绝违章指挥和违章作业。加强关键工序职工的安全操作考核，注重安全培训的实效性，提高职工的安全操作技能。督促企业实施安全生产标准化工作，提高企业基础管理水平。

（5）相关知识与管理借鉴

这起事故的发生，主要还是违章指挥、违章操作。在生产过程中，操作工为了达到降低劳动强度的目的，减少向炉内加料和捣料的次数，在当班车间主任李某的安排下，不按规程进行作业，失误连连，最后造成事故。

在冶金企业，冶炼生产主要集中在炼铁和炼钢的过程，容易引发高温熔融、金属喷溅、铁水泄漏、爆炸等事故，是企业安全管理的重点，也是预防事故的重点区域。原国家安全监管总局委托中钢集团武汉安全环保研究院牵头编制的《冶金行业较大危险因素辨识与防范指导手册》对炼铁板块辨识出 36 项较大危险因素，涉及 9 个工序、14 处场所（环节、部位）；对炼钢板块辨识出 40 项较大危险因素，涉及 6 个工序、29 处场所（环节、部位）。企业应结合生产作业实际情况，结合事故案例，组织人员学习，辨识危险因素，防范类似事故重复发生。

23. 矿热炉塌料产生剧烈燃烧导致人员被灼烫

2014 年 3 月 15 日 19 时 27 分左右，宁夏某冶金有限公司（本案例简称冶金公司）发生一起灼烫事故，造成 8 人不同程度受伤，其中 1 人重伤，7 人轻微伤，直接经济损失近 150 万元。

（1）企业基本情况

冶金公司地处石嘴山市生态经济开发区，有员工 1 750 多人。冶金公司具有年生铁产量 28 万 t、硅锰合金产量 30 万 t、中碳锰铁产量 3 万 t 的产能规模。发生事故的一号硅锰矿热炉于 2009 年 6 月正式投产，为半密闭炉，矿热炉容量为 12 500 kV · A，一次电压为 35 kV。

（2）事故经过和救援情况

2014 年 3 月 15 日 19 时 27 分左右，冶金公司合金分厂一号硅锰合金矿热炉二层操作平台操作人员在炉面操作时，二层操作平台南侧炉门 2 号电极处发生喷炉，造成在二层操作平台现场作业的余某华、王某贵、田某杰、王某平、吴某军、马某新、金某忠、车某红 8 人不同程度的灼伤烫伤（事发时，一号炉当班工人 19 人，其中二层炉面操作人员 14 人）。

事故发生后，公司立即将受伤人员送至石嘴山市第二人民医院进行救治。经石嘴山市第二人民医院检测，除余某华灼伤面积为 80%，伤势较重外，其他人员灼伤面积分别为 3%～12%。

（3）事故原因分析

1）直接原因。事故矿热炉调整炉料配比，增加了炉料中小粒度的比例，炉料中粉料成分较平时增加（规程规定，粒度为 5～80 mm 的炉料占比应大于等于 90%，经抽样检测加蓬籽矿粒度大于 5 mm 的仅占比 49%），导致料面层透气性变差，同时二层炉面操作人员未能及时进行料面透气处理，造成料面板结，炉内压力增加，塌料后大量高温炉气与炉外空气接触，产生剧烈燃烧，导致事故发生。

2）间接原因如下：

①事故单位对小粒度和烧结（矿）粉料增加给生产工艺所带来的危险未进行风险评估，未采取相应的安全防范措施。

②事故矿热炉经使用低压补偿后，有功功率提高约 8%，炉内物料熔化速度加快，熔池较投用低压补偿前加大，高温区上移，易产生塌料。

③使用低压补偿后，公司未及时调整相应的操作规程，未及时对员工进行相应的培训。

④企业安全管理体系和网络不健全、职责不明确，对公司副总、炉长等关键岗位人员的安全生产责任没有规定。

（4）事故教训和整改措施

经调查认定，这起灼烫事故是一起由企业管理人员违章指挥而引发的生产安全责任事故。

1）认真吸取事故教训。冶金公司要认真吸取本单位近两年事故多发的教训，严格落实安全生产主体责任，尤其是公司各类管理和技术人员，要针对事故暴露出的问题，举一反三，全面开展事故隐患排查和危险源辨识工作，认真查找存在的事故隐患，防止类似事故再次发生。要修订完善安全生产各项规章制度、安全操作规程，进一步明确各级管理人员、从业人员的职责，将安全责任层层分解落实到每个岗位，切实强化企业安全生产基础管理，努力实现安全生产精细化管理。

2）强化安全培训教育。冶金公司要有针对性、经常性地开展安全培训教育工作，提高各岗位操作人员的操作水平和安全意识，特别是要针对员工业务操作不熟练、现场经验不足、安全意识不强、对危险源辨识不清等因素，有针对性地做好安全教育培训和指导工作。要严把“三级安全教育”关口，严格落实安全教育培训制度，不断提高从业人员的安全意识和安全素质。

3）严格执行标准规范。冶金公司要严格执行《铁合金安全规程》（AQ 2024—2010）行业标准和本企业制（修）订的企业（内控）标准，严格按《硅锰合金冶炼工艺操作规程》规定的配料比进行配料，保证炉内料层具有良好的透气性。同时，要安装自动上料系统。

（5）相关知识与管理借鉴

这起事故的发生有几个原因：一是二层炉面操作人员未能及时进行料面透气处理，造成料面板结，炉内压力增加，发生塌料；二是对小粒度和烧结（矿）粉料增加给生产工艺所带来的危险未进行风险评估，未采取相应的安全防范措施；三是矿热炉经使用低压补偿后，容易产生塌料；四是使用低压补偿后，公司未及时调整相应的操作规程，未及时对员工进行相应的培训。

高温液体易喷溅，对危险范围内的作业人员，极易造成灼伤事故。因此，冶金企业要加强对高温液态金属的管理。吊运高温液体应采用冶金专用的铸造起重机，并保证安全可靠。设备本体、抱闸、限位器、钢丝绳、吊具要保持完好；铁水罐、钢包、渣锅、电炉料罐、中包、料槽等设备耳轴、砖炉衬及转炉、电炉、AOD（氩氧精炼法）炉炉衬要保证安全可靠。企业的会议室、活动室、休息室、更衣室等人员密集场所必须设置在安全地点，不得设置在高温液态金属的吊运影响范围内。承受重荷载和受高温辐射、热渣喷溅、酸碱腐蚀等危害的建（构）筑物，要按照有关规定定期进行安全鉴定。

24. 作业人员不慎被铸坯烫伤

2015 年 2 月 7 日 7 时 10 分，某钢铁有限公司（本案例简称钢铁公司）炼钢厂在生产过程中，连铸三工段 1 名员工在查看铸坯质量时发生烫伤事故。

（1）企业基本情况

钢铁公司经营范围包括钢铁冶炼及压延加工，钢铁产品的销售，黑色金属矿、钢铁产品生产销售，具备年产 200 万 t 铁的产能规模。

（2）事故经过和救援情况

2015 年 2 月 7 日 7 时 10 分，连铸 3 号机开浇铸坯二流出现脱方，连铸三工段 3 号机浇钢组组长李某某与台下组长到台下输送辊道查看铸坯质量（李某某站在一流与二流二组第二辊输送辊盖板上，台下组长站在二流与三流二组第二辊输送辊盖板上）。李某某在查看后抬脚离开时，左脚踩空滑入二流输送辊道内，此时二流输送过来的接近 800 ℃的高温铸坯端头顶到李某某左大腿内侧。出坯操作工苏某某见状立即停止二流输送辊道并将铸坯反方向倒回，台下组长立即将李某某移出事故现场。

（3）事故原因分析

1）直接原因。作业人员安全意识淡薄，自我防范意识差，在观察铸坯质量和定尺时，未对周边作业环境进行辨识，自身站位不当。

2）间接原因如下：

①临时组建的互保联保对子未起到互保作用。

②管理制度不完善，未对观看铸坯质量时输送辊道必须停止作出规定。

（4）事故教训和整改措施

该事故属违章作业、站位不当导致的生产安全责任事故。

1）连铸机开浇后人员进入热坯输送辊道区域观察铸坯质量和定尺时，输送辊道必须在停止状态下，人员应与输送辊道间隔 2 m，确认完毕后方可启动辊道正常输送热坯。

2）在连铸工段 3 个台下操作室内安装喊话器，由操作工对进入热坯输送辊道区域人员进行实时监控，发生异常情况时，通过喊话器及时通知人员避让。

3）对公司制定的《连铸机工艺技术操作规程》进行修订，将进入热坯输送辊道区域观察每流铸坯质量时间明确在 20 s 内。

4）加强员工对危险源辨识和控制措施的学习，并不定期进行抽查、考核，以强化员工的自我安全防范意识。

（5）相关知识与管理借鉴

在这起事故中，有个人自我防范意识差、自身站位不当的原因，也有班组成员之间相互提醒、相互帮助不够的原因。

对冶金企业来讲，班组成员之间联系紧密，每天在一起工作学习，利用班组集体的力量促进员工遵章守纪、增强安全意识、提高技术操作水平、预防各类事故，最为有效。江苏某特钢有限公司（本案例简称特钢公司）高炉炉前组长刘某的事例，就能说明这一点。

刘某是一位外来农民工，2004 年 7 月他只身从徐州睢宁来到无锡，进入特钢公司，被安排到高炉炉火熊熊、铁流滚滚的炼铁厂。进入炼铁厂，面对眼前的景象他简直发呆了，在此之前从来没有见到过这种生产和工作场景，在铁与火面前劳动更是第一次。

炉前工肩负着高炉生产中最艰苦的出铁工作，更承担着维护和延长炼铁高炉一代炉役的责任。炉前工作的好坏，直接影响着高炉炼铁生产的各项指标。对于作为外来农民工的刘某来说，刚到炉前，他的专业知识相对缺乏，但他勤学苦练。上班时，他虚心向师傅们请教，做到不懂就问，并在劳动过程中细心观察，不断摸索操作要领，真正做到了边干边学。下班后，他不顾一天工作后的疲劳，反复学习岗位操作规程，点点滴滴积累业务技术知识。一天又一天，一月又一月，他凭着一股干劲和一种刻苦钻研的精神，很快就了解和掌握了炉前的相关技术。之后，车间根据他的能力，提拔他当了炉前组组长。从此，他工作更加认真，并注重学习班组管理知识，抓班组的基础管理。

当了组长，刘某的视野更宽了，责任也更重了。遇到高炉休风检修、更换撇渣器、捣打出铁钩或抢修出铁口和炉前发生其他紧急情况时，刘某带领班组成员全力以赴，以迅速及时、雷厉风行的作风又快又好地排除故障或险情。整天和通红的火与铁打交道，安全工作无疑是第一位的。对此他思路清晰，在抓班组管理中，突出重点抓安全生产，严格执行炉前操作规程和各项安全生产规定，每天检查督促和落实安全生产措施，对全组人员的生命安全高度负责。在班前、班后会上，他时时强调安全，真正做到“安全第一，警钟长鸣”。对违纪违章的现象狠抓严管，决不手软，使班组成员的安全意识不断加强和提高，连续多年确保安全事故为零。他所在班组的铁口合格率、全风堵口率、铁量差及单炉产量等炉前考核的重要指标都名列前茅，并且还创下了高炉投产以来的最高班产、月产和年产多项纪录。

 25. 倾倒炉膛钢水时钢水外溅导致灼烫

2016 年 7 月 12 日 14 时左右，江苏某特钢有限公司（本案例简称特钢公司）炼钢车间 2 号中频炉钢水外溅，导致灼烫事故，造成 1 人死亡、5 人受伤，直接经济损失 597.75 万元。

（1）企业基本情况

1）企业相关情况。特钢公司成立于 2002 年 5 月 13 日，经营范围：气阀钢棒、轴承钢、不锈钢制品、高速工具钢生产、销售等。

2）涉事行车相关情况。行车安装在特钢公司炼钢车间南侧，位于 2 号中频炉操作平台上方 6 m 处，行车大梁安装在 2 号中频炉除尘罩顶部，可随除尘罩南北向移动，行车电动葫芦可沿大梁东西向移动。该行车于 2016 年 2 月由特钢公司参照外地同类型企业行车，自行设计并组织安装。

行车选用的电动葫芦起吊质量为 2.95 t，起升速度为 8 m/min。电动葫芦使用的钢丝绳为一般用途钢丝绳，直径 13 mm，拉力总和 118 N。电动葫芦说明书中对工作条件的要求是“本产品适应于 −20 ℃～40 ℃”。

行车主要用于中频炉在熔炼时，吊运质量约 2 t 的铁质压块，将不锈钢废旧打包料压入炉膛。因操作平台位置限制，操作不方便，工人经常违章将压块悬停于炉膛上方。因此，行车电动葫芦常处于高温及烟尘中，钢丝绳、限位开关等部件损坏、更换频率较高。事故发生前，钢丝绳最近一次更换是在 2016 年 6 月 22 日，更换原因记录显示为“火烧”。

（2）事故经过和救援情况

2016 年 7 月 12 日 14 时左右，2 号中频炉不锈钢废旧料熔炼结束，准备倾倒炉膛钢水。因电动葫芦钢丝绳突然断裂，悬停于炉膛上

方的压块坠入炉膛，钢水外溅，将朱某育（炉长）、宫某忠（主操作工）、刘某斌（操作工）、唐某东（钢水跟踪员）4名当班工人及临时到操作平台的周某亮（质检员）、虞某兴（材料供应商）2人烫伤。

事故发生后，特钢公司立即安排车辆将伤者分别送往兴化市戴南人民医院、泰州市人民医院救治。这起事故共造成1人死亡、5人受伤，直接经济损失597.75万元。

（3）事故原因分析

1）直接原因。工人将行车吊运的压块违章悬停于中频炉炉膛上方，因电动葫芦钢丝绳缺油、劣化发生断裂，导致压块掉入中频炉炉膛，造成钢水外溅。

2）间接原因如下：

①电动葫芦选型不当，本质安全度低。电动葫芦工作条件要求温度在-20 ℃与40 ℃之间，而特钢公司将其安装在中频炉炉膛上方，使电动葫芦长期处于高温及烟尘中，且未采取有效隔热措施。

②相关管理人员履职不到位，事故隐患一直存在。一是2号中频炉工人因操作平台放置压块位置受限，违章将压块悬停于炉膛上方，特钢公司炼钢生产负责人未落实整改措施及时消除事故隐患。二是涉事行车电动葫芦钢丝绳、限位开关等部件损坏频率较高，特钢公司设备负责人未予以重视，未采取改变操作工艺或电动葫芦重新选型等改进措施。三是特钢公司安全管理人员未能督促公司整改吊运压块放置位置受限的事故隐患，未能及时纠正工人将压块违章悬停于炉膛上方的行为。

③安全管理人员配备不足，生产现场安全管理不能全覆盖。特钢公司主要负责人未根据中频炉岗位24小时工作制，配足安全管理人员，全公司仅有1名安全管理人员对生产现场进行监督管理。

（4）事故教训和整改措施

经调查认定，这起灼烫事故是一起生产安全责任事故。

1）特钢公司应从此次事故中深刻吸取教训，进一步健全安全生产责任制，并加强对相关人员“一岗双责”履职情况的监督考核；应根据公司生产现状，配足、配强安全管理机构和人员。

2）应建立严格的起重设备等风险较大设备设施管理制度，切实开展较大危险因素辨识管控，推进风险较大作业场所安全管理规范化创建和安全生产标准化建设。

3）应加大作业人员安全教育培训，督促员工在作业过程中严格遵守安全生产规章制度和操作规程；应定期组织开展各类安全生产检查，及时发现、消除各类事故隐患，确保安全生产。

4）企业应增加安全生产专项资金投入，积极引入第三方专业力量参与管理，强化冶金行业安全管理措施；应持续有效推进冶金企业安全生产标准化、风险较大作业场所规范化建设以及事故隐患排查治理工作，形成安全管理长效机制。

（5）相关知识与管理借鉴

在这起事故中，设备设施的不安全是引发事故的主要因素。该企业电动葫芦选型不当，本质安全度低。电动葫芦工作条件要求温度在 −20 ℃与 40 ℃之间，而电动葫芦实际安装在中频炉炉膛上方，处于高温及烟尘中，且未采取有效隔热措施。此外，电动葫芦钢丝绳缺油、劣化，以至于发生断裂，这是一个逐渐演变的过程，也是事故隐患逐渐积累的过程，但是却没有被发现，说明事故隐患排查治理工作做得不好。

在原国家安全生产监督管理总局 2018 年 3 月 1 日施行的《冶金企业和有色金属企业安全生产监督管理规定》（国家安全生产监督管理总局令第 91 号）中，要求冶金企业应当对本单位存在的各类危险源进行辨识，实行分级管理。对于构成重大危险源的，应当登记建档，进行定期检测、评估和监控，并报安全生产监督管理部门备案。

冶金企业应当建立安全风险管控和事故隐患排查治理双重预防机制，开展安全检查；对检查中发现的事故隐患，应当及时整改；暂时不能完成整改的，应当制订具体整改计划，并采取可靠的安全保障措施。检查及整改情况应当记录在案。

冶金企业应当建立安全检查与事故隐患整改记录、安全培训记录、事故记录、从业人员健康监护记录、危险源管理记录、安全资金投入和使用记录、安全管理台账、劳动防护用品发放台账、“三同时”审查和验收资料、有关设计资料及图纸、安全预评价报告、安全专篇、安全验收评价报告等档案管理制度，对有关安全生产的文件、报告、记录等及时归档。

冶金企业应当定期对安全设备设施和安全保护装置进行检查、校验。对超过使用年限和不符合国家标准规定的设备，应及时予以报废。对现有设备设施进行更新或者改造的，不得降低其安全技术性能。

冶金企业应当保证安全生产所必需的资金投入，并用于下列范围：一是完善、改造和维护安全防护设备设施；二是安全生产教育培训和配备劳动防护用品；三是安全评价、重大危险源监控、重大事故隐患评估和整改；四是职业危害防治，职业危害因素检测、监测和职业健康体检；五是设备设施安全性能检测检验；六是应急救援器材、装备的配备及应急救援演练；七是其他与安全生产直接相关的物品或者活动。

四、触电伤害事故

现代工业生产离不开电力的应用，不仅生产现场的照明需要电，而且各种机械设备的驱动也需要电。冶金企业也是如此，没有电力的驱动，生产就会陷于停顿。电在给人们提供极大便利的同时，也带来许多不安全因素，触电伤害事故就是其中之一。除此之外，用电管理不善，还会引发火灾、爆炸等事故。触电伤害分电击和电伤 2 种：电击是指直接接触带电部分，使人体通过一定的电流，是有致命危险的触电伤害；电伤是指皮肤局部的创伤，如灼伤、烙印等。触电伤害是对作业人员的严重伤害，触电伤害事故也是冶金企业常见多发事故。

26. 电工作业未断开开关直接操作造成触电

2013 年 7 月 8 日 23 时 40 分左右，河北某钢铁有限公司（本案例简称钢铁公司）在轧钢厂精轧区安全通道配电箱处进行轴流风机接线作业时，发生一起触电事故，造成 1 人死亡，直接经济损失 60 万元。

（1）企业基本情况

1）企业相关情况。钢铁公司主要从事钢铁冶炼和销售，角钢、槽钢、工字钢、带钢的轧制和销售等。公司设有 10 个处（室），并设有独立的安全管理机构。

2）事故现场情况。钢铁公司轧钢厂轧制车间为南北走向，轧制生产线与西侧的成品库、备件库之间有 2 m 宽的安全通道，南北贯通。安全通道西侧与轧制生产线对应的位置配置一个常备配电箱，配电箱内安装有一个空气开关，空气开关接线口处连接 2 组三相断路器。配电箱距离地面约 1.5 m，配电箱地面处铺有绝缘垫，配电箱电源在夏季连接有 2 台轴流风机，轴流风机电源是三相 380 V 电压，三相五线连接，断路器上连接的 3 根线均为火线，配电箱外壳有一根接地线，轴流风机上有一根接地线。轴流风机设有安全防护。事故发生时，北侧的轴流风机正常运转，南侧的轴流风机只连接一根火线，处于停机状态，南侧轴流风机南侧地面上有一台已拆解下来的角磨机。整个轧制车间各岗位均悬挂有相应的安全警示标识和中文警示说明，防护措施齐全。

（2）事故经过和救援情况

2013 年 7 月 8 日 18 时，钢铁公司轧钢厂精轧调整工张某影，准备用角磨机打磨精轧校车用铁板，当时轧钢厂乙班电工班电工刘某勇和邵某海正在轧钢厂精轧区，于是张某影告诉刘某勇和邵某海将角磨机接在精轧区安全通道西侧的常备配电箱上。当时配电箱内断路器上已连接有 2 台轴流风机，没有富余的接线柱，需要拆掉 1 台轴流风机的连接线才能连接角磨机。邵某海准备拆解轴流风机电源线时，刘某勇告诉他断开电源后再进行拆线作业。随后，邵某海断电后拆解下南侧的轴流风机 2 根火线，另外一根火线仍在断路器上连接，然后将角磨机电源线中的火线接入断路器接线孔，零线接入配电箱上的接地线，随后恢复供电。此时，由于轴流风机3根火线中有一根在断路器上连接通电，另外被拆下的2个火线线头同时带电且未做任何处理而被放置在配电箱旁边。

当晚23时35分，因为交接班，角磨机需要收回，张某影让徐某山告诉电工拆下角磨机，再把轴流风机连接上。徐某山找到拿对讲机的刘某，让刘某告诉电工班班长笪某岩。刘某用对讲机告诉乙班电工班班长笪某岩，请他安排电工拆解角磨机。

23时37分，笪某岩用手机通知邵某海，让邵某海与刘某勇一起到轧钢厂去拆下角磨机，并把轴流风机连接上。邵某海接到电话时，与刘某勇在轧钢厂生产线卷曲部位的安全处休息，刘某勇去厕所方便，邵某海没等刘某勇从厕所回来，便独自到精轧区安全通道西侧的配电箱处实施角磨机拆解作业。到达作业区域，邵某海没有断开空气开关，就直接拆下角磨机连接线，然后将轴流风机的电源线连接到断路器上。由于当天正下中雨，事故区域地面比较潮湿，邵某海在车间外部作业时，绝缘鞋以及袜子因潮湿失去绝缘作用，其在用手触摸轴流风机电源线头时不慎触电。

23时40分左右，张某影听到有人大叫一声，回头看见邵某海一只手在配电箱里，头部下垂，整个人瘫软在配电箱旁，张某影立即跑过去断开空气开关，一边叫人，一边把邵某海移至安全通道进行抢救。笪某岩得知事故发生后，立即赶到现场，与现场人员一起进行急救，并拨打了“120”急救电话。23时55分，“120”急救车到达现场，立即将邵某海送往丰润区人民医院进行抢救。9日0时30分，邵某海经救治无效后死亡。

（3）事故原因分析

1）直接原因。邵某海在没有断开空气开关的情况下，违章作业，直接拆下角磨机连接线，然后将轴流风机的电源线连接到断路器上，不慎触电。

2）间接原因如下：

①安全管理不到位，管理人员安全意识差，对现场作业人员违章作业未能及时发现和有效制止。

②安全教育培训不到位，导致从业人员安全意识淡薄，不能严格按照规章制度和操作规程进行作业。

（4）事故教训和整改措施

1）钢铁公司要举一反三，认真吸取事故教训，要在全公司开展一次安全大检查，全面排查和及时消除各类事故隐患。

2）钢铁公司要加强安全管理，进一步深化事故隐患排查治理，认真完善和落实各项规章制度、操作规程，强化监督，确保各项安全措施落实到位，杜绝类似事故再次发生。

3）钢铁公司要切实加强对从业人员的安全教育培训，教育其自觉严格遵守各项安全操作规程，变被动管理为主动自觉遵守，从本质上提升从业人员的安全意识，真正杜绝“三违”现象发生。

（5）相关知识与管理借鉴

这起事故之所以发生，主要是违章作业，即在没有断开空气开关的情况下，直接拆下角磨机连接线，然后将轴流风机的电源线连接到断路器上不慎触电。在此之前，在连接角磨机电源时，也出现违章行为，即另外被拆下的 2 个火线线头同时带电，但是却没做任何处理就放置在配电箱旁边。这样粗心大意、不符合规定要求的做法，只是因为夜间人少，才侥幸没有发生触电事故。

电是设备设施的动力来源，但电的一个特性就是看不见，存在于电线电缆中。电虽然看不见，但是一旦接触，就有可能发生触电事故，造成人身伤害。所以，对专业电工来说，作业中必须细心细致，按照规程操作，不能有任何的马虎大意。

电工在作业时，要注意以下事项：

1）工作中必须严格执行本工种劳动防护用品穿戴规定。

2）作业前仔细检查所有工具及设备是否安全可靠，严禁单独作业。

3）检修电气设备必须切断电源，挂上警示牌，检修完毕应由停电者送电。正在运转的设备发生不正常现象时，一律不准带负荷断电。

4）接到任何违反安全规定的工作命令时，应拒绝执行，并向发令人指出错误的地方及不能执行的理由。

5）所有电气设备的金属外壳框架必须可靠接地，任何电气设备在未经检验确定为无电前一律视为有电。严禁用铜丝代替熔丝。

6）严禁在没有安全措施的电气设备上做任何工作，如生产需要无法停电，必须经上级有关部门批准后，做好防止触电的安全措施，才能从事低压带电作业。

27. 检修结束随意送电造成触电

2015 年 9 月 29 日 16 时，河北文安县某钢铁有限公司（本案例简称钢铁公司）烧结厂 3 号主抽电除尘器检修结束后，一名员工因触电身亡。

（1）企业基本情况

钢铁公司成立于 2001 年 12 月，位于文安县新镇西代村，注册资金 5 000 万元，经营范围：炼钢、轧钢等。下设 12 个分厂，有员工 3 000 人，其中专职安全管理人员 33 人。

（2）事故经过和救援情况

2015 年 9 月 29 日 16 时，钢铁公司烧结厂 3 号主抽电除尘器检修结束后，维修班班长杨某瑞组织调试震打清灰装置。在检修收尾工作完成后，杨某瑞安排维修工包某忠、范某兵 2 人收拾工具，离开除尘箱体，自己站在南 4 号除尘器箱体内部查看震打效果，当时箱体顶部接地装置未拆除仍处于工作状态。

16 时 20 分，杨某瑞用对讲机呼叫电工接通震打清灰装置电源。正在除尘器箱体外顶部作业的电工贡某收到呼叫后，到地面电源控制室，在无人监护、确认的情况下将电场主开关合闸，又将南 4 号电场控制回路开关合闸，然后按下南 4 号电场控制面板启动按钮，此时南 4 号电场电源空气断路器保护跳闸。贡某意识到自己误接通电场电源而未接通震打清灰装置电源后，随即按下电场停止按钮，又将震打清灰装置电源接通。与此同时，在除尘器箱体人孔外面收拾工具的维修工包某忠听到除尘器箱体内传出重物坠落声，随后观察孔出现灰尘，包某忠立即呼唤杨某瑞，但未听到回答，他立即向地面电源控制室方向呼喊，贡某听到喊声后迅速将震打清灰装置电源断开。包某忠通过对讲机确认已经断电后，与侯某东、李某心等进入除尘器箱体寻找杨某瑞，发现杨某瑞坠落在南 4 号电场除尘器灰斗底部。

事故发生后，现场人员将杨某瑞从灰斗人孔救出，立即对其进行施救，新钢医院救护车赶到将杨某瑞送到廊坊市第四人民医院（霸州），杨某瑞经抢救无效死亡。

（3）事故原因分析

1）直接原因。特种作业人员贡某无证上岗，在未确认送电设备的情况下，随意送电造成杨某瑞触电死亡。

2）间接原因如下：

①安全管理不到位。钢铁公司安全管理人员未认真履行安全监管职责，安全监管和巡查不到位，对现场作业人员的违章行为没有及时发现并制止。

②钢铁公司事故隐患排查不到位，贡某在未取得电工特种作业操作证情况下上岗作业，钢铁公司未能及时发现并制止其违规行为。

③安全教育培训不到位，导致作业人员安全意识淡薄，对作业现场存在的危险因素认识不足。

（4）事故教训和整改措施

这是一起因员工违章作业引发的生产安全责任事故。

1）严格落实企业主体责任。企业要严格树立守法意识，切实履行安全生产职责，深刻吸取因习惯性违章、冒险作业引发的事故教训，举一反三，完善安全生产责任体系，做到管业务必须管安全、管生产经营必须管安全，强化各岗位的安全管理责任，做到明确责任区域、责任内容、责任检查、责任落实、责任考核、责任绩效，保证各岗位的责任能够落到实处，使管理责任横向到边、纵向到底，实现责任管理全覆盖。

2）完善企业安全生产规章制度。企业应进一步完善“三项制度”建设工作，对公司“三项制度”进行梳理，对照《安全生产法》、国家标准和行业标准，结合公司生产运行、生产工艺、岗位划分，对安全管理制度、操作规程、管理规范，进行修订和完善，使之符合本企业生产实际，确保具有可操作性。

3）加强安全教育培训。要加强企业主要负责人和安全管理人员的安全教育培训，特别是各分厂负责人及安全管理人员教育培训，强化安全工作的责任感和使命感，提高落实安全生产工作制度的能力和水平。要加强企业特种作业人员的培训管理，对企业所有特种作业岗位重新认定，对于未取得上岗资格，或虽已取得上岗资格，但不具备实际操作技能未达到岗位要求的，要集中组织资格培训，确保特种作业岗位人员符合上岗要求；要加强其他从业人员安全教育培训，严格落实“三级安全教育培训”制度，实行逐级认定考核，保证教育培训的时间、内容、人员、效果“四落实”。要加强转岗人员培训，防止老员工在新岗位引发安全事故。要加强作业方案、检修方案、施工方案实施前的专项培训，使相关作业人员明确方案中的安全要求，防止违规作业。

（5）相关知识与管理借鉴

在这起事故中，电工收到呼叫后，到地面电源控制室，在无人监护和确认的情况下就进行送电操作，结果发生错误，虽然很快进行了纠正，但为时已晚，已经造成他人触电。

在企业所发生的电气事故中，因人为误操作引起的事故占有较大的比例。发生误操作的原因，有操作者方面的因素，主要是安全意识差，不遵守操作规程，操作时怕麻烦、图省事，不按照操作票步骤操作或操作前未核对模拟图板预演，操作时未复诵，未认真核对设备名称、编号，习惯性违章；还有监护者方面的原因，即有些监护流于形式，操作人不唱票或唱票未确认复诵无误就下令操作，因而失去监护作用。

预防人员误操作事故，可采取以下对策：

1）强化安全意识与责任心教育，剖析事故案例，吸取经验教训，自觉遵守安全规程规定，筑牢防止电气误操作思想第一道防线。认真执行监护制度和操作规程，正确进行事故预想及反事故演习，培养各种情况下准确、快速操作的能力，从而提高操作技术水平。

2）操作前先由监护人向操作人讲解有关操作注意事项，让操作人明白操作危险点与预控措施，知险避险，方可到现场执行操作。对于重大操作或重大设备改造后投入试运行，应由专业技术人员提前下达“临时措施”，对操作工作进行指导，提出相应要求及注意事项，做好事故预想等，使操作人心中有数。

3）加强操作现场动态跟踪检查。检查人员接受操作任务后安排操作人、监护人是否合理，是否交代操作注意事项，是否使用必要的安全用具；检查操作时的操作行为，如操作监护人站位、读票复诵、发令操作是否规范，操作时是否有监护，是否核对名称、编号，设备变位是否检查到位。

4）明确监护人在监护中不得参与任何操作工作，班长不得做交叉工作安排，严禁安排单人操作，严禁电话联系操作，专业技术人员、班组安全员严格监督，各级人员各司其职，若发现违规现象，除责令中止操作并通报教育外，予以相应的处罚。

有的企业在实际工作中，为了强化操作管理，提高电气操作质量，编制了操作质量保证模式，要求作业人员贯彻执行。通过强化操作管理，预防可能发生的误操作。例如“三明确”：操作前明确操作目的，明确操作方法，明确操作顺序。要求作业人员注意对照操作任务，按照工作票要求进行操作。再如“三禁止”：操作中禁止操作人、监护人一齐动手操作，失去监护；禁止有疑问盲目操作；禁止边操作边做其他工作。其目的是防止发生误入带电间隔、误登杆塔、误触带电设备、误动带电设施等事故。

28. 吊装作业未采取安全防护措施导致触电

2013 年 2 月 16 日 11 时 24 分左右，河北省昌黎县某钢铁有限公司（本案例简称钢铁公司）第二炼钢厂发生吊装作业触电事故，造成 1 人死亡，直接经济损失 75 万元。

（1）企业基本情况

钢铁公司成立于 1999 年，有职工 8 000 人，其中安全管理人员 16 人，经营范围：带钢、连铸胚、面包铁、线材、棒材生产、销售，氧气、氮气自产、自用，经销烧结矿、铁精粉等。

（2）事故经过和救援情况

1）事故发生经过。2013 年 2 月 15 日，钢铁公司计划对 3 号高炉进行停产检修，第二炼钢厂厂长要求对需要检修或更换的设备进行统一安排。2 月 16 日上午，设备科科长张某来自行安排更换除尘泵站沉淀池 2 台水泵。10 时左右，张某来给机修段段长田某春打电话，让他去领吊车准备吊泵，同时打电话给设备科设备员刘某伟，要求其代开吊装作业票，并打电话通知电工班班长侯某来（男，44 岁）安排电工到作业现场，对预安装水泵进行测量并准备接线。

现场指挥田某春拿到吊装作业票后，带领机修工人和吊车到达现场，由于沉淀池北侧空间不够，吊车无法支臂，因此未按张某来口头交代从沉淀池北侧进行吊装作业。电工班班长侯某来到达作业现场后，提议把吊车支在高压线西侧进行跨线吊装，在得到现场指挥田某春和吊车司机马某勇默认后开始进行吊装作业。

此时预吊装的 2 台水泵均在该公司氧气站 10 kV 高压供电线路下方放置。按照吊车司机马某勇的要求，机修工人将其中一台水泵挪至沉淀池西侧墙根，然后在水泵上绑了一根 6 m 长的钢丝绳，吊车司机采用小钩斜吊侧移的方法，在现场指挥田某春的作业指令下，将水泵吊至指定地点，吊钩回位后，吊车在现场待机等候；此时吊钩位于沉淀池的西侧，距离地面约 0. 3 m，现场维修工按照分工分别对水泵进行安装。

11 时 24 分左右，侯某来从沉淀池的北边走过来，未经现场指挥和吊车司机同意，双手拉起吊钩就往第二个水泵方向（高压线方向）拽，吊车司机见他拉钩急忙大声制止，但侯某来不听劝阻，继续拉拽吊钩，致使吊钩顶端钢丝绳触及高压线，将正在拉拽吊钩的侯某来击倒在地。在现场作业的电工王某看到高压电线闪了一下火花后，迅速跑到沉淀池西边查看，发现侯某来头朝南倒在了水泵旁边。

2）事故救援情况。事故发生后，作业现场人员及时进行救援，电工王某来到躺在地上的侯某来身边问：“侯班长，你感觉怎么样？”此时，侯某来神智还比较清醒，有气无力地回答电工王某说：“没事，就是浑身没劲。”并要求把他抬到值班室去。王某让他先别动，并把找来的一个垫子垫在侯某来身下。11 时 26 分，电工曾某亮用手机打通了电工段段长王某金的电话，告诉他侯某来触电（电击）了。王某金接到报告后，急忙驱车赶到现场，和现场人员一起将侯某来抬上车，送到了靖安镇卫生院进行抢救，靖安镇卫生院医务人员查看了侯某来的病情后建议立即转院治疗。11 时 34 分，王某金向厂长袁某有报告了事故情况，用公司的车把侯某来紧急送往毗邻的唐山市滦县滦州医院进行抢救。12 时左右，伤者侯某来经抢救无效死亡。

（3）事故原因分析

1）直接原因。作业人员擅自进入吊装作业区域进行冒险作业，导致触电，是本次触电事故的直接原因。

2）间接原因如下：

①汽车吊装跨越高压（10 kV 高压）线作业，未采取安全防护措施，未制定详细的汽车吊装跨越高压线作业方案。

②作业组织者未经请示领导和征得相关人员同意，违规指使他人代开吊装作业票，未经授权擅自代替其他管理审批人员在作业票上签字，致使汽车吊装作业票形同虚设，对危险状况估计不足，防范措施缺失。

③钢铁公司未严格按照国家相关法律、法规的有关规定，督促、检查、落实吊装作业票管理制度，对作业现场的安全监督管理不到位，未及时发现和消除现场事故隐患。

（4）事故教训和整改措施

钢铁公司要认真查找事故发生的原因，深刻吸取事故教训，加强企业安全管理工作，杜绝类似事故再次发生。

1）要认真执行教育培训制度。按照国家有关规定切实做好职工“三级安全教育”工作。认真落实班前会制度，强化职工的班前教育，提高职工的安全意识，培养职工遵章守纪的良好习惯，杜绝“三违”现象发生。

2）要认真吸取本次事故以失去一条鲜活生命为代价的教训，立即在全公司范围开展八大危险作业票证制度执行情况大检查，层层落实责任，严格作业前、作业中、作业后作业票证制度落实，防止流于形式，留下事故隐患，造成事故发生。

3）建立、健全全公司各类人员安全生产岗位责任制，加大安全监督检查考核力度，严格落实国家的法律、法规和公司各项安全管理制度，防止类似事故再次发生。

（5）相关知识与管理借鉴

在这起事故中，电工班班长提议把吊车支在高压线西侧进行跨线吊装，之后又不听劝阻，继续拉拽吊钩，致使吊钩顶端钢丝绳触及高压线，自己也被击倒在地导致死亡。

在高压线附近进行吊装作业，有 2 个保证安全的方法：一个是联系电力部门在吊装作业期间采取断电措施，在高压线无电状态下作业；另一个是保持安全距离，避免与高压线发生接触。根据《施工现场临时用电安全技术规范》（JGJ 46—2005）的要求，架空线路电压为 10 kV 时，起重机与架空线路边线的最小安全距离：沿垂直方向为 3 m，沿水平方向为 2 m。这属于安全常识，也是电工作业必须遵守的规定。电工班班长理应比班组职工安全意识更强、相关知识更多、经验更丰富、遇事也更加谨慎，但却如此鲁莽行事、违章作业，不够称职。

按照规定，起重机不得在架空输电线下方工作，在通过架空输电线路时应将起重臂落下，以免发生碰撞。在架空输电线路一侧工作时，不论在任何情况下，起重臂、钢丝绳与重物等与架空输电线路的最小水平距离应不小于表 4-1 的规定。

表 4-1　起重臂、钢丝绳与重物等与架空输电线路的最小水平距离

输电线路电压/kV	<1	1~20	35~110	154	220
允许与输电线路的最小水平距离/m	1. 5	2	4	5	6

29. 电工作业未进行验电导致触电

2013 年 7 月 4 日 10 时 20 分，河北省霸州市某钢铁有限公司（本案例简称钢铁公司）炼钢厂运行车间备件库房在安装照明灯线时，发生一起触电伤害事故，造成 1 名电工死亡，直接经济损失 80 万元。

（1）企业基本情况

钢铁公司成立于 2002 年 12 月 9 日，经营范围：钢材加工，销售热轧型带钢、钢管，货物进出口、技术进出口等。钢铁公司有作业人员 3 800 人，其中炼钢厂从业人员 231 人。

（2）事故经过和救援情况

2013 年 7 月 4 日 9 时 30 分左右，钢铁公司炼钢厂运行车间备件库房需安装照明灯线，由电工张某飞和胡某亮（均持有特种作业操作证）2 人操作。张某飞本人切断了先前的控制开关，库房内的灯熄灭，2 人以为已断电，由胡某亮用手电筒照明配合张某飞接线。库房内温度较高（35 ℃左右），作业环境较差（库房高约 2. 6 m，均为铁

墙，张某飞匍匐在高约 2 m 的货架上操作)，张某飞全身湿透，虽然穿着绝缘鞋，但失去了绝缘作用。

张某飞剪开线口准备接线时，未进行测试验电，导致他在接线时触电。工友胡某亮发现后，喊张某飞，但张某飞没反应，胡某亮立即把线拉掉，又把总电源开关断开，然后呼喊工友把张某飞抬到库房门口。工友在做人工呼吸的同时，拨打“120”急救电话等救护车到来。工厂车辆先到现场，故立即用工厂车将张某飞就近送往津胜医院抢救，后又转往廊坊四院抢救，但张某飞终因伤势过重死亡。

（3）事故原因分析

1）直接原因。电工张某飞违反用电作业管理规定，在误认为断电的情况下，没有进行验电就开始接线。而且库房内闷热，致张某飞衣服被汗水浸湿，周围环境均为金属铁皮，绝缘鞋失去保护作用。

2）间接原因如下：

①钢铁公司炼钢厂安全教育不到位，职工安全意识淡薄，违反规定作业。

②公司制度落实不到位，缺乏更细致的监督检查。

③对事故隐患整改不力，没有分清火线、零线的实际接线控制。

（4）事故教训和整改措施

为深刻吸取教训，进一步强化安全管理，对钢铁公司提出如下整改措施：

1）建立、健全并落实安全生产责任制度、规章制度和操作规程，强化现场安全管理、作业管理，强化规章制度的执行，确保每个环节、每道程序都有章可循，并确保照章办事，依章操作。

2）切实强化安全管理和职工教育培训。要在健全完善安全管理规章制度的基础上，强化规章、制度的执行力，保证规章制度的执行效果。要加强对职工的安全教育与培训，增强针对性和实效性，尤其要针对岗位风险特点，强化各级安全培训教育工作，扎实提高各级管理者和岗位操作人员的安全意识，并不断提高技能和水平。

3）加强用电安全管理。结合生产安全大检查工作，特别突出夏季多雨时期的用电安全管理，切实按要求作业。

（5）相关知识与管理借鉴

在这起事故中，电工在库房内闷热的环境中作业，衣服被汗水浸湿，周围环境均为金属铁皮，绝缘鞋失去保护作用，这属于客观因素，难以改变。但是电工在作业中，违反用电作业管理规定，在误认为断电的情况下，没有进行验电，就属于主观因素，即疏忽大意。一时的疏忽大意，造成生命的丧失。

预防触电的措施，主要有技术措施与组织措施 2 个方面。

技术措施主要如下：安全电压、自动断电、保护接地、保护接零、加强绝缘、间隔屏障等。

组织措施主要如下：作业人员要正确穿戴和使用劳动防护用品；特种作业人员必须经过专门的培训、考试，持证上岗；检修电气设备设施及排除电气故障作业，必须办理停电申请，有双路供电的要同时停电；停电后还要当场验电，做临时接地线，挂警示牌；带电作业或在带电设备附近工作时，应设监护人，监护人的安全技术等级应高于操作人，操作人应服从监护人的指挥；监护人在执行监护时，不应兼做其他工作等。这些在安全技术操作规程及安全生产责任制中都有明文规定。

必要的技术措施与组织措施是安全生产的保障，也是保命措施。对于电工本人来讲，遵守规章制度，时刻保持警惕性，作业时遇到不清楚的情况及时验电，是保护自己人身安全的重要环节，千万不可忽视。

 30. 作业人员不慎坠入电缆沟导致触电

2014 年 9 月 15 日 21 时 50 分左右，河北宽城满族自治县某钢球厂（本案例简称钢球厂）铸造车间发生一起触电事故，造成 1 人死亡，直接经济损失 90 万元。

（1）企业基本情况

1）企业相关情况。钢球厂位于宽城满族自治县，2004 年年初建厂，同年 5 月投入生产，为个人独资企业，法定代表人杨某元，经营范围：钢球、钢坯铸造、零售。该厂主要负责人为刘某新，在册员工 17 人。

2）生产情况。钢球厂铸造车间主要产品是钢球，其工艺流程是用电炉将铁等原料熔化成铁水，然后将铁水倒入铁水包，再浇铸到钢球模具中，冷却后打开模具取出钢球。该厂每日 21 时 30 分至次日 8 时进行铸造作业（因夜间用电为低谷电价），白天进行备料。班长石某强负责加料、启动电炉，化成铁水后操作电炉转动将铁水倒入中转铁水包；其余 3 人为合模工，负责用中转铁水包接铁水，再用天车吊着中转铁水包将包中铁水导入手推车上的小铁水包中，然后再推着手推车将小铁水包中的铁水浇铸到模具中。

（2）事故经过和救援情况

1）事故发生经过。2014 年 9 月 15 日 20 时 30 分左右，钢球厂合模工金某发到铸造车间，开启了已经加好原料的电炉炼铁水（电炉工石某强因睡着未按照规定时间到岗）。21 时 30 分左右，金某发叫醒在厂内宿舍休息的同班合模工石某兵、潘某高，3 人来到车间开始准备合模铸球作业。

21 时 40 分左右，第一炉铁水已经炼好，金某发到炉台上关闭电盘上控制电炉的电源开关后，走到电炉后方，站在炉台上掀开炉后盖

板，操纵控制按钮使电炉转动，将炉内的铁水倒入炉前的中转铁水包里，然后从炉台上下来操纵天车，将中转铁水包内的铁水导入2台固定在手推车上的小铁水包里。石某兵和潘某高各推一台手推车到距电炉10 m左右的铸球模具处将铁水浇铸到模具里。金某发则返回炉台上，合上电炉电源开关，重新启动电炉使其升温，并往电炉内添加废铁、废钢等原料。

约21时50分，金某发不慎从敞开的炉台盖板处掉到1.5 m深的电缆坑内，与带电的电炉排线接触触电。

2）应急救援情况。事故发生后，潘某高发现金某发掉到炉台下面，大声喊石某兵，石某兵立即跑到炉台上，关闭了电炉和电柜电源开关，将电炉断电，随即跑到炉台下查看情况。2人发现金某发躺在炉台下面，身体触及与电炉连接的铜排处，便一起把金某发从炉台下面抬了出来，放到车间地上。潘某高立即打电话向杨某元及其他管理人员报告现场情况。10分钟左右，刘某新、石某强、杨某元3人陆续赶到现场，并用门板将金某发抬到手推车上，22时20分左右送到峪耳崖镇医院，经抢救10余分钟后，医生确认金某发已经死亡。

（3）事故原因分析

1）直接原因。合模工金某发违反岗位责任制，进行炉前工作业，私自启动电炉，并且在未将炉台盖板关闭的情况下往电炉内添加原料，坠入电缆沟内触电造成事故。

2）间接原因如下：

①企业安全管理不到位，各项规章制度未有效落实，工人未能严格履行安全生产岗位责任制。

②企业对从业人员的安全培训教育不到位，工人安全意识不强，自保、互保能力不强。

③工人对周围作业环境危险因素辨识能力不足，安全确认制度未

得到有效落实。

（4）事故教训和整改措施

1）钢球厂要认真吸取事故教训，举一反三，停产整顿，全厂开展一次全面的安全大检查，确保安全生产责任制、规章制度、操作规程和安全措施落到实处，消除事故隐患，杜绝类似事故，防止其他事故，确保安全生产。

2）开展全厂安全警示教育活动，重点分析事故经过和原因，并对责任人员进行通报，做到人人受警示、人人受教育。

3）加强员工的安全教育培训，提高其安全意识和安全技能，增强员工自保、互保能力和危险因素辨识能力。

（5）相关知识与管理借鉴

这起事故的发生，与作业人员忽视安全的不良作业习惯有关，即在未将炉台盖板关闭的情况下，往电炉内添加原料，结果坠入电缆沟内触电造成事故。如果作业人员将炉台盖板关闭，然后再往电炉内添加原料，那么还会发生坠落事故吗？可能不会。

如何培养员工的安全行为，是企业安全管理的重要内容。在这方面，可以借鉴某集团中州分公司（本案例简称分公司）培养员工安全行为的做法。

分公司也是一家冶炼企业，该公司采取转变员工培训内容和方式，利用视觉冲击强化安全宣传等方式，促进员工行为安全。

1）转变员工培训内容和方式。理念决定意识，意识主导行为。安全培训可以帮助员工不断强化安全理念，使广大员工不仅把安全理念入脑入心，而且内化到心灵深处，转化为安全行为，升华为员工的自觉行动。分公司改进安全培训模式，引导员工自觉参与安全。在培训方式上，变培训对象的“被动性”为“互动性”，变“教练式”培训为“参与式”培训；在培训内容上，坚持“按需施教”，对基层员工重点进行“技能教育”和“素质教育”。通过培训，人的不安全行为得到控制，同时提高了全员参与安全管理的积极性。

2）利用视觉冲击强化安全宣传。该公司特别强调利用强烈的视觉冲击进行安全理念的宣传，在厂区主要道路两旁、车间厂房的醒目位置都悬挂了写有安全理念、安全警句、亲情嘱托等感人至深的内容宣传牌板，让员工时刻被警示、关爱的氛围所熏陶，督促自己遵章作业。

3）培养员工的守法意识。该公司坚持用法律、法规来规范员工的安全行为，使安全生产工作有法可依、有章可循。不仅管理层要学法懂法，依法从事现场监管，还重点组织员工学习安全法律、法规和规章制度，让员工了解应该遵循哪些法律，为何要遵守企业的各项安全生产规章制度，违法后将付出什么代价，从而培养员工知法、守法的意识，在生产中自觉用规章制度规范自己的行为。

4）倡导员工安全的行为习惯。该公司在安全管理上，强调“贵在坚持、严在管理、落在实处、注重细节”。要求各级安全管理人员，特别是各班组安全负责人，通过自身的安全行为，为员工示范良好的安全行为习惯，表现对员工安全的关心与支持，带领员工形成日常的安全行为习惯。同时通过对物的不安全状态的排查，保障员工操作安全。公司通过开展“百日事故隐患排查”活动，下大力气根除员工中屡查屡犯的“习惯病”和“常见病”，纠正员工的不安全行为习惯。公司还根据安全管理系统进行认真梳理，前移安全管理关口，下移安全管理重心。通过培养员工安全行为习惯，倡导员工互相关爱，建设积极向上的安全文化，最终形成具有本公司特色的行为安全管理模式。

 31. 电线老化漏电导致触电

2013 年 7 月 29 日 11 时，在河北某钢铁有限公司（本案例简称钢铁公司）二炼铁焦炭场地发生一起触电事故，造成 1 人死亡，直接经济损失 60 万元。

（1）企业基本情况

1）企业相关情况。钢铁公司主要生产设备设施包括炼铁高炉、炼钢转炉、带式烧结机、中宽带生产线等，年生产 500 万 t 钢。公司下设 8 大主体分厂和 8 个辅助单位，并设有独立的安全管理机构，有员工 7 000 余人，其中专职安全管理人员 45 人。

2）合同签订情况。2013 年 4 月 15 日，钢铁公司与王某东签订峪沟料场道路、场坪、挡墙、排水沟工程施工合同，王某东负责承建钢铁公司峪沟料场道路、场坪、挡墙、排水沟工程。王某东临时雇用 17 名人员（未经过安全教育培训）进行作业。

2013 年 4 月 20 日，王某东委托万某（王某东外甥）将其所承包的钢铁公司二炼铁焦炭场地地面硬化工程分包给马某林。马某林临时雇用王某昌、马某、张某民、王某田等 13 名人员（未经过安全教育培训）进行作业。

（2）事故经过和救援情况

2013 年 7 月 29 日上午，马某林施工队雇用的临时作业人员王某昌、马某、张某民和王某田在钢铁公司二炼铁焦炭场地施工现场进行地面硬化作业。

11 时 10 分左右，王某昌驾驶混凝土摊平机在施工现场由南向北行进作业，作业行进途中建筑施工用振捣棒停放在施工现场西侧，影响摊平机行进作业。于是，王某昌告诉在附近作业的马某，让其将建筑施工用振捣棒挪动一下位置。随后，马某走到建筑施工用振捣棒

前，他刚用手去扶建筑施工用振捣棒扶把时，突然倒在地面上。与马某一起作业的王某田看到此种情况，立即跑过去用手去拉马某，突然手臂触电，其迅速摆脱马某，立即关闭建筑施工用振捣棒电源开关。

现场人员迅速拨打“120”急救电话，王某昌、张某民、马某林立即对马某进行现场急救。11 时 30 分，“120”急救车到达事故现场，立即将马某送往迁安市人民医院进行抢救。12 时 10 分，马某经抢救无效后死亡。

（3）事故原因分析

1）直接原因。建筑施工用振捣棒电线因老化而漏电，马某用手去扶建筑施工用振捣棒扶把时，突然触电是造成事故发生的直接原因。

2）间接原因如下：

①安全管理不到位。钢铁公司将峪沟料场道路、场坪、挡墙、排水沟工程承包给不具备任何施工资质的人员王某东，王某东又将路面硬化工程分包给不具备任何资质的人员马某林，钢铁公司对施工现场疏于管理。

②安全教育培训不到位。王某东和马某林个体施工队未对临时作业人员进行安全教育培训，致使临时作业人员安全意识淡薄，对作业现场可能存在的危险因素认识不足，自我防范意识不强。

③设备事故隐患排查不到位。钢铁公司对施工现场建筑设备事故隐患排查不彻底，致使设备带“病”作业。

（4）事故教训和整改措施

1）钢铁公司必须认真贯彻“安全第一、预防为主、综合治理”的方针，举一反三，认真吸取事故教训，真正把安全放在生产经营活动的突出位置，全公司开展一次安全大检查，全面排查事故隐患，杜绝类似事故再次发生。

2）钢铁公司要加强管理，要与有资质的施工单位签订有效的施工合同，要加强对外委施工作业现场的安全管理，特别是要加强对用电线路和手持电动工具的安全管理，及时排查设备事故隐患。施工前制定具体的施工方案及技术措施，加强施工过程的安全巡查，杜绝同类事故再次发生。

3）钢铁公司要切实加强对员工的“三级安全教育”，保证从业人员熟悉安全操作规程和危险、有害因素，严格遵守规章制度，从本质上提升员工安全意识及安全素质。

（5）相关知识与管理借鉴

在这起事故中，振捣棒电线因老化而漏电，未能被及时发现、消除，结果导致人员触电事故。

一般来讲，手持电动工具容易发生触电事故的原因主要如下：

1）手持电动工具工作时都是被手紧握的，手与工具之间的电阻小。一旦工具外露部分带电，将有较大的电流通过人体，容易造成严重后果。

2）手持电动工具工作时是被手紧握的，一旦触电，由于肌肉收缩，手难以摆脱带电体，容易造成严重后果。

3）手持电动工具有很大的移动性，其电源线容易因拉、磨而损坏漏电，电源线连接处容易脱落而使金属外壳带电，导致触电事故。

4）手持电动工具可能在恶劣的条件下移动，容易损坏而使金属外壳带电，导致触电事故。

5）小型手持电动工具采用 220 V 单相交流电源，由一条相线和一条零线供电。如错误地将相线接在金属外壳上或错误地将保护零线断路，均会造成金属外壳带电，导致触电事故。

预防手持电动工具发生漏电，要按照规定要求定期检查，检查的内容主要如下：一是确保机械防护装置完好，防护罩、盖、外壳、手柄无裂缝、无破损、无变形、不松动；二是保护接地线或接零线正确、牢固可靠；三是电源线必须用橡胶套软线，无接头及破损，长度不得超过6 m，Ⅰ类工具必须有 PE（保护接地）线；四是开关动作灵敏、可靠，插头无破损，规格与负载匹配；五是电气保护完好，使用Ⅰ类工具应配漏电保护装置，PE 线连接可靠。

五、机械伤害事故

冶金企业的特点是规模庞大，生产工艺流程长，从金属矿石的开采到产品的最终加工，需要经过很多道工序。不论哪道工序，都离不开各种机械设备。机械设备的运转运行，可以节省大量的人力和物力，提高生产效率，但是机械设备的运行也会带来危害，导致发生各种事故。因此，对企业安全管理来讲，一方面要加强对机械设备的安全防护，例如，在设备转动部位设置防护罩或防护栏，地坑、楼梯、皮带过桥、检修平台有防护栏，生产现场设备必须有明显的标志标识等；另一方面对职工进行安全生产知识、安全防范意识及岗位危险源辨识相关内容的培训，使每一名职工都能遵章守纪、安全操作。

32. 人员工作服不系扣被卷入运转皮带

2014 年 9 月 27 日 9 时 44 分左右，某钢铁股份有限公司（本案例简称钢铁公司）承德分公司热轧卷板厂发生一起机械伤害事故，造成 1 人死亡，直接经济损失约 90 万元。

（1）企业基本情况

1）企业相关情况。钢铁公司承德分公司热轧卷板厂下设综合管理部、热卷研发部、热卷品种部和生产制造部。生产制造部下设设备管理组、生产计划组、工艺技术组、安全生产组 4 个专业职能组和冶炼、连铸、钢区准备、天车、运转、加热、轧钢等 11 个作业区，从事炼钢和轧钢工作。热轧卷板厂主要生产普通碳素结构钢、优质碳素结构钢、超低碳钢、低合金高强度结构钢、集装箱用钢、家电用钢、耐候钢、汽车用钢、锅炉和压力容器用钢、管线钢等品种。

2）生产情况。炼钢生产线主要原材料为炼铁厂生产的铁水，铁水由罐车运输到炼钢生产线，在铁水倒罐站中转运到铁水包中，经过脱硫、提钒生产成为中间品“半钢”，“半钢”再进入顶底复吹转炉，经过吹氧冶炼后生产成钢水。钢水根据需要分别经过钢包精炼炉和真空循环脱气精炼炉进行进一步处理后，进入连铸机生产成合格板坯。炼钢生产过程中，辅料由合金皮带上料系统和散装料皮带上料系统传输到料仓中，再由计算机控制系统控制加料。发生事故的 G113 皮带基本参数：输送能力 200 t/h，带宽 800 mm，带速 1.6 m/s，水平机长 222 m，电机容量 37 kW。

（2）事故经过和救援情况

1）事故发生经过。2014 年 9 月 27 日 9 时 30 分左右，热轧卷板厂钢区准备作业区散状料班组丙班组织日常上料，丙班组长刘某兴安排上料工彭某、侯某年上料。彭某先于侯某年去现场，侯某年没有找到清扫工具，去卫生间后，也去了现场。

9 时 42 分左右，彭某在现场电话通知主控室上料工王某晶转动皮带 2.5 分钟，王某晶于 9 时 42 分 53 秒启动 G113 皮带，皮带运行了 3 分 14 秒后于 9 时 46 分 07 秒停止。正常情况下，在皮带停运后，彭某应用对讲机或电话与王某晶联系。实际停止皮带几分钟后，彭某未与王某晶联系，故王某晶分别用对讲机、手机联系彭某，无回应。王某晶告知丙班带班班长刘某兴说联系不上彭某，请他联系一下，看看彭某在哪儿。

侯某年经由1号中转站、2号皮带通廊、2号中转站，约10时到达G113皮带，发现彭某侧趴在距G113皮带尾轮约8 m处的上、下皮带之间。

2）应急救援情况。侯某年发现彭某后立即用对讲机通知丙班带班班长刘某兴。刘某兴迅速到达现场，呼喊彭某没有反应，与侯某年一块将彭某拽出，放到皮带上，对其进行人工呼吸后仍无反应，10时13分电话通知散状料班组组长周某忠和单位调度室。调度室接到报告后，通知了当天值班的准备作业区作业长王某平、生产制造部安全组组长郭某、部领导张某利、王某华以及承钢医院急救中心。

相关人员接到电话后立即奔赴现场，并组织抢救。10时35分，医生抵达现场对彭某进行了检查，随后彭某被救援人员抬下，送到承钢医院进行抢救。11时25分，医院确认彭某抢救无效死亡。

（3）事故原因分析

1）直接原因。作业人员工作服穿戴不规范（工作服没系扣），在皮带通廊内行走，未与运转的皮带保持足够的安全距离，上衣左侧下摆不慎被运转的皮带托辊卷入。

2）间接原因如下：

①职工个人安全意识不强，疏忽大意，对皮带运转存在的危险因素重视不足。

②班组互保联保制度落实不到位，彭某安全互保人侯某年未起到安全互保作用。

③热轧卷板厂安全管理不到位，对班组制度落实及作业现场监督检查不到位。

（4）事故教训和整改措施

1）开展一次安全生产专项整治活动。一是热轧卷板厂在皮带通廊增设摄像监控装置，加强设备运行远程监控。二是重点检查现场作业人员的不安全行为（重点是皮带输送机操作、点检等）。三是重点检查各级人员安全生产责任制的落实情况。四是安监部牵头，设备部、自动化中心参加，对皮带输送机安全装置或设施是否完好、现场是否存在事故隐患进行一次专项检查，对查出的问题立即组织整改；对一时不能整改的，必须制定防范措施，限期整改。

2）规范职工安全教育培训，严格安全教育培训制度落实，进一步规范车间、班组安全教育培训内容，强化对岗位作业指导书、岗位危险因素及防范措施的培训，确保教育内容符合岗位实际，将安全教育落到实处，切实提高职工安全操作技能和安全意识。

3）针对本次事故，在全公司开展安全警示教育活动。一是组织各单位、相关部室领导班子成员及生产、设备、安全科科长和相关车间主任到皮带输送机事故现场进行现场警示教育，各单位要深刻反思安全管理还有哪些不到位的地方及需要采取的防范措施。二是将本次事故传达到所有班组岗位。三是搜集整理近几年发生的皮带输送机事故案例和人的不安全行为导致的事故案例，将别人的事故当作自己的事故来看待，组织开展事故案例学习讨论活动，做到警钟长鸣。

4）加强班组安全建设。安监部牵头，组织各单位完善班组安全管理制度和班组安全记录，强化对班组安全制度执行情况的监督检查，确保班组互保联保、安全教育等班组级安全制度落到实处。

（5）相关知识与管理借鉴

在这起事故中，职工工作服没系扣，在皮带通廊内行走时，上衣左侧下摆不慎被运转的皮带托辊卷入，结果造成伤害。类似事故在以前发生较多，以前的工作服使用时间长，面料质量较差，而且安全要求不严格，经常发生因工作服导致的事故。

顾名思义，工作服是工作中穿着的服装。工作服不仅能体现各个企业特有的企业文化、行业特点，同时也起到保护作业人员人身安全的防护作用。就钢铁行业来说，炉前一线工人的工作服要有特殊的防护要求。炉前工人工作时，接触热辐射量大，属于高温环境作业，出汗多。这种时候，一些人喜欢赤膊上阵，这样做最容易导致热辐射烧伤皮肤，降低散热功能，使皮肤热而干，进而受到伤害。因此，高温下工作，应当选择较浅颜色或白色、较厚的长袖服装，以达到防护作用。另外，在钢铁行业中的耐火材料车间，还应选择带有防静电功能的工作服，以避免因人体产生的静电给生产造成不可挽回的损失。其他岗位的工人要经常来往于车间大型机械之间，油污、摩擦在所难免，所以一定要选择“三紧”款式的工作服，避免被机器绞缠，而且面料要厚实、耐磨、耐脏、易清洗。

33. 皮带工违规作业导致颈部被卡致死

2015 年 9 月 14 日 5 时 20 分左右，河北省承德某矿业开发有限公司（本案例简称矿业公司）钙灰厂破碎车间，发生一起机械伤害事故，造成 1 人死亡，直接经济损失 80 多万元。

（1）企业基本情况

1）企业相关情况。矿业公司钙灰厂主要经营白云岩加工、销售。设计年生产镁钙灰 20 万 t，设计年生产钙灰 70 万 t。

承德某矿产品加工有限公司（本案例简称加工公司）经营范围为石灰石、白云石加工和销售，年破碎加工能力 80 万 t。该公司证照齐全有效。

2）生产情况。矿业公司将钙灰厂破碎车间设备设施承包给加工公司使用，由矿业公司根据成品矿石量付给加工公司加工费。2015年1月1日，双方签订了石灰石破碎承包合同及矿产品加工安全管理协议。

（2）事故经过和救援情况

1）事故发生经过。事故发生地点位于钙灰厂破碎车间高位料仓2号运输皮带距皮带尾轮约3 m处的下方。高位料仓输送平台比地面高13 m，石灰石二次破碎后，经皮带转运至高位料仓1号、2号皮带，经振动筛分级后入料仓。1号、2号皮带距平台高度小于2 m的两侧装有金属防护网，防止人员进入。

2015年9月14日0时，陈某义、王某海、施某云3人负责高位料仓皮带看护、巡检及料仓卫生清理工作。5时左右，3人之中的王某海、施某云走出操作室巡检。5时20分左右，王某海巡检返回后发现操作室无人，走到1号、2号皮带巡检时，发现陈某义倒在2号皮带下，身体处于半跪状态，颈部被卡在耙子把与正在运转的皮带之间，耙子把的一端顺皮带插入托辊与皮带之间，王某海立即停止皮带运转，向车间带班班长苏某东报告。

2）应急救援情况。苏某东接到王某海报告后，立即组织工人赶到现场救援，同时电话通知破碎车间主任张某坤、副主任王某军，与县医院“120”救护车联系。6时40分左右，陈某义被送至县医院抢救，40分钟后经抢救无效死亡。

（3）事故原因分析

1）直接原因。皮带工陈某义违反操作规程规定，私自进入处于运转的皮带下方清理掉落的废料，致使耙子把卷入皮带与托辊之间，导致颈部卡在耙子把与皮带之间，造成死亡。

2）间接原因如下：

①加工公司安全管理主体责任不落实。一是执行安全管理协议不

到位，该公司承包矿业公司钙灰厂破碎车间，双方签订了矿产品加工安全管理协议，明确规定承包方在进行人工清理皮带时必须停机方可操作。《带式输送机运行安全技术操作规程》规定，清扫、检修带式输送机或更换托辊时应停机。承包方未能有效履行协议及规程，未真正将安全管理责任落实到位，未督促作业人员严格按规定作业。二是执行联保互保安全管理制度不到位。作业时，加工公司未执行联保互保，未签订联保互保协议，对作业人员违章作业、冒险作业的行为未能及时发现和有效制止。

②企业员工安全意识淡薄，无安全自保意识，明知在皮带运转时，违章冒险进入皮带下方清扫卫生存在危险，却对可能导致的后果认识不足。

③加工公司事故隐患排查不彻底，致使皮带输送机安全防护设施存在的缺陷没能被及时发现。高位料仓皮带输送机 1 号、2 号皮带距地面 2 m 高度以下部位，虽然在皮带两侧安装了防止人员钻入皮带下面的金属防护网，但皮带正下方距地面 2 m 高度以下部位无防止人员进入的防护装置，不能有效防止人员进入皮带下方，致使安全设施不能有效发挥作用。

④加工公司安全教育培训不到位。虽然组织员工开展了“三级安全教育”，建立了员工培训档案，但安全教育培训针对性不强，效果不佳，未开展岗位、工艺风险辨识，致使员工安全意识淡薄，未能严格遵守操作规程，缺乏自我保护能力，对违规私自进入运转的皮带下作业可能导致的后果认识不足。

⑤矿业公司安全监督管理不到位，未能有效落实对加工公司的安全管理责任。虽然与管理相对方签订了专门的安全管理协议，明确了相互间的安全管理职责，定期进行现场监督检查、考核，但安全监督检查流于形式，对皮带输送机存在的安全防护设施缺失、皮带下方设

置的安全防护网不全等事故隐患未能有效监督对方及时发现和消除；未开展定期的安全管理考核，未真正履行统一协调、管理职责，致使员工违章作业的事故隐患未得到有效制止，导致事故发生。

（4）事故教训和整改措施

1）加工公司要严格落实企业主体责任。加大安全生产投入，完善安全设施设备，提高本质安全水平；同时要认真履行安全管理协议，落实安全管理责任，明确承保范围内的各岗位、各工艺的安全管理职责。

2）加工公司要继续加强员工的安全教育培训工作，切实提高员工的安全意识和危险因素辨识能力，增强员工的自我保护意识，坚决杜绝“三违”现象，同时加强从业人员体检筛查工作，对不符合岗位工作要求的人员及时调岗换人。

3）加工公司要深刻吸取事故教训，加强现场作业管理，严格落实岗位责任制度，强化带班定岗管理和现场巡查检查，有效制止违章指挥和违章作业行为，提高现场操作人员的安全意识和责任意识。

4）加工公司要立即在公司内部全面开展事故隐患排查和治理活动，规范作业现场。要逐工艺、逐部位、逐设施排查事故隐患，对排查出的事故隐患要立即采取有效措施予以消除，切实防范事故再次发生，确保各岗位安全生产。

5）矿业公司、加工公司要根据生产中的实际情况进一步修改完善各工种的岗位操作规程，使之具有较强的可操作性，并在岗位、工艺的显著位置悬挂，监督本企业员工有效地贯彻落实。

6）矿业公司要进一步强化安全管理，提高安全管理层的安全责任意识，建立、健全安全管理责任体系，明确职责；加大对承包方安全管理及考核，进一步明确安全管理职责，实行统一的协调、管理，督促承包方履行安全管理职责，加强培训，强化现场管理，开展岗位、工艺危险有害因素辨识，消除事故隐患。

（5）相关知识与管理借鉴

在这起事故中，皮带工违反操作规程规定，进入处于运转的皮带下方清理掉落的废料，这是导致事故的最主要原因。此外，皮带输送机安全防护设施存在缺陷，即皮带正下方距地面 2 m 高度以下部位无防止人员进入的防护装置，不能有效防止人员进入皮带下方，也是导致事故的一个重要因素。因此，预防此类事故，既要预防人的不安全行为，又要预防机械设备防护装置存在缺陷。

机械设备防护装置在人与危险之间构成安全保护屏障，在减轻操作者精神压力的同时，也使操作者形成心理依赖。一旦安全防护装置失效，会增加操作者受伤的风险。因此，安全防护装置必须满足与其保护功能相适应的安全技术要求；同时，所采取的安全措施不得影响机械设备的正常运行，而且使用方便，否则就可能出现为了追求达到设备的最大效用而避开安全措施的行为。

机械设备防护装置按使用方式分为固定式和活动式 2 种，其安全技术要求如下：

1）对固定防护装置的要求。固定防护装置应该用永久固定方式（如焊接等）或借助紧固件（螺钉、螺栓、螺母等）固定方式，将其固定在所需的地方，若不用工具就不能使其移动或打开。

2）对活动防护装置的要求。活动防护装置或防护装置的活动体打开时，尽可能与防护的机械保持相对固定（可通过铰链或导轨连接），防止挪开的防护装置或活动体丢失或难以复原；活动防护装置打开或出现丧失安全功能的故障时，设备的活动部件应不能运转或运转中的部件应停止运动。

 34. 人员作业不慎被卷入运转皮带

2014 年 2 月 14 日 1 时 48 分左右，河北省唐山市曹妃甸工业区某钢渣服务有限公司（本案例简称服务公司）在某钢铁联合有限责任公司（本案例简称钢铁公司）炼钢作业部钢渣区进行料渣清理作业时，发生一起机械伤害事故，造成 1 人死亡，直接经济损失 60 万元。

（1）企业基本情况

1）企业相关情况。服务公司位于钢铁公司院内，主要承接钢铁公司炼钢部钢渣车间的钢渣加工。服务公司有员工 120 人，安全管理人员 1 人。

钢铁公司下设炼铁、炼钢、热轧、冷轧作业部等 16 个部门，38 个分厂，131 个作业区。公司有员工 11 000 人，设有安全管理部，其中专职安全管理人员 68 人，兼职安全管理人员 27 人。

2）合同签订情况。2013 年 4 月 11 日，服务公司与钢铁公司签订钢铁公司钢渣项目生产承包外协合同，服务公司负责钢铁公司来渣加工处理和钢渣间的设备操作。双方签订了外协项目安全协议书，就双方在施工作业、设备维修方面有关安全管理职责、权利和义务等内容作了明确规定。

（2）事故经过和救援情况

1）事故发生经过。2014 年 2 月 13 日 19 时 30 分，服务公司清扫班班长张某元，带领本班工人李某峰（2 月 13 日刚调入该班组）、刘某厂、孙某萍接班。接班后，班长张某元组织召开班前会安排布置当班工作，强调当班安全注意事项，同时明确当班的工作任务是负责钢铁公司炼钢部钢渣车间脱碳线棒磨机皮带钢渣清理工作。张某元安排李某峰负责 2 号大倾角皮带钢渣清理工作，刘某厂负责 3 号大倾角皮带钢渣清理工作，孙某萍负责 6 号皮带钢渣清理工作。

14 日 1 时 37 分左右，李某峰负责的 2 号大倾角皮带跑偏导致底辊脱轨，班长张某元通知中控室，要求对 2 号大倾角皮带和棒磨机进行停机处理。1 时 42 分左右故障处理完毕，张某元通知中控室运行 2 号大倾角皮带。随后张某元组织刘某厂、孙某萍帮助李某峰清理 2 号大倾角皮带处地面上的积料（用铁锹将地面上的积料铲到皮带上）。

1 时 46 分左右，在清理完大部分积料后，张某元、刘某厂、孙某萍返回休息室，李某峰继续清理。1 时 48 分左右，李某峰在清理 2 号大倾角皮带处地面的积料时，不慎被皮带卷入。

2）事故救援过程。1 时 50 分左右，刘某厂从休息室返回 2 号大倾角皮带时，发现李某峰腿部夹在皮带和皮带架之间，身体下垂。刘某厂立即通知班长张某元，张某元赶到现场后紧急制动关停了 2 号大倾角皮带，并用对讲机通知了调度长张某杰。张某杰赶到现场后，立即组织人员进行抢救，并向公司负责人张某仪报告了情况。2 时 15 分左右，李某峰被救出，并送往曹妃甸区附属医院救治，经抢救无效于当日 3 时 34 分死亡。

（3）事故原因分析

1）直接原因。李某峰靠近正在运转的 2 号大倾角皮带清料时，不慎被皮带卷入，导致死亡。

2）间接原因如下：

①主体责任不落实。服务公司未制定有关皮带清洁的详细操作规程，致使员工作业无章可循。

②培训教育不到位。服务公司在清洁工转岗后未严格按照《生产经营单位安全培训规定》对转岗员工进行“三级安全教育”，致使员工安全意识较差，对危险因素辨识不清，对事故防范能力较低。

③安全设施不完善。2 号大倾角皮带周围危险设施设备和危险部位无安全警示标识。

④安全监管不到位。钢铁公司未认真履行安全监管职责，对服务公司未认真开展“三级安全教育”缺乏有效监管。

（4）事故教训和整改措施

这是一起因作业人员安全意识淡薄，企业安全管理和教育培训不到位引发的生产安全责任事故。

1）服务公司要举一反三，认真吸取事故教训，弥补管理中存在的漏洞，根据作业实际制定详细的作业规程，强化落实检查，坚决杜绝类似事故发生。

2）服务公司要加强基础安全培训教育工作，尤其是加强转岗人员的教育培训，确保作业人员具有对本岗位各类事故隐患和风险的判断识别能力，从本质上提升作业人员的安全意识。

3）开展全面的安全大检查，消除现场违规违章操作现象，严格按照规范进行作业，避免类似事故重复发生。要加强安全管理，修改完善安全操作规程，强化各项安全生产规章制度的贯彻落实。

4）钢铁公司要认真落实安全监管责任，加强对外委协力单位的安全监管，特别要加强对外委协力单位的安全教育培训和作业现场的安全监管，防止类似事故发生。

（5）相关知识与管理借鉴

这起事故的发生，一方面是培训教育不到位，未严格按照相关规定对员工进行“三级安全教育”，致使员工安全意识较差，对危险因素辨识不清，事故防范能力较低。另一方面是安全设施不完善，2 号大倾角皮带周围危险设施设备和危险部位无安全警示标识。

冶金企业机械设备种类繁多，有工程机械、矿山机械、农业机械、电工机械等，用于不同的生产作业场所。机械设备多，危害自然也多。机械设备的危害主要包括两大类：一类是机械性危害，主要包括挤压、碾压、剪切、切割、碰撞或跌落、缠绕或卷入、戳扎或刺伤、摩擦或磨损、物体打击、高压流体喷射等；另一类是非机械性危害，主要包括电流、高温、高压、噪声、振动、电磁辐射等产生的危害，因加工、使用各种危险材料和物质（如易燃易爆物品、毒物、腐蚀品、粉尘及微生物、细菌、病毒等）产生的危害，还包括因忽略安全人机学原理而产生的危害等。

机械设备的安全防护是通过采用安全装置、防护装置或其他手段，对一些机械危险进行预防的安全技术措施，其目的是防止机械在运行时对人员造成接触伤害。安全防护的重点是机械设备的传动部分、操作区、高空作业区、移动机械的移动区域以及某些机械设备由于特殊危险形式需要采取的特殊防护等。无论采取何种措施进行防护，都应对所需防护的机械设备进行风险评价以避免带来新的风险。

35. 人员违章操作被卷入传动轴

2013 年 2 月 27 日 7 时，河北某钢铁集团某钢铁有限公司（本案例简称钢铁公司）烧结厂烧结车间作业人员在清理冷筛岗位二层电机平台时发生一起机械伤害事故，造成 1 人死亡，直接经济损失 60 万元。

（1）企业基本情况

1）企业相关情况。钢铁公司主要从事钢铁冶炼、销售，角钢、槽钢、工字钢、带钢销售等。公司设有 10 个处（室），并设有独立的安全管理机构，有作业人员 2 300 余人，其中专职安全管理人员 26 人。

2）事故现场情况。钢铁公司烧结厂烧结车间冷筛岗位二层电机平台距离地面 2 m，电机平台长 2.3 m，宽 2.1 m。该平台有电机 2 台，型号为 YL-200L-8，转速为 730 r/min，2 台电机与平台西侧振动筛分别通过一根传动轴连接，传动轴上下排列，有非固定式防护罩。平台四周有固定式防护栏杆，并悬挂“防止绞伤”“处理设备故障时必须停机”的安全警示标识和职业危害中文警示说明。该平台除维修班组停机检修外，其他人不得随意进入，并在平台斜梯上设有拦阻装置。

（2）事故经过和救援情况

2013 年 2 月 26 日，钢铁公司烧结厂烧结车间接到公司通知，设备停止运行进行检修。27 日 3 时和 5 时，钢铁公司烧结厂安全科科长高某山 2 次对烧结厂安全情况进行巡视，一切工作正常。按照工作安排，5 时配料系统停止供料，但成品系统未停机。

5 时 10 分，钢铁公司烧结厂烧结班的班长赵某辉巡视到冷筛岗位，看到李某海正在冷筛岗位清扫卫生，便告诉李某海设备需要检修，简单清理即可。

7 时，烧结机内物料被排空，赵某辉电话请示烧结车间工段长张某华，烧结机内没有物料了是否停机，张某华告诉赵某辉可以停机。随后，赵某辉到冷筛岗位招呼李某海，让他和自己一起去更换该车间烧结平台箅条，但李某海没有回应。赵某辉立即拨打李某海手机，李某海没有接听，但冷筛岗位二层电机平台上发出手机响声，赵某辉随后跑到二层电机平台上，发现李某海上身衣物被缠绕在下方传动轴上，身体卡在电机平台和下方传动轴之间，传动轴防护罩放在振动筛左侧，清扫用的扫帚放在平台上。见此情况，赵某辉立即将事故情况电话告知张某华，张某华接报后，迅速带领工人赶赴现场进行抢救。李某海被救出后，立即被送往丰润区中医院进行抢救。8 时 5 分，李某海经救治无效后死亡。

（3）事故原因分析

1）直接原因。李某海违章进入冷筛岗位二层电机平台进行清扫，上衣下摆被高速旋转的传动轴缠绕，李某海摆脱不开，随后身体也被旋转的传动轴卷入，导致事故发生。

2）间接原因如下：

①钢铁公司安全管理不到位，管理人员安全意识差，对现场作业人员违章作业未能及时发现和有效制止。

②钢铁公司安全教育培训不到位，导致从业人员安全意识淡薄，对作业环境存在的危险因素认识不足。

（4）事故教训和整改措施

1）钢铁公司要举一反三，认真吸取事故教训，要在全公司开展一次安全大检查，全面排查和及时消除各类事故隐患。

2）钢铁公司要加强安全管理，进一步深化事故隐患排查治理，认真完善和落实各项规章制度，强化监督，确保各项安全措施落实到位，杜绝类似事故再次发生。

3）钢铁公司要切实加强对从业人员的安全教育培训，教育其严格遵守各项安全操作规程，杜绝“三违”现象发生，从本质上提升从业人员的安全意识。

（5）相关知识与管理借鉴

在这起事故中，发生事故的平台四周有固定式防护栏杆，并悬挂“防止绞伤”“处理设备故障时必须停机”的安全警示标识，而且平台除维修班组停机检修外，其他人不得随意进入，并在平台斜梯上设有拦阻装置。就是在这种情况下，作业人员违章进入平台进行清扫，上衣下摆被高速旋转的传动轴缠绕，随后身体也被旋转的传动轴卷入，导致事故发生。所以，对事故的间接原因，归结为公司安全教育培训不到位，从业人员安全意识淡薄，对作业环境存在的危险因素认识不足，还是比较准确的。

员工的安全意识是培养教育出来的，是通过安全文化氛围熏陶出来的，企业必须要加强对员工的安全教育。在这一方面可以借鉴某集团不锈线材厂采取多种形式营造安全文化氛围的做法。

该不锈线材厂是以生产不锈钢盘条及管坯为主的生产企业。近年来，该厂通过安全教育培训，引导把每项安全工作都当成对自己负责、对家庭负责、对企业负责、对社会负责的事业来做，始终把安全文化贯穿始终，形成了具有特色的安全文化氛围，为安全工作开展奠定了良好的工作基础。具体做法主要如下：

1）广泛征集员工创作的安全警句，从中精选并署名后制作成彩色画板，悬挂在生产车间最显眼的位置，既容易使员工记住，又使职工产生荣誉感和成就感，极大地激发了员工关注安全的热情。

2）利用厂安全现场展板、曝光台、光荣台、安全宣传条幅等形式，宣传好的做法和人物、班组，同时宣传先进的安全理念、安全管理思路、安全生产规章制度、措施方法等。普及安全生产知识，大力宣传“安全第一、预防为主、综合治理”的安全生产方针和“珍爱生命、我要安全”为核心的安全理念，牢固树立“安全是最大的效益”的观念，以全面提升职工的安全理念和安全素质，创造安全管理的文化氛围。

3）策划和组织开展安全竞赛、有奖征文、安全警句收集等活动，组织开展“安全生产月”“百日安全无事故”等安全文化活动，培养员工要安全、懂安全、会安全的良好素养，为建立安全工作长效机制提供强有力的文化保障。

4）鼓励员工参与提出安全改善提案，只要提出提案就有奖励，对能够实施的提案给予50~200元的奖励，特别突出的报厂长特批重奖。由此引导员工多提提案、提高质量的提案。通过提案活动，员工广开思路，积极主动地思考问题，增强了岗位人员识别危险、解决问题的能力。

5）组织全员安全培训教育讲座，教会员工如何开展直观性的危险辨识，如何开展危险预知训练活动（KYT 活动），面对现场存在的危险应该采取哪些应对措施，如果不履行本岗位安全生产责任制会带来怎样的后果等。通过案例教育警戒违章作业“害死人”，使员工改变不好的作业习惯，提高职工的安全意识和素养。

36. 人员违规进入危险区域被打包机击中头部

2013 年 6 月 16 日 13 时 20 分左右，某钢铁集团有限责任公司（本案例简称钢铁公司）大型轧钢厂发生机械伤害事故，造成 1 人死亡，直接经济损失约 80 万元。

（1）企业基本情况

发生事故的大型轧钢厂隶属于钢铁公司。该厂 2010 年 12 月 11 日建成投产，设有生产技术科、设备动力科、安全保卫科、综合管理科 4 个科室和线棒轧钢车间、线棒设备车间、型钢轧钢车间、型钢精整车间、型钢设备车间、物流保障车间 6 个车间。

（2）事故经过和救援情况

1）事故发生经过。2013 年 6 月 16 日 7 时 30 分，大型轧钢厂夜班调度值班长李某荣交班时，告诉白班调度值班长唐某，线材生产线打包机的 2 号和 4 号线工作卡线，有断腰现象。8 时，唐某便直接到有故障的线材生产线打包机现场了解情况，发现维检工李某建已在现场观察打包机的运行状况，对出现卡线、断腰的故障进行排除。上午维检工李某建一直在对打包机边观察、边维修，断断续续修理。

11 时 40 分，打包机故障排除，李某建回休息室吃午饭。这时，唐某也回到了调度室。12 时 40 分，唐某在调度室的实时监控器内发现打包机又出现故障，就用对讲机呼叫李某建到现场排除故障。12 时 50 分，李某建和唐某几乎同时到达打包机现场。此时，打包机经过操作工李某忠和袁某的处理后已经正常打包运转。唐某、李某忠、李某建、袁某就一起回到操作室。这时，设备科技术员刘某葳也到操作室了解打包机故障情况。唐某发现打包机 1 号线的打包线不多后，就用对讲机呼叫闫某廷开叉车过来装卸打包线，叉车卸完打包线后，打包机操作工李某忠派袁某把刚卸的打包线与 1 号线焊接到一起，在这期间打包机正常运转。

13 时 15 分左右，李某建要回休息室休息，唐某就对李某建说："别回去休息了，也快到上班时间了，打包机老是出事，你在这儿休息会儿，如果打包机再出事，就可以处理了。"李某建说："不行，我得回去休息，不然我头晕，下班后就回不了家了。"这样，唐某就没再说什么。然后，李某建和刘某葳一同出了操作室。此时，打包机仍然在正常工作，袁某把线焊接好后在磨线，李某忠看到袁某磨线时，就把打包机停了下来。大约 10 秒后，袁某向操作工李某忠示意线磨好了，可以打包了。李某忠看到后，就按下了打包机的启动键。与此同时，与李某建一道走出操作室的刘某葳发现李某建没在身边，扭头一看，李某建已到打包机南侧，并被打包机压实小车和线道架击中头部。于是，他急忙跑向操作台喊停车。听到"停车"的喊叫声，李某忠当即按下紧急制动键。停车后，刘某葳发现李某建已倒在打包机南侧地上，安全帽掉在一边，就马上喊其他人救援。

2）应急救援情况。事故发生后，现场的刘某葳、唐某、李某忠等人赶快救援，并向"120"急救中心求救。13 时 53 分，急救中心救护车到达事故现场并将李某建送往医院急救。李某建经抢救无效，于 6 月 16 日 16 时死亡。

（3）事故原因分析

1）直接原因。线棒设备车间后区机械副作业长李某建，安全意识淡薄，在排除生产线打包机 2 号线故障后，违反《大型轧钢厂设备检修翻牌安全确认管理规定》《大型轧钢厂安全操作规程》《机械维检工安全规程》等规定，在未确认现场安全的情况下，擅自进入打包机工作区域，被打包机压实小车和线道架击中头部。

2）间接原因如下：

①精整工李某忠在操作打包机工作中违反安全规程规定，在未确认打包机工作区域安全的情况下开机操作，是造成事故发生的主要原因。

②钢铁公司大型轧钢厂建设项目未按规定履行建设项目安全设施“三同时”手续，安全设施不完善；钢铁公司大型轧钢厂安全管理机构未按规定独立设置，日常安全监管检查不到位，是造成事故发生的次要原因。

③钢铁公司大型轧钢厂安全制度不落实，对员工的安全教育培训、监管不到位，是造成事故的另一原因。

（4）事故教训和整改措施

1）要认真吸取事故教训，切实加强全厂员工的安全培训和业务知识教育工作，不断提高员工安全意识和自我保护能力。要举一反三，大力开展事故隐患排查工作，彻底消除各类事故隐患，切实保障员工生命安全。

2）要切实加强安全管理，特别要加强现场安全管理，加强对员工的安全教育，提高员工的安全意识，保证遵章作业，防止类似事故重复发生，确保安全生产。

3）要认真落实企业安全监管的主体责任，不断提高对安全生产工作重要性和严肃性的认识。要认真落实国家有关项目建设的法律、法规，完善安全管理机构设置。进一步加强安全培训教育，不断增强全员安全意识，提高员工安全素质。

（5）相关知识与管理借鉴

在这起事故中，副作业长李某建在未确认现场安全的情况下，擅自进入打包机工作区域，精整工李某忠在操作打包机工作中违反安全规程规定，在未确认打包机工作区域安全的情况下开机操作，由此导致事故的发生。

针对这起事故，企业要吸取教训，严格作业现场管理，根据本单位的生产工艺特点，制订安全检查工作计划，对安全生产状况进行经常性、季节性、综合性和专项检查。对检查中发现的事故隐患等问题，应当落实整改责任人、整改资金、整改计划、整改验收和整改建档等工作。将日常检查出的事故隐患整改情况列入考核目标，不整改的，实行责任追究制度，确保事故隐患及时消除。对安全设备进行经常性维护、保养，并定期检测，保证正常运转，特别要加强对在役时间长、即将报废的、对安全生产影响大的重要设备、关键设施的维护检修。在冶炼、煤气等有较大危险因素的生产经营场所和有关设施、设备上，设置明显的安全警示标识，并严格定员管理，严禁无关人员靠近。

此外，企业要建立关键操作确认机制（如开关锁定、操作界面对话框、重复确认、双人联合操作等）。作业前要明确作业过程中相关人员的职责，明确安全作业规程或标准，确保作业过程涉及的人员都经过有关培训并具备相应资质，参与作业的所有人员都应掌握作业的范围、风险和相应的预防控制措施。必要时，作业前要进行预案演练。无关人员禁止进入危险作业场所。

 37. 工人冒险穿越平台被拦焦车挤压致死

2012 年 2 月 27 日，某钢铁股份有限公司（本案例简称钢铁公司）焦化厂炼焦车间 3 号拦焦车与 46 号炭化室南侧炉门柱之间发生事故，造成 1 人死亡。

（1）企业基本情况

钢铁公司拥有炼铁厂、炼钢厂、烧结厂、焦化厂、棒材厂、带钢厂、中板厂、宽中厚板卷厂 8 个分厂。钢铁公司主要从事黑色金属冶炼及压延加工，钢材、钢坯及其他金属的销售，焦炭及副产品生产（危险化学品除外），拥有从焦化、烧结、炼铁、炼钢到轧钢的完整生产系统。主要产品包括中板系列产品、棒材系列产品、钢带系列产品等。钢铁公司具有年产钢 200 万 t、铁 200 万 t、材 220 万 t 的综合生产能力，有员工 5 543 人。

（2）事故经过

2012 年 2 月 27 日 9 时 15 分左右，焦化厂炼焦作业区丙班炼焦工田某厚，在处理完 1 号炉 36 号炭化室炉门下部冒烟后，沿 1 号炉平台由北向南行走，准备到 2 号炉 56 号炭化室炉门作业。当田某厚走到 1 号炉 46 号炭化室炉柱时，3 号拦焦车由南向北开来，从 2 号焦炉到 1 号焦炉 46 号炭化室配合处理炉门上部冒烟。3 号拦焦车司机从行走监控探头中看到田某厚向拦焦车走来，立即采取了制动，但拦焦车由于惯性继续向前滑行。此时在拦焦车二层平台配合处理上部冒烟的另一名司机听到下面“啊”的一声，伸头向下一看，发现有人被挤了，就喊拦焦车别动。田某厚被挤在了 3 号拦焦车与 46 号炭化室南侧炉门柱之间，经抢救无效死亡。

事故发生后，焦化厂立即停止生产，保护事故现场，向相关部门和领导报告，并组织事故现场救援。此外，焦化厂认真分析事故原

因，查找事故隐患，制定整改措施，确保安全生产。

（3）事故原因分析

1）直接原因。田某厚在炼焦作业区1号炉向2号炉56号炭化室行走中，冒险强行穿越平台，结果被3号拦焦车挤压在46号炭化室炉门柱处，导致事故。

2）间接原因如下：

①经调查，拦焦车的速度为1.0~1.2 m/s，田某厚想利用拦焦车过来的时间空当，进入1号焦炉与2号焦炉之间的平台，个人安全意识不强，冒险强行穿越。

②拦焦车虽已安装了监控探头，但在行走过程中存在盲区，当人员靠近时无法监控到，国内现有拦焦车都存在监控视角不到位的设备缺陷。

③该处危险源焦化厂虽已辨识出来，对人员进行了培训教育，但对人员的违章穿越控制措施不得力，安全监管缺失。

（4）事故教训和整改措施

事故发生后，公司成立了事故调查组，对本次事故的发生区域，立即采取了以下整改措施：

1）将原声音报警改为声光报警，增加灯光闪烁警示。

2）所有拦焦车、熄焦车等必须专人引导运行，在进入狭小空间前，需先停车，确认无人后，再进入。

3）本着“四不放过”的原则，事故现场处理后立即召开了事故分析会，并安排相关作业区域人员书面报告了事故发生时的相关情况。

4）在焦炉移动的车辆（四大车）已落实专人引导和5条安全要求。

5）在1号炉北端台、2号炉南端台以及1号炉和2号炉之间的炉门区两侧增加了 4 处防护栏。

6）强化炉中区域照明，增加了照明灯 4 盏。

7）在 1 号炉北端台、2 号炉南端台以及 1 号炉和 2 号炉之间的炉门区两侧张贴了“车辆移动、防止挤伤”的安全警示标牌，在四大车驾驶室内张贴了“移动车辆必须有人监护引导”的安全警示标牌。

（5）相关知识与管理借鉴

这起事故属于人员严重违章导致的事故。在拦焦车运行中，作业人员想利用拦焦车运行时间空当冒险穿越，结果没有成功，被拦焦车挤压致死。

在我国，造成机械伤害事故的原因，主要是大量的机械设备属于传统的机械化、半机械化控制的人机系统，没有在本质安全上做到尽善尽美，因此需要在定位、固定、隔离等控制环节上进行弥补，通过设置醒目的警示标识和严格的安全操作规程加以完善。但是在生产作业中，经常有作业人员有章不循、违章作业，夹挤、碾压类伤害时有发生，对此企业必须要着重予以解决。

38. 调整工违章作业手腕被红钢撞断

2012 年 6 月 20 日 16 时 47 分左右，某特钢公司（本案例简称特钢公司）轧钢厂高线车间一名员工在紧固进口导卫压板螺母后，在弯腰取压板螺母上的套筒扳手时，红钢过来将其右手腕部撞断，造成右手腕部位离断重伤事故。

（1）企业基本情况

特钢公司经营范围包括汽车钢板弹簧、扭杆弹簧、圆簧、弹簧扁钢、减震器等。

（2）事故经过

2012 年 6 月 20 日 16 时，特钢公司轧钢厂高线车间丁工段接班检查岗位，副作业长胡某某与粗轧岗位工黄某（男，25 岁，调整工，本工种工龄 7 个月）一起更换 11 号轧机，10 分钟左右换好轧机后，胡某某安排黄某去吊 14 号立轧机的进口导卫。由于进口导卫很难更换，于是黄某又吊备用的 14 号轧机，准备更换 14 号轧机。黄某磨完 14 号轧机的轧槽后，到粗轧 1 号轧机进口处处理进口导卫压板螺栓松动问题。16 时 45 分左右，丁工段作业长冯某用对讲机询问高速区及预精轧区域作业是否完毕，得到肯定回复后又询问 3 号主操室主操工胡某某，台上停电牌是否全部摘除，胡某某回复已全部摘除，冯某便下令开车及模拟过钢。主操工胡某某接到作业长开机指令后，拉响警报约 2 分钟，随后开机。

16 时 47 分左右，作业长冯某询问 2 号操纵台出钢工李某“钢坯温度是否符合出钢要求”，得到肯定回复后便下令出一根钢试轧。此时，黄某在粗轧 1 号轧机进口北面用榔头敲打套筒扳手紧固进口导卫压板螺母，然后再将套筒扳手套到压板南面的螺母上，用榔头敲打紧固，回头看到除鳞机没有冒蒸汽，以为没有过钢，便站上出钢辊道，背向出钢口，双脚踩在辊道的两侧，弯腰用右手取压板螺母上的套筒扳手。这时，红钢过来将黄某的右手腕部撞断，造成右手腕部位离断的重伤事故。

（3）事故原因分析

1）直接原因。调整工黄某在 1 号粗轧机运转时紧固进口导卫压板螺栓装置，未对出钢情况进行确认，也未对出钢辊道进行停电挂牌，违反了轧钢厂调整工安全操作规程及停电挂牌制度，是造成事故发生的直接原因和主要原因。

2）间接原因如下：

①作业长冯某在通知主操工启动轧机和模拟过钢前，未对轧机是否有人作业进行确认。

②2 号操纵台出钢工李某在接到指令后未对出钢辊道周边是否有人作业进行安全确认、盲目出钢。

③轧钢厂高线车间丁作业区作业组织不合理，安排黄某协助更换 11 号、14 号轧机，未给予黄某本岗位检查和维护时间，急于开机生产，以致其仓促紧固 1 号粗轧机进口导卫压板螺栓，是造成事故发生的管理原因。

（4）事故教训和整改措施

1）轧钢厂各生产作业区在处理岗位故障、改轧、换辊试轧第一根钢前，必须确认轧线作业人员是否全部撤离，指挥人员要从出钢辊道随钢跟踪至 3 号飞剪。在出钢辊道和轧机上作业必须停电挂牌。

2）轧钢厂高线车间 2 号操纵台内安装出钢辊道控制开关。

3）各单位要认真吸取事故教训，利用车间安全例会、作业区的班前会、班组安全活动，组织所有管理人员和员工结合岗位剖析事故，谈事故教训，撰写学习体会。要严厉查处“三违”行为，强化对员工安全意识和操作技能的培训，强化各级管理人员安全职责的落实。

（5）相关知识与管理借鉴

据调查，在这起事故发生之前，从来没有发生过类似事故。之所以没有发生过类似事故，是因为开车程序十分严谨。开车时，先是使用对讲机询问，下令开车后拉响警报约 2 分钟，在警报声响起后，所有人员应注意避开危险区域，从而避免发生事故。从这起事故的 3 个间接原因来看，第三个原因是作业组织不合理，安排黄某协助更换 11 号、14 号轧机，未给予黄某本岗位检查和维护时间，急于开机生产，以致其仓促紧固 1 号粗轧机进口导卫压板螺栓，由此造成事故。

冶金企业的设备检修，过去通常分为小修、中修和大修，现在随着点检定修制度的推行，企业根据各工序生产与设备的特点，逐渐形成了一种更为有效的“定修模式”，一般是每周或每月，甚至每2~3个月进行1次项目检修。

在进行检修作业时，要注意以下事项：

1）能源介质的停、送环节。在以往检修作业中，停送电、停送水、停送气等环节最容易出事故。针对上述环节，重点应做到：方案明确，人人皆知；统一指挥，忙而不乱；责任到人，对口报告；挂牌确认，措施到位；列表检查，签字落实；步骤清晰，及时记录。

2）电焊、气割（焊）作业。在设备检修过程中，电气焊（割）的作业任务多、时间长、范围广，最容易引发的事故是火灾和触电。因此，应重点抓好焊接和切割作业的相关安全要点。

3）临时电源线管理。检修作业时所用的临时灯、电动工具等用电设备需要配接临时电源、临时线。在检修现场，因乱拉、乱接临时线，或临时线配制不规范造成的人身伤害事故时有发生。因此，加强对临时电源线的管理是设备检修作业的一个重点。需要重点做好临时线安装手续的审批，由需要部门提出申请，工段、科室、厂（部）逐级审核把关。

4）起重作业。起重机械在进行吊装作业时潜藏着许多偶发的危险因素，决定了起重伤害事故较多、危害程度较大。起重机械伤害事故主要有吊物坠落、挤压碰撞、触电、高处坠落和机体倾翻等。因此，需要事先制定安全防范措施，防止发生起重机械伤害事故。

5）相互交叉作业。由于工期、工序等原因必须进行主体交叉作业时，应采取重点安全控制措施，确保交叉作业安全。

6）保持检修作业现场整洁。因作业现场杂乱无章、垃圾乱堆、物品乱摆放、没有安全通道或作业场地，进而造成人员跌倒、碰伤而发生事故，在以往的检修施工作业中也是常见的，因此应采取有效措施，避免这类不必要事故的发生。

39. 打包工违章横穿输送辊道被挤压致死

2015 年 2 月 10 日 4 时 35 分左右，某钢铁股份有限公司（本案例简称钢铁公司）新区型材厂，一名员工从作业点返回休息室过程中，违章横穿输送辊道，被成品型材挤压死亡。

（1）企业基本情况

钢铁公司新区型材厂经营范围包括冶金产品和副产品、冶金矿产品和钢铁延伸产品、化工产品、建筑材料、冶金辅助材料及成套冶金设备的生产及销售等。

（2）事故经过和救援情况

2015 年 2 月 10 日 4 时 35 分左右，钢铁公司新区型材厂承包单位某经贸有限公司（本案例简称经贸公司）玉溪分公司成品打包工曾某某，从作业点返回休息室过程中，未从安全通道通行，横穿输送辊道，被正在输送至打包区域的成品型材挤压，造成伤害。现场人员及时把伤者送往医院进行全力抢救，但抢救无效死亡。

（3）事故原因分析

1）直接原因。事故当事人曾某某违反型材厂《打包工操作岗位安全操作规程》第九条“生产过程中，禁止跨越运行的设备、横穿辊道”的规定，导致事故。

2）间接原因如下：

①经贸公司玉溪分公司对班组员工的安全管理工作未全面落实，作业现场未执行联保互保责任，员工在该区域有违章通行的行为未严格制止和考核。

②型材厂未对危险、禁止通行的区域进行封闭管控，现场安全防护设施存在事故隐患。

③型材厂对该区域现场的习惯性违章行为未严格管理和考核，安全管理工作不到位。

（4）事故教训和整改措施

1）型材厂结合事故教训，立即对事故区域的安全防护设施全面整改，举一反三，对厂区内存在的安全防护设施事故隐患进行排查和及时整改。

2）型材厂深刻吸取事故教训，立即对所有员工进行事故安全教育培训和反“三违”安全教育培训，特别是生产现场反“三违”安全教育培训和岗位危险因素的辨识培训，进一步提高员工“安全第一”、遵章守纪的安全意识。

3）结合事故教训，型材厂应切实履行发包单位的主体管理责任，督促承包单位履行直接管理责任，举一反三，立即开展事故隐患排查整改工作，杜绝此类事故重复发生。

4）进一步加强对承包单位的安全管理，严格按照班组安全管理的要求对所属区域内的承包单位开展管理，落实联保互保责任。

5）各单位必须加强中班、夜班安全管理工作，采取切实有效的措施，严查中班、夜班个人违章行为并严格落实考核，安全环保部将不定期地进行抽查。

6）各单位全面组织员工学习并熟知《岗位安全操作规程》，提高岗位作业人员危险因素辨识能力，切实提高作业人员的安全意识和技能，规范作业人员的安全行为。

（5）相关知识与管理借鉴

在这起事故中，事故当事人从作业点返回休息室的路径有 2 个：一个是比较绕远的安全通道，另一个是比较近的危险通道。当事人选择了危险通道，由此造成伤害。

违章违纪是导致事故发生的主要因素。对此，企业培养遵章守纪的员工，格外重要。

企业培养遵章守纪优秀员工，首先需要对员工进行安全知识、操作技能等方面的教育培训，提高员工的自身素质，这既是法律、法规的要求，也是企业生产作业的实际需要。在对员工的培训上，有的企业所采取的措施很值得借鉴：一是将培训内容和生产实际结合起来，使培训内容结合日常工作，如设备操作、设备维护、事故处理、故障分析等，这样会增添员工学习的兴趣；二是将培训成绩与考核、奖励挂钩，从而激发员工主动学习的积极性；三是让员工明白掌握技术技能与安全生产、企业兴衰的关系，进而激发员工提高自身素质的热情。除此之外，培养遵章守纪优秀员工还需要奖励与处罚相结合、活动与学习相结合等。

40. 员工不停机违章冒险作业导致被机械伤害

2016 年 8 月 21 日 7 时 55 分前，某钢铁有限公司（本案例简称钢铁公司）在生产过程中，原料三工段供料组一名员工在皮带输送机机尾清扫落料时，违章冒险作业，导致机械伤害事故。

（1）企业基本情况

钢铁公司经营范围包括钢铁冶炼及压延加工，黑色金属矿、钢铁产品、机械设备的销售，电气仪表的进出口，铁矿石来料加工及出口，冶金技术开发和技术服务等。

（2）事故经过和救援情况

2016 年 8 月 21 日 4 时 2 分，钢铁公司在生产过程中，中控室电话通知 3 号高炉供料各岗位人员准备组织球团矿供料，4 时 24 分开始供料。

供料过程中，原料三工段供料组组长赵某某在5时20分去协助处理K201皮带堵料途中见到刘某某在KJ3皮带输送机机尾清扫落料。6时30分，供料系统皮带停止供料。在7时55分现场交接班过程中，接班人员黄某某发现刘某某挂在KJ3皮带输送机机头第一个托辊架托辊上，拨打了“120”急救中心电话。“120”急救中心医务人员赶到现场，经诊断确认后宣告刘某某已死亡。

（3）事故原因分析

1）直接原因如下：

①刘某某在清理KJ3皮带输送机机头落料时，没有遵守企业《皮带输送机KJ3、KJ4岗位安全操作规程》中“严禁在运行中的皮带输送机机头、尾轮和皮带上清扫刮料”的规定，在皮带输送机没有停机的情况下，习惯性违章冒险作业，是这次事故发生的主要原因。

②皮带输送机安全防护设施（紧急停车拉绳开关）存在缺陷。一是原有安装的KJ3皮带紧急停车拉绳开关未延伸至皮带输送机机头（尾）顶端，二是皮带输送机头（尾）轮铲料区域底部（托辊下方）和上部两侧均未安装挡板进行隔离防护。

2）间接原因如下：

①现场提供的安全规程存在错误和矛盾的条款，各层级对班组岗位上长期存在的事故隐患、习惯性违章和班组管理存在的问题失察、管理失效。

②钢铁公司事故隐患排查整改不到位，对存在的事故隐患没有及时发现并整改，导致事故隐患长期存在。

③车间、班组安全培训教育落实不到位，未定期组织对员工进行有针对性的岗位安全操作培训。

④班组安全核心（两长一员）工作开展不规范，班组会议长时间无会议记录，班前会、班中查、下班时联络制度未严格执行。

⑤当班工（班）长班前、班中、班后对各岗位的安全巡岗监护不力，对员工在皮带输送机运料过程中的违章作业行为未及时发现和纠正。

⑥安全互保联保制度没有落到实处。尽管班组成员都签订有互保联保协议，但是实际生产过程中多数情况还是一个人干活儿，现场无人进行安全监护。

（4）事故教训和整改措施

1）认真吸取事故经验教训，举一反三，立即在全司范围内对皮带输送机等辅助设备设施开展自检自查及事故隐患整改，按照“四不放过”的原则，加大员工遵章守纪、规范作业的教育培训力度，进一步提升岗位员工辨识安全风险和防范安全风险的能力。

2）采取有效手段，修改完善形成正确的岗位安全操作规程并严格执行，加大班中反“三违”检查考核及事故隐患排查整改的管理力度。

3）对间歇式运行的皮带输送机，运行中严禁在皮带输送机的正上方和正下方作业（如清铲落料）。

4）对连续运行的皮带输送机，必须科学设立清扫点，并在皮带输送机钢架下部增设隔离网，在上部两侧加装隔离挡板方可清理落料。

5）对所有皮带输送机进行全面排查，将拉绳开关全部延伸至皮带输送机顶端，确保皮带输送机发生紧急情况时，操作人员可以及时操作拉绳开关。

6）在皮带输送机系统恢复安装警铃，规范皮带系统启动、停止操作的联络信号，特殊作业必须采取可靠的安全措施。

7）完善有关记录报表，切实开展班组安全管理工作，夯实班组安全基础管理工作。

（5）相关知识与管理借鉴

这起事故的发生有2个方面：一方面是刘某某在皮带输送机没有停机的情况下，违章冒险清扫落料；另一方面是皮带输送机安全防护设施（紧急停车拉绳开关）存在缺陷，而且在皮带输送机头（尾）轮铲料区域底部（托辊下方）和上部两侧均未安装挡板进行隔离防护。

预防事故，需要重视危险源的调查和危险区域的确定，从技术措施上保障安全。

危险源调查的主要内容如下：

1）生产工艺设备及材料情况，包括工艺布置，设备名称、容积、温度、压力、性能，设备本质安全化水平，工艺设备的固有缺陷，所使用的材料种类、性质、危害，使用的能量类型及强度等。

2）作业环境情况，包括安全通道情况，生产系统的结构、布局，作业空间布置等。

3）操作情况，包括操作过程中的危险、员工接触危险的频率等。

4）事故情况，包括过去发生的事故及危害状况、事故处理应急方法、故障处理措施。

5）安全防护，包括危险场所有无安全防护措施，有无安全标识，物料使用有无安全措施等。

从这起事故经过来看，皮带输送机在运转状态下，机头、机尾都是危险区域，人员不应进入危险区域作业，对此，要解决安全设施缺陷问题，要在皮带输送机头（尾）轮铲料区域底部（托辊下方）和上部两侧安装挡板进行隔离防护。同时对员工违章进入危险区域的行为，要予以重罚。重罚不是目的，避免事故、保证安全才是目的。

41. 人员擅自进入停机的圆筒筛内受到机械伤害

2016 年 11 月 17 日 8 时后，某资产经营有限公司（本案例简称资产公司）在生产过程中，破碎工段一名检修工擅自进入临时停机状态下的 5 号圆筒筛内（有限空间），造成人员伤亡事故。

（1）企业基本情况

资产公司经营范围：有色金属（金、银除外）的生产、销售、货运物流及仓储等。

（2）事故经过和救援情况

2016 年 11 月 17 日 8 时，资产公司在生产过程中，破碎工段检修班检修人员李某某、张某某（2 人为互联保对子）一起到圆筒筛现场巡视（此时圆筒筛在正常运转），检修班副班长王某某随后也来到圆筒筛现场巡视。

9 时 6 分左右，主控室操作工代某某从监控视频上发现 4 号皮带输送机除铁器上有异物，用对讲机通知带班长吴某某先到现场查看。吴某某 9 时 10 分左右在除铁器上取下一串钥匙、一只防砸劳保鞋等，吴某某先把钥匙交给李某某，叫她送到检修班。李某某看到钥匙后确认钥匙是张某某的，拨打张某某的手机，但无法接通，工段负责人王某某立即组织员工寻找张某某。9 时 40 分左右，员工罗某某发现张某某在 5 号圆筒筛内，王某某立即通知停机并组织施救，后“120”救护人员到达现场，确认张某某已经死亡。

（3）事故原因分析

1）直接原因如下：

①检修工张某某虽然对检修工作积极负责，但未核实确认圆筒筛

属临时停机状态，未办理进入有限空间审批手续，也未采取任何防范措施，在未接到检修任务，也无现场监护人等情况下擅自进入临时停机状态下的5号圆筒筛内（有限空间）导致事故。

②在圆锥破碎机上方振动筛电机电气故障停机处理导致圆筒筛无料后，主控室操作工擅自停机；同时，操作班带班长吴某某违反设备开机前的检查确认规定，未到圆筒筛等局部停机设备现场进行安全检查确认，就通知启动圆筒筛，是导致检修工张某某死亡的主要原因。

2）间接原因如下：

①操作班主控室操作工代某某违反《主控室岗位安全操作规程》，在没有接到停机指令的情况下，擅自将圆筒筛停机。

②资产公司各层级管理人员对从业人员在生产期间和检修作业期间长期存在的习惯性违章作业行为未制止和考核。

③班组员工安全意识淡薄，现场“三违”行为较多，特别是习惯性违章行为长期存在。

④设备开停机管理制度不健全、不落实，破碎工段操作班和检修班联系制、确认制未严格执行。

⑤转岗人员“三级安全教育”不规范，安全规程再教育、再培训效果不佳，员工安全教育培训针对性不强。

⑥资产公司日常安全监督检查、事故隐患排查治理不仔细、不彻底。对现场设备周围存在的防护栏损坏、危险区域出入门未上锁等事故隐患未能查处，安全通道不畅通，安全警示、提示标识不完善。

⑦设备开停机、设备点检和维护、现场管理等检查、考核、管理不到位。

（4）事故教训和整改措施

1）资产公司立即在全司开展事故警示教育，深刻反思和吸取本次事故教训，举一反三，查找身边事故隐患，提升员工遵章守纪和自我保护、互保联保的安全意识，增强辨识安全风险、防范事故的能力。

2）组织狠反“三违”，按“五定要求”抓实事故隐患排查整改工作。对设备、厂房、场地存在的不安全状态，作业环境存在的不安全因素，人的不安全行为和管理上存在的缺陷进行全面彻底排查和整改，做到“全覆盖、零容忍”。

3）加强设备管理，修改完善设备“三大规程”（设备操作、维护、检修规程），严格执行设备开停机制度和设备操作、检修、维护、点巡检等规章制度，夯实设备安全管理基础。

4）加强现场管理，要按车间级、班组级安全管理标准要求，严格把现场作业确认许可制落实到班组和岗位上，落实到日常安全教育培训和安全检查考核工作中。

（5）相关知识与管理借鉴

这起事故发生的原因，主要是检修人员与操作人员同时发生错误，检修人员认为设备已经停止运行而开始检修作业，操作人员习惯性启动设备，结果造成事故。

机械伤害是冶金企业生产过程中比较常见的事故类别，造成机械伤害事故的原因很多，其中有这样 3 个因素，需要管理者和维修人员加以注意。

1）体力与脑力疲劳造成的辨识错误。长期持久的体力与脑力劳动、单调乏味的工作、嘈杂的工作环境、凌乱的工作布局、不良的精神因素等，都容易使维修人员和操作人员产生疲劳、厌烦的感觉，此时，辨识错误就会出现，带来误操作、误动作，造成伤害事故。

2）机械化代替手工作业。机械化代替手工作业是生产力进步的标志。维修人员由于要熟悉新的工作环境和新的机械操作方法，思想往往比较紧张，心理上承受的工作压力较大，产生焦虑和烦躁情绪，极易出现手、脑配合不协调的现象，从而导致伤害事故发生。

3）安装调试设备。相对来说，正常生产期的设备故障率较低，而安装调试期与老化磨损期的设备故障率相对较高。因为这时机械设备的安全装置处于暂时的“失效”状态，甚至“失效安全装置”也不会起作用，由于调试的需要，无法断电、断气、断水，用于防止接触机器危险部件的固定安全装置也被打开，起不到保护作用，稍有不慎，维修人员就会被伤害。另外，维修调试时往往是2人以上互相配合，容易出现配合失误，如误合闸、误开机、误动作等，造成伤害事故。

42. 作业人员违规进入小车运行区域受到机械伤害

2012年10月22日上午，在某钢铁股份有限公司（本案例简称钢铁公司）炼铁厂原料分厂原料输入作业区内，发生一起机械伤害事故，造成1人死亡。

（1）企业基本情况

1）企业相关情况。钢铁公司年产钢2 000万t左右，专业生产高技术含量、高附加值的钢铁产品，在汽车用钢、造船用钢、家电用钢、电工器材用钢、锅炉和压力容器用钢等领域成为中国市场主要钢材供应商，同时产品出口40多个国家和地区。

2）合同签订情况。2012年2月1日，钢铁公司与某技术服务有限公司（本案例简称服务公司）签订炼铁厂原料分厂作业协力承包合同，承包内容包括承包区域内物流输送系统的原料处理、输送相关的生产作业、设备巡检和日常维护、清扫等。作业形式为生产岗位协力。

（2）事故经过和救援情况

2012年10月22日7时25分左右，钢铁公司炼铁厂原料分厂输入作业区原料控制中心，根据生产需要，通知接运 2 组甲班组长陆某茂，要求将 A411D 皮带小车从 A42 系统切换到 A49 系统，陆某茂即安排协力工余某峰到现场进行切换操作。

10 时 45 分左右，因 A411D 皮带小车一直没有复位，控制中心在打电话给余某峰未果的情况下，电话通知输入作业区，告知情况。输入作业区接到电话后立即组织人员寻找余某峰，11 时 10 分左右，发现余某峰躺在 A411D 皮带小车旁的走道上，耳、鼻、口处有血，安全帽夹在小车和横梁之间。

现场人员发现情况后，立即打电话让原料控制中心通知“120”急救中心。“120”救护车到场后，将余某峰送往上海交通大学医学院附属第三人民医院。12 时 55 分，余某峰经抢救无效死亡。事故造成的直接经济损失约 95. 2 万元。

（3）事故原因分析

1）直接原因。作业人员在小车控制开关开启的状况下，进入小车运行的区域，造成头部被小车挤压在小车与横梁之间。

2）间接原因如下：

①作业人员安全意识淡薄，未能自觉遵守公司的管理规定，在小车出现故障时不按规定流程进行报告，未等待检修人员到场排除故障。

②班组长在布置作业后，未对组内人员作业情况进行登记、交接，对作业情况管理失控。

（4）事故教训和整改措施

经调查认定，这起机械伤害死亡事故是因个人违章操作导致的一起生产安全责任事故。

1）钢铁公司和服务公司要进一步加强安全教育，提高从业人员自觉遵守本公司各项规章制度的自觉性，明确各自的工作范围，严格履行岗位职责，杜绝盲目操作的行为。

2）钢铁公司要认真梳理各岗位的操作规程，从源头发现和消除生产安全事故苗头，科学设置岗位，合理配置人员，强化生产作业过程的安全监管。

（5）相关知识与管理借鉴

这起事故的原因，主要是作业人员安全意识淡薄，未能自觉遵守公司的管理规定，在小车出现故障时不按规定流程进行报告，未等待检修人员到场排除故障，而是进入小车运行的区域，可能想自己排除故障。

从这起事故的经过来看，按照机械设备预防伤害事故的原则，对可动零部件应采取一些技术性安全措施，以达到规定的安全要求。

对机械设备可动零部件可采取的技术性安全措施包括：

1）人员易触及的可动零部件，应尽可能封闭，以避免在运转时与人员接触。

2）设备运行时，操作者需要接近的可动零部件，必须配置符合规定要求的安全防护装置。

3）为防止运行中的机械设备或零部件超过极限位置，应配置可靠的限位装置。

4）若可动零部件（含其载荷）所具有的动能或势能可引起危险时，必须配置限速、防坠落或防逆转装置。

5）以人员操作位置所在平面为基准，凡高度在 2 m 之内的所有传送带、转轴、传动链、联轴节、带轮、齿轮、飞轮、链轮、电锯等危险零部件及危险部位，都必须配置符合规定要求的防护装置。

43. 错误使用高转速电机导致风机转子解体击中作业人员

2013 年 11 月 21 日 20 时 20 分，某重工股份有限公司（本案例简称重工公司）烧结厂 3 号烧结机机尾用于环保的除尘风机在电机更换后调试运行时爆裂，风机转子、机壳碎片飞出击中现场作业人员，造成 4 人死亡、3 人受伤，直接经济损失 600 余万元。

（1）企业基本情况

重工公司主要经营精密铸铁件、铸钢件、铸锻件的制造与销售及生铁冶炼、烧结矿、钢铁制品、钢坯、特钢、轧钢、线材的生产与销售等。该公司下设 8 个分厂、14 个部室，员工 5 000 余人，年产生铁 300 万 t、钢坯 300 万 t、中厚板 100 万 t。

（2）事故经过和救援情况

1）事故发生经过。2013 年 11 月 21 日 5 时左右，重工公司烧结厂 3 号烧结机机尾用于环保的除尘风机电机在运行中发生弧光接地故障，造成停机，经检查确认为电机线圈烧坏（电机型号为 YKK 560-8）。

7 时 40 分，烧结厂厂长王某军在公司早调会上进行了报告，公司常务副总经理赵某国要求尽快修复。王某军回厂后，成立了以烧结厂维修车间主任左某兵为组长的检修小组负责电机更换。检修小组依据公司规定编写了检修方案，制定了安全措施。根据公司设备维修规定，烧结厂设备科科长武某伟将电机损坏情况上报给公司设备部部长孔某琴和供应部部长石某。根据职责分工，供应部具体联系确定既有维修能力，又可以在维修期间提供相同型号替代电机的维修厂家。经公司供应部采购员唱某丽多方联系，石家庄某高压电机维修中心（本案例简称维修中心）有 2 台型号相近电机：一台为 Y560-8 电机，一台为 YKK560-6 电机。得知此情况后，公司供应部部长石某打电话询问烧结厂厂长王某军该电机是否能用，并让他直接与维修中心联系。王某军就让该厂设备科科长武某伟与维修中心沟通。随后，武某伟在与烧结厂维修车间主任左某兵商量后以电话形式告知维修中心

YKK560-6 电机可用，并向公司供应部部长石某和设备部部长孔某琴报告。孔某琴同意先借用该替代电机，待公司损坏电机修复后再返还厂家替代电机。

16 时左右，烧结厂维修人员将从维修中心运来的替代电机送到公司机修厂安装联轴器。17 时左右，替代电机运达烧结厂。此时，武某伟发现该电机无铭牌，就问维修车间主任左某兵情况，左某兵回答："该电机到货后就没有铭牌，电机中心高，地脚尺寸和安装尺寸都相同，应该没有问题，"于是就组织现场人员开始安装。18 时 45 分，电机安装完成后开始接电空试，运行正常，但转向相反。19 时 15 分，停机倒线。20 时左右，连接完毕，左某兵通知可以启动。

20 时 15 分，风机启动后运行平稳，左某兵通知开启风门，开至 5°时未发现风机异常，运行 3 分钟后左某兵通知增开 5°风门，此时，烧结厂厂长王某军发现风机栏杆有轻微震动。当风机运行 5 分钟后，左某兵通知再加开 5°风门时（此时风门已加到 15°），震动加大，现场的烧结厂电修主任张某听到有异响，就向王某军说："不行就停吧。"王某军说："马上停。"话音刚落，就听到一声巨响，风机机壳破裂，风机转子和机壳碎片飞出，击中了现场 10 名员工中的 7 名员工。

2）应急救援情况。事故发生后，现场的烧结厂厂长王某军立即向公司安全副总靳某庆和常务副总赵某国报告，并拨打"120"求助。几分钟后，公司救援车最先赶到，将一名伤者送至峰峰矿务局医院，随后赶到的 2 辆"120"救护车分别将其余 6 名伤者送到武安市仁慈医院和武安市人民医院抢救。本次事故共造成 4 人死亡、3 人轻伤。

（3）事故原因分析

1）直接原因。由于烧结机机尾除尘风机使用的替代电机转速大于原配电机转速（原配电机型号 YKK560-8，转速 730 r/min，功率 800 kW；替代电机型号 YKK560-6，转速 1 000 r/min，功率 800 kW），其转速是原配电机转速的 1.3 倍。在使用替代电机后风机承受的载荷是核定载荷的 2.8 倍（风机额定转速为 750 r/min），致使风机转子解体后打碎机壳，转子和机壳碎片飞出击中现场作业人员。因此，错误使用与风机不相匹配的高转速电机是导致这起事故发生的直接原因。

2）间接原因如下：

①风机启动试车过程中，烧结厂维修车间主任左某兵违反公司《除尘风机岗位操作规程》，未指令现场负责试车的风机工、电工以外的 8 名员工撤离现场。烧结厂厂长王某军到现场监督试车，也未有效组织人员撤离，事故发生时，转子及机壳碎片飞出，造成伤亡人员扩大。

②重工公司相关部门负责人未严格执行公司安全生产“三项制度”，对设备进厂把关不严。烧结厂违反公司设备管理制度，在替代电机未经公司设备管理部门验收、确认的情况下，盲目安装调试。

③重工公司既没有原配型号 YKK560-8 电机的设备档案、图纸、合格证等技术资料，也没有替代电机的设备档案、图纸、合格证等技术资料，且替代电机无铭牌。替代电机极数、转速与原电机不同，但企业未重新调整技术参数。

（4）事故教训和整改措施

事故调查组认定，本次事故是一起因维修人员违反安全生产规定，违章指挥、违章作业而造成的较大生产安全责任事故。

1）重工公司要深刻吸取事故教训，举一反三，严格落实企业安全生产主体责任，进一步明确公司供应部、设备部等部门和各分厂的职责分工，细化标准，明确责任，认真落实和执行对进厂设备的验收把关制度，有效堵塞管理漏洞。

2）重工公司要加大对员工的安全教育和培训，强化对操作现场的安全管理，坚决杜绝“三违”现象。

3）重工公司要加强对检维修工作的组织领导，做好检维修作业的组织管理、统筹协调和安全监管工作，制定并落实好检维修过程中的应急预案。

4）重工公司要进一步修订完善应急预案，明确事故报告主管部门和人员的相关责任，一旦发生事故，要严格执行在规定时限内按程序上报的规定。

（5）相关知识与管理借鉴

这起事故的发生，主要是错误使用与风机不相匹配的高转速电机，盲目安装调试，结果造成如此严重的事故。

事故具有因果性、随机性、潜伏性的特性，其中最重要的是因果性。事故的因果性是指一切事故的发生都是有其原因的，这些原因就是潜在的危险因素。这些危险因素有来自人的不安全行为和管理缺陷，也有物和环境的不安全状态。这些危险因素在一定的时间和空间内相互作用就会导致系统的事故隐患、偏差、故障、失效，以致发生事故。

事故的因果性还表现在事故从其酝酿到发生、发展是一个演化的过程。事故发生之前，总会出现一些可以被识别的征兆，人们正是通过识别这些事故征兆来辨识事故的发展进程，进而控制事故。事故的征兆是事故爆发的量的积累，表现为系统的事故隐患、偏差、故障、失效等，这些量的积累是系统突发事故和事故后果的原因。认识事故发展过程的因果性，既有利于预防事故，也有利于控制事故后果。

从这起事故的经过来说，在电机运回烧结厂后，有人发现电机没有铭牌并提出质疑，但是没有引起注意，从而未能阻止事故发生。这起事故的原因从客观方面来说，是电机使用错误；从主观方面来说，可能还是过度关注经济效益，才没有谨慎从事。这起事故从反面提醒人们，安全生产容不得半点马虎，必须谨慎小心、认真细致。

44. 维修工作业站位不当被打捆机挤压致死

2014 年 3 月 18 日 17 时 40 分左右，某钢铁股份有限公司（本案例简称钢铁公司）连铸连轧厂发生一起机械伤害事故，造成 1 人死亡，直接经济损失约 85 万元。

（1）企业基本情况

钢铁公司于 2010 年 1 月 5 日注册登记，经营范围为钢铁冶炼及钢材、钢坯的生产和销售等。钢铁公司所属连铸连轧厂设有安全生产技术科、设备动力科、武装保卫科和综合办公室 4 个科室和连铸车间、轧钢车间、精整车间、维修车间和运行车间 5 个车间，共有员工 557 人。主要生产工艺为薄板坯连铸连轧，产品为钢卷板。事故发生的地点位于连铸连轧厂精整车间钢卷打捆机处。

（2）事故经过和救援情况

2014 年 3 月 18 日 16 时，连铸连轧厂精整工段甲班班长谭某衡组织所属人员进行生产作业，作业内容为将从生产线下线的钢卷吊运到精整车间运输链后，经过开卷、平整、分卷和再次卷起后到打捆机处进行打捆入库。

17 时 20 分左右，谭某衡发现 1 号步进梁运送的钢卷到达打捆机处后打捆机不工作，于是打电话告知负责维修打捆机的机械班维修工冯某军，请他过来排除故障。17 时 30 分左右，谭某衡看到冯某军来到现场，就从主控室走到打捆机旁的操作面板处，配合冯某军检修打捆机。冯某军在打捆机两侧查看了一会，就站在打捆机机头西侧继续检查。17 时 40 分，打捆机机头突然动作，将冯某军挤压在钢卷和机头之间。

站在打捆机旁操作面板处的谭某衡看到这一情况，立即按下操作面板上的打捆机急停按钮，并呼叫附近人员前来救助。稍后，谭某衡与先后赶来的付某涛、赵某先合力将打捆机机头扳回原位，把冯某军救出后送往邯钢医院抢救，冯某军经抢救无效于当日 18 时 40 分死亡。

（3）事故原因分析

1）直接原因。机械维修工冯某军违反规定检查、判断打捆机故障，由于其站位不当，打捆机机头突然动作时，将冯某军挤压在打捆机机头和钢卷之间，致使其受伤死亡。

2）间接原因如下：

①安全培训教育不到位。对员工的安全教育流于形式，员工安全意识薄弱，长期存在违规作业现象。

②安全管理不到位。连铸连轧厂安全管理人员不足，日常安全监管检查工作不到位。

（4）事故教训和整改措施

1）要深刻吸取事故教训，严格落实企业安全生产主体责任，举一反三，切实加强企业安全管理，在全公司开展事故隐患大排查，全面排查和及时消除各类事故隐患。

2）要按照《安全生产法》的要求建立、健全安全管理机构，并配足专职监管人员，明确职责与分工，强化监管责任，有效堵塞安全监管漏洞。

3）要切实加强对维修工作的组织领导，做到每次检修作业都要制定完善、科学、安全、可靠的检维修方案，维修前要进行安全教育和安全交底，落实好维修过程的应急预案，并设专人监管，及时排查和消除各类设备存在的故障，杜绝因设备事故隐患所引发的生产安全事故再次发生。

4）要认真落实对从业人员“三级安全教育”，强化重点岗位和特种作业人员的教育培训，按照规定时限和内容对员工进行再培训，确保从业人员具备对本岗位各类事故隐患和风险的判断识别能力，从根本上提升从业人员的安全意识和技能。

（5）相关知识与管理借鉴

这起事故的发生比较意外，维修工在检查、判断打捆机故障时，打捆机机头突然动作，将维修工挤压致亡。

在工作场所，由于设备挤压而发生的伤害事故屡见不鲜，且占有较大的比例。因此，预防挤压事故的发生，对保障操作人员和检修人员的安全具有积极的意义。

导致设备挤压事故的原因有物的不安全状态、人的不安全行为以及不良的工作环境等，预防此类事故，需要有的放矢，采取综合防范措施，具体内容如下：

1）认真执行有关安全技术规程，克服麻痹思想，尽量消除物体打击伤害事故，牢固树立“三不伤害”和自我保护的安全意识。

2）严格遵守劳动纪律，上班时间不得嬉闹，不准开玩笑，以免影响注意力。

3）配齐劳动防护用品，按规定穿戴好劳动防护用品，并检查其穿戴是否符合要求。进入生产现场或作业场所，应按规定着装，不得穿高跟鞋、凉鞋、拖鞋、背心、短裤，不允许滥用劳动防护用品。

4）安全防护措施要齐全得力，安全注意事项要有针对性，现场监护人要坚守岗位。完善安全防护装置，必要的防护栏杆、网、罩等应配齐，性能可靠。

5）施工现场设置安全标识及必要的围栏，禁止无关人员进入施工现场。

6）设备操作人员必须熟知设备特性，掌握操作要领，经过培训并考试合格，持证上岗。

7）操作使用的机器设备必须符合质量要求。安全装置不齐全的设备，禁止使用。带病设备未修复达标前严禁使用。不是自己分管的设备、工具，禁止使用。加强机械设备的维修检查。机械设备一旦投入使用，随着时间的推移，各部件的磨损会相应增加，发生事故的危险也逐步增加，因此必须加强机械设备的维修保养，及时更换不合格的零部件，但不能降低机械设备的整体安全性。

8）高处作业时，禁止投掷物料。手持工具和零星物料，应随手放在工具袋内，工具袋应控紧系牢。对斜道、过桥、跳板，明确专人负责维修、清理，不得存放异物。

9）排除设备故障或清理物件之前，必须停机。

10）机械运行过程中，为避免工具、工件、联结件、紧固件等甩出伤人，应有防松脱措施和配置防护罩或防护网等安全措施。

11）多人作业时，必须指定一人为安全负责人。

12）拒绝违章指挥，严禁违章作业。

45. 人员违规作业被卷入辊道联轴器

2016 年 12 月 28 日 20 时 49 分，河北省唐山某钢铁（集团）有限公司（本案例简称钢铁公司）北轧钢厂 950 车间发生一起机械伤害事故，造成 1 人死亡，直接经济损失 60 万元。

（1）企业基本情况

钢铁公司是一家集烧结、炼铁、炼钢、轧钢于一体的钢铁联合企业，具备年产铁、钢、材各 700 万 t 的生产能力。钢铁公司下设安全处、环保处、设备处等 15 个处室部门及 8 个分厂，有员工 6 000 余人，其中专职安全管理人员 141 人。

北轧钢厂位于钢铁公司东北侧，有 950 mm、850 mm 热连轧生产线各一条，共有员工 422 人，其中安全管理人员 10 人，下设厂部、机动科、生产技术科、二级科、安全科、天车工段、轧辊工段、生产班组、电气作业区、机械作业区、水处理等部门。

（2）事故经过和救援情况

1）事故发生经过。2016 年 11 月，钢铁公司北轧钢厂制订检修计划，对北轧钢厂全面检修。12 月 28 日 7 时 30 分，北轧钢厂 950 车间各班组召开班前会，对全天检修工作进行布置，并宣教注意事项（包括检修作业具体项目及检修作业过程中的安全事项）及应急措施。

8 时 30 分开始停机挂牌检修作业。电气工段仪表点检员王某亮负责在粗轧机前第二与第三辊道中间安装调试热检测仪。16 时 21 分，王某亮将热检测仪安装调试完毕。20 时 20 分，950 车间检修作业全部结束。20 时 29 分，粗轧操作工刘某辉确认全部检修作业摘牌并与仪表点检员付某用对讲机确认现场安全后开始鸣警报、操作试车，20 时 33 分试车结束。

20 时 34 分，王某亮发现实测期间新安装的热检测仪出现信号误报，便在未挂牌、未通知任何人的情况下进入粗轧机前第二与第三辊道间调整热检测仪位置，同时用对讲机叫来电工王某飞帮忙目测热检测仪位置是否正确。

20 时 48 分，刘某辉收到当班班长吴某忠进行打击力试验的指令后，再次确认现场是否全部摘牌，并向付某确认现场是否安全。此时付某在操作间内，未到现场进行二次安全确认，就通知刘某辉现场安全。20 时 49 分，刘某辉在未鸣警报的情况下开始操作试车，转动的粗轧机前第二辊道联轴器绞到王某亮棉衣，将正在调整热检测仪的王某亮带倒并卷入联轴器。

2）应急救援情况。事故发生后，王某飞立即晃动手电筒发信号，并大声呼叫停机。刘某辉看到手电筒发出的信号后立即停机。王某飞用对讲机呼叫现场人员一同将王某亮从粗轧机前第二辊道传动轴处救出，并立即用对讲机向有关领导报告。接到报告后，当班机械维护班班长李某有给医务室打电话叫来厂内救护车，将王某亮送往唐山市工人医院抢救。12 月 29 日 10 时 10 分，王某亮经抢救无效死亡。

（3）事故原因分析

1）直接原因如下：

①王某亮在未执行检修挂牌制度，未进行挂牌确认的情况下，擅自进入粗轧机前第二与第三辊道之间调整热检测仪，导致第二次试车时转动的辊道联轴器绞到其棉衣并将其卷入联轴器，这是造成此次事故的直接原因之一。

②刘某辉在未提前鸣笛示警的情况下，起车进行打压试验，导致在此处工作的王某亮被卷入辊道联轴器，这也是造成此次事故的直接原因之一。

③付某未到现场进行二次安全确认，就通知刘某辉现场安全，导致刘某辉在不知现场有人工作的情况下起车打压试验，这也是导致此次事故的直接原因之一。

2）间接原因如下：

①钢铁公司安全教育培训不到位，导致作业人员安全意识淡薄，对作业现场存在的危险因素认识不足。

②钢铁公司检修安全管理制度落实不到位。安全管理人员没有对检修作业现场进行检查及安全确认，盲目开机。

③钢铁公司检修作业安全监管工作不到位。检修作业现场监管制度未落实，未及时发现工人违章作业行为并予以制止。

（4）事故教训和整改措施

这是一起因违章作业、安全管理和教育培训不到位而导致的生产安全责任事故。

1）钢铁公司要严格执行有关安全管理规定，切实落实企业安全生产主体责任，举一反三，深刻吸取此次事故教训，在全公司开展一次安全大检查，全面排查和消除各类事故隐患，杜绝各类事故再次发生。

2）钢铁公司要加强安全教育培训，开展全公司安全警示教育活动，重点分析事故经过和原因，并对责任人员进行通报，做到人人受警示、人人受教育，提高从业人员对本岗位各类事故隐患和风险的判断识别能力，从本质上提升从业人员的安全意识和技能。

3）钢铁公司要进一步完善公司安全管理制度，认真落实安全监管责任，加强作业现场安全监管，坚决杜绝“三违”现象发生。

（5）相关知识与管理借鉴

冶金企业设备设施多，生产环节多，不确定因素多，检修作业安全难度大。而检修作业是劳动密集型的立体交叉作业，需要多工种相互配合，检修场所和环境通常较差，又会出现抢时间、赶进度等行为，易发生事故，对此，要把好检修作业的两道关。

第一道关是“双挂牌”关。在被检修设备的启动总电源开关上挂上2块“有人检修，严禁启动”的检修告知牌，并在该检修设备运行记录本上签名。一块由检修设备安全负责人挂上，另一块由设备操作的负责人或班长挂上，并规定检修告知牌“谁挂谁摘”，不允许代挂代摘。要同挂同摘，摘牌必须满足以下条件：检修已结束；检修现场安全“五有”（轮有罩，轴有套，台有栏，坑有盖，电气设备有接地、接零）符合要求，处于人、机安全状态，具备恢复生产运行条件（或试车）。两挂牌者经现场确认后，分别向主管领导报告同意后，再到现场同时摘牌签字。摘牌之前任何人不允许启动设备，否则严重违章，发生事故将负法律责任。

第二道关是作业前安全确认关。这是有效控制事故发生的最重要的一道关。操作前安全确认，体现了企业安全文化的普及、员工安全素质、安全生产规章制度执行力等。操作前安全确认内容主要有检修内容和范围是否明白，检修过程中危险因素是否熟知，防范措施是否到位，检修场所和所用器具是否安全，工友的作业行为是否会伤害他人和自己等。作业者必须养成作业前安全确认的习惯，否则事故难免。

六、起重伤害事故

冶金企业是重工业企业，在冶金企业生产过程中，从矿山开采、选矿、烧结、冶炼、轧钢、轧制，到焦化、机械加工和运输等一系列过程都离不开起重设备。冶金企业所使用的起重设备不仅数量多、吨位大，而且起吊频繁，与作业人员接触也多。起重设备多，造成的起重伤害也就多，据统计，起重伤害事故约占冶金企业事故总数的11%。冶金企业起重伤害事故主要有吊物脱钩砸人、钢丝绳断裂抽人、移动吊物撞人、滑车砸人、倾翻事故、坠落事故、提升设备过卷扬事故、起重设备误触高压线或感应带电体触电事故等。因此，在起重作业中，需要及时有效辨识作业现场的危害因素，制定相应的防范措施，及时纠正违章作业，严格遵守安全操作规程。

46. 轨道梁存在质量缺陷导致起重机整体坠落造成伤害

2015 年 1 月 25 日 9 时 20 分左右，河南省安阳某特钢有限公司（本案例简称特钢公司）发生一起较大起重伤害事故，造成 3 人死亡、2 人受伤，直接经济损失 430 万元。

（1）企业基本情况

1）企业相关情况。特钢公司主要生产和销售钢坯、钢材。公司有员工 1 800 人，年炼铁生产能力 100 万 t，炼钢生产能力 100 万 t，轧材 40 万 t。

2）建设项目情况。2014 年 11 月初，特钢公司李某成与郭某中（安阳某商贸有限公司法人，主要经营钢材）联系钢结构厂房工程事宜。11 月 12 日，特钢公司（甲方）与河南某钢结构工程有限公司（本案例简称工程公司）签订轻型钢结构工程承包合同，合同签订人郭某中，工程为钢结构总承包方式，结构形式为结构框架工程，总建筑面积 6 210 m^2，工程总造价 186. 3 万元。施工图纸由郭某中设计，李某成提出修改意见并进行了修改。未委托有资质的单位进行工程设计和施工图纸审查，未办理建设工程质量监督手续。

11 月 12 日，特钢公司支付给郭某中预付款 60 万元，郭某中指定赵某军为施工现场负责人，委托临时务工人员贾某沙组织现场施工。贾某沙安排临时工张某兵、杨某旗、张某凯等人进行施工，指定张某兵为班组长。

2014 年 12 月下旬，特钢公司外包施工队张某有负责安装起重机轨道。2015 年元旦左右，张某有安装轨道时发现轨道梁焊接和螺栓安装方面存在问题，分别向特钢公司基建科科长胡某军、设备科科长来某生、炼铁厂设备厂长韩某蛟进行反映。胡某军电话通知赵某军，要求进行整改。

赵某军把整改任务安排给贾某沙，贾某沙交代给张某兵，张某兵又安排给杨某旗和张某凯。张某凯取了 12 根螺栓交给杨某旗，杨某旗负责安装轨道梁上、下的螺栓，没有安装西侧北端第一节轨道梁与第二节轨道梁连接处的 6 根螺栓。工作结束后，工程公司张某兵、贾某沙、赵某军均未到现场检查，特钢公司也未督促、检查工程公司进行整改。

2015 年 1 月 20 日，工程公司主要施工人员开始撤离，留下 4 人进行扫尾。至 1 月 25 日事故发生，特钢公司未组织甲、乙双方人员对钢结构工程进行验收。

3）起重机制造安装调试情况。2014 年 11 月 13 日，特钢公司与某起重机公司（以下简称起重机公司）签订了起重机械定做专用合同，定做抓斗桥式起重机 2 部。合同约定，该合同设备为交钥匙工程，含运费、安装调试费和使用地报检费。设备安装前须向当地质监部门办理申请报检告知书，未经申请报检告知的，双方不准提前安装。

2015 年 1 月 9 日，起重机公司将特钢公司定做的起重机械制造完毕。起重机公司出具起重机械产品合格证明书，检验结论：本起重机械产品质量检验，符合《起重机械安全技术监察规程—桥式起重机》（TSG Q0002—2008）、设计文件和相关标准的要求。起重机主要参数：额定起重量 10 t，跨度 28. 5 m，整机工作级别 A6，起升高度 16 m，整机质量 46. 8 t，操纵方式为司机室操作。起重机设计标准依据《起重机设计规范》（GB/T 3811—2008），整机制造标准依据《通用桥式起重机》（GB/T 14405—2011）。

2015 年 1 月 10 日，原料厂房西跨间起重机被运到特钢公司。安装前，安全人员向特钢公司设备科科长来某生索要基础合格证明，来某生未提供。来某生经询问基建科科长胡某军已经具备安装条件后，告知可以安装。1 月 11 日，起重机公司在设备安装前未按规定向当地质监部门办理安装告知手续、未确认轨道梁安装合格并取得验收合格文件的情况下，开始安装起重机。经调查，安装过程中，靳某川、徐某胜、徐某军不是起重机公司员工，参与安装的有资质人员支某亮、林某雨没有参与起重机安装调试。1 月 23 日，原料厂房西跨间起重机安装完毕并进行调试。1 月 20 日，起重机公司将原料厂房东跨间起重机运到特钢公司。1 月 25 日，原料厂房东跨间起重机仍在安装之中。

（2）事故经过和救援情况

2015 年 1 月 25 日，特钢公司原料厂房西跨间起重机进行负载试运行。特钢公司与起重机安装人员协商后，安排无起重机操作资格人员刘某花、向某、李某红、张某平 4 人提前熟悉起重机操作。在起重机运行过程中，刘某花发现抓斗有倾斜现象，告知正在东跨间的徐某胜到现场查看，徐某胜上到驾驶室外的走台上。起重机大车运行至原料厂房西跨北端停稳后，9 时 20 分左右，当小车启动时，起重机轨道梁第一节突然发生错位，脱离牛腿柱，导致起重机整体坠落，造成起重机驾驶室内的向某、李某红、张某平 3 人死亡，起重机驾驶室外走台上的刘某花、徐某胜 2 人受伤。

事故发生后，特钢公司立即组织人员开展救援。向某、李某红 2 人当场死亡，张某平当场确认已无生命体征。刘某花受伤，被送往安阳县总医院治疗，后转至安阳市人民医院。徐某胜被送到安阳县骨科医院，后转至长垣县人民医院。

（3）事故原因分析

1）直接原因如下：

①特钢公司原料厂房西跨西侧北端第一节轨道梁与第二节轨道梁相连接的 6 根螺栓均未安装，与牛腿柱结合处焊接焊缝不饱满、不连续，其安装质量存在严重缺陷，起重机轨道梁的承受能力不能满足起重机的使用要求。

②在轨道梁存在严重质量缺陷、重大事故隐患的情况下，未查核确认安装基础条件，违规安装、调试、试运行起重机。

2）间接原因如下：

①特钢公司违法违规组织施工。未进行工程招投标，将工程发包给无相关资质单位，设计文件未审查，未办理建设工程质量监督手续，未取得建筑工程施工许可手续，擅自施工。施工过程中，未委托工程监理，自身对工程质量未进行有效监督和检查。现场安全管理混乱，未与施工、安装单位签订安全管理协议，未采取有效措施保证施工、安装安全。在钢结构工程未经验收、未进行安全技术交底的情况下，同意起重机公司安装、调试起重机；安排无特种作业操作资格证人员从事起重机操作。

②工程公司违法承揽工程。工程公司施工合同管理不严，致使郭某中无安装资质、无安全生产许可证承揽工程，施工人员未经培训上岗，施工现场安全管理混乱。

③起重机公司资格证、合同书管理不严，导致靳某川违法违规安装、调试起重机。起重机公司对产品资质证书、作业人员特种作业操作资格证、产品销售合同管理不严。靳某川在没有特种设备安装、施工管理资质的情况下，提供 2 名安装人员的虚假资质，非法承揽特钢公司起重机安装施工工程，并在安装前未向质监部门办理安装告知手续，未按起重机安全规程编制施工方案和开工报告，没有确认安装基础条件，违规安装、调试、试运行起重机。

（4）事故教训和整改措施

经调查认定，这起起重伤害事故是一起生产安全责任事故。

1）特钢公司、工程公司、起重机公司要深刻吸取事故教训，认真落实企业主体责任，建立、健全各种规章制度和操作规程，严格依法依规生产经营。特钢公司要认真贯彻落实特种设备和建筑施工等相关法律、法规，严格执行特种设备安装使用和建设工程报批程序。工程公司要严格执行《中华人民共和国建筑法》，在资质许可范围内承揽工程，强化施工管理。起重机公司要严格执行《中华人民共和国特种设备安全法》等法律、法规，严格按操作规程安装、调试起重机械。

2）加强检查巡查，严厉打击非法违法建设行为。全省建设行政主管部门，尤其是安阳市、安阳县建设行政主管部门，要牢固树立红线意识，加强监督管理，完善建筑施工安全管理制度，规范建筑市场管理。要督促工程建设、勘察设计、施工、监理等单位严格执行建筑施工法律、法规和安全规程。要强化动态管理，加强日常巡回监督检查，重点开展建筑施工领域“打非治违”专项行动，严厉打击不履行建设程序等非法违法建筑施工行为。

3）加大执法力度，严厉打击非法安装、使用特种设备行为。要深入开展特种设备法律、法规宣传教育活动，提高特种设备使用单位的法律意识和安全意识，督促企业落实主体责任。要充分依靠政府及其相关部门，采取联合执法与专项执法、日常巡查与定期检查相结合的方式，严厉打击非法违法行为。

（5）相关知识与管理借鉴

这起事故的发生有两方面的原因，一方面是工程公司违法承揽工程，而且对施工合同管理不严，致使郭某中无安装资质、无安全生产许可证承揽工程，施工人员未经培训上岗，施工现场安全管理混乱。另一方面是特钢公司安全管理混乱，未进行工程招投标，就将工程发包给无相关资质单位，设计文件未审查，未办理建设工程质量监督手续，未取得建筑工程施工许可手续，擅自施工；施工过程中，未委托工程监理，自身对工程质量未进行有效监督和检查。

从起重机械事故发生的情况来看，事故多发生在起重机械安装、拆除和使用过程中。其原因是企业对起重机械的特殊性认识不足，特别是许多小企业，问题更为严重。这样带来的直接后果，就是安全管理不善，主要体现在以下几个方面：

1）把起重机械等同于一般的机械设备来管理和使用。作为特种设备之一，起重机械的管理和使用与一般机械设备有很大的区别。所谓特种设备，就是由国家认定的，因设备本身和外在因素的影响容易发生事故，并且一旦发生事故会造成人身伤亡及重大经济损失的危险性较大的设备。起重机械的危险性与特殊性要求企业把起重机械与一般机械设备区别对待，要有专门的管理制度和管理人员。管理制度应该涵盖起重机械的日常管理、使用、维修、保养、定期检查检验以及操作人员的培训等，并应严格执行，以保证起重机械的安全使用。如果对起重机械认识不足，导致相关管理制度形同虚设或根本没有制定相应的制度，也没有设置专门的管理人员，对起重机械的管理处于放任的状态，将无法保证起重机械的安全使用，无法充分发挥其应有的作用。

2）对起重机械的维护、保养及修理等方面投入不足。起重机械作为特种设备之一，需要按规定进行定期维护保养，才能确保其正常地工作。而不少企业为了达到所谓“节约”的目的，忽略了正常的保养和维修，个别企业甚至连起重机最基本的安全附件损坏后也不修复，而是拆除后继续使用。殊不知拆除了安全附件，起重机械就失去了防止事故发生的保护功能，使其时时处在事故的边缘，发生事故只是时间早晚的问题。

3）对操作人员培训不够重视。不少企业认为起重机械的操作是简单工作，不需要进行专门的培训，导致操作人员缺乏起重机械基本知识和操作能力，尤其是指挥人员、司索人员以及卷扬机操作人员等。操作人员不了解起重机械的基本结构，不能按操作规程进行正确操作，会使起重机械发生不必要的故障与损坏；而且在发生故障或损坏后，又不能进行及时有效处置，会使故障或损坏扩大化。

4）对起重机械质量要求不严格。有的企业认为起重机械只要不影响企业产品的质量，越便宜越好，能用就行。为了达到减少投入的目的，不顾生产工艺的要求，降低起重机械的工作级别及配置，从而降低了起重机械的安全系数和使用寿命。个别起重机械生产商进行低价位恶性竞争，在生产过程中降低起重机械的工作级别及基本配置，粗制滥造，零部件以次充好，导致起重机械在使用过程中故障连连，磨损加剧，再加上维修保养不善，最后导致事故发生。

47. 吊运铁水包耳轴脱落造成起重伤害

2015 年 1 月 23 日 23 时左右，某公司本部炼钢厂 2 号行车在吊运铁水包时发生倾斜，铁水流入地坑排水井与地坑内的积水反应而发生爆炸，导致 1 人死亡。

（1）企业基本情况

发生事故的公司是传统产业和新兴产业相结合的现代企业集团，主要业务包括钢铁冶金、现代物流、新型材料、装备制造等产业。

（2）事故经过和救援情况

2015 年 1 月 23 日 23 时左右，公司本部炼钢厂 2 号行车吊运铁水包接混铁炉铁水时单侧耳轴脱落，铁水包发生倾斜，泼出约 10 t 高温熔融铁水，铁水顺地势流入地坑排水井，与地坑内的积水反应而发生爆炸，导致 2 号行车操作室玻璃被炸碎、驾驶室起火，驾驶员受困于驾驶室死亡。

（3）事故原因分析

1）直接原因如下：

①未对铁水包耳轴与吊钩是否可靠挂接进行检查确认，未发现铁水包单侧耳轴防护套单侧松动事故隐患，导致铁水包在接铁水过程中单侧耳轴防护套脱落倾翻。

②铁水包下方为地坑，由于地势较低，地下水渗入，虽然设置有一台潜水泵，但并未能彻底清除地坑内的积水，导致事故扩大，产生次生灾害事故（铁水爆炸）。

③行车操作室防护不足，铁水包倾翻后，铁水瞬间流入混铁炉西侧地坑排水井内，高温铁水遇水产生爆炸，导致2号行车操作室玻璃被炸碎、驾驶室起火，驾驶员受困于驾驶室死亡。

2）间接原因如下：

①管理上存在缺陷。对地坑积水处理措施没有严格要求、处理不彻底，铁水包耳轴与吊钩是否可靠挂接的检查要求和标准没有细化到班组。

②设备管理部门对钢（铁）包耳轴在锁紧方式上指导检查不够，特别是对耳轴锁紧螺母的焊接质量检查不够。

③各层级对现场存在的潜在危险因素（积水）检查整改不力，监督管理失效。

（4）事故教训和整改措施

1）炼钢厂应停产整改，确保地坑积水与高温熔融金属有效隔离。进一步加强对行车操作、钢（铁）包吊运及吊钩和吊具检查、使用的管理，避免类似事故重复发生。

2）加强对钢（铁）包耳轴和法兰的检查，班组领行人员必须认真履行职责，对每一包进转炉的铁包耳轴和法兰进行检查，对上铸机的钢包耳轴和法兰进行检查。发现耳轴和法兰有破损、松动、缺失的现象，必须立即停止使用，做到每包检查并有记录。炼钢厂停产整改，由相关部门组织对现场安全整改情况进行验收。

3）立即在全司范围内开展事故隐患排查治理，重点排查：①钢（铁）包、中间包耳轴、法兰、包壳等专项检查；②起重机专项检查：机械部分、电气部分、制动部分、安全防护设施；③吊钩、吊具的专项检查；④冶炼区域专项检查：冷却设备系统、氧枪制动系统、转炉倾动系统、钢水（铁水）吊运通道是否畅通和地面是否有积水或潮湿；⑤煤气区域专项检查：重点排查管道、阀门是否泄漏，煤气监测报警系统是否有效；⑥作业现场的“三违”整治。以上排查必须专人负责。

4）认真梳理和完善规程、制度和检查标准，并组织员工进行培训，加大对制度落实的监督管理考核，强化班组安全自主管理能力。加强员工安全教育培训，开展以事故教育为主的安全教育，深刻吸取事故教训，增强员工的安全意识、责任意识和对事故的应急处理能力。

5）进一步加强现场安全管理，落实安全管理责任，完善吊装作业的安全管理制度，加强对吊装作业现场的监护力度，要求操作人员严格按照操作规程作业，同时对炼钢厂所有吊钩、吊具进行清查、整改。

（5）相关知识与管理借鉴

这起事故的发生，主要是安全管理存在疏漏，未对铁水包耳轴与吊钩是否可靠挂接进行检查确认，未发现铁水包单侧耳轴防护套单侧松动事故隐患，导致铁水包在接铁水过程中单侧耳轴防护套脱落倾翻。

由于起重机械本身存在一定的危险性，如果发生事故，将机毁人亡，不仅对操作者本人，而且对他人和周围设施会造成严重损伤或破坏。因此，对危险性较大的起重机械，应实行特殊管理。对起重机械必须制定安全操作规程、定期检查制度、维修保养管理制度、专人负责管理制度，并建立设备技术档案。

按照有关规定，起重机械使用单位对起重机械使用和运营的安全负责。起重机械使用单位必须使用有生产许可证或者安全认可证的起重机械，同时必须按照有关规定的要求，申请相应的验收检验和定期检验。新增起重机械，在投入使用前，使用单位必须持监督检验机构出具的验收检验报告和安全检验合格标志，到所在地区的地、市级以上特种设备安全监察机构注册登记。将安全检验合格标志固定在起重机械显著位置上后，方可投入正式使用。

起重机械的使用单位必须制定并严格执行以岗位责任制为核心，包括技术档案管理、安全操作、常规检查、维修保养、定期报检和应急措施等在内的起重机械安全使用和运营管理制度，必须保证起重机械技术档案的完整、准确。

起重机械遇到可能影响其安全技术性能的自然灾害或者发生设备事故后，以及停止使用一年以上时，再次使用前，使用单位应当对其进行全面检查，必须消除影响安全的事故隐患。

起重机械作业人员（指起重机械安装、维修保养、操作等作业人员）必须经专业培训和考核，取得地、市级以上相关行政部门颁发的特种设备作业人员资格证书后，方可从事相应工作。

使用单位必须对在用起重机械进行日常维修保养。起重机械的维修保养必须由具有资格的人员进行，无维修保养资格人员的使用单位，必须委托取得维修保养资格的单位进行日常的维修保养。使用单位应当严格执行起重机械的年检、月检、日检等常规检查制度，经检查发现有异常情况时，必须及时处理，严禁带故障运行。检查应当做好详细记录，并存档备查。

48. 人员违规手扶吊物导致被压伤

2015 年 8 月 5 日 13 时 30 分左右，云南某钢铁重装集团（本案例简称钢铁集团）重型结构厂在生产中，一名员工在吊运钢板时，右手被压在钢板中间，造成手指骨折事故。

（1）企业基本情况

钢铁集团以重型装备制造产业为核心，具有大型成套设备研究开发、设计、制造能力。钢铁集团旗下有多家子公司，并设有维检中心、轧辊厂、铸钢厂、锻件厂、起重运输机械厂、重型机械厂、重型结构厂等直属厂。

（2）事故经过和救援情况

2015 年 8 月 5 日 13 时 30 分左右，钢铁集团重型结构厂员工杨某某，在 C 跨作业区指挥吊运钢板（4 块）。钢板刚吊离地面，杨某某发现钢板重心不稳，就指挥行车下降。钢板两端落地后在钢板间形成空隙，杨某某靠近吊起的钢板垫木块调整重心，行车继续下降，钢板间的空隙发生明显变化，杨某某的右手被压在第一块和下面 3 块钢板中间，导致受伤。现场人员立即将他送往医院治疗，经诊断其右手第四、五指末节骨折。

（3）事故原因分析

1）直接原因如下：

①杨某某在行车运行未停止时就手扶吊物调整重心，习惯性违章作业，导致受到伤害。

②杨某某与行车工配合不当，未对可能存在的危险进行辨识、防范，作业时精力不集中，造成伤害。

2）间接原因如下：

①事故单位对起重作业存在的安全风险辨识分析不够，事故防范措施不够细致全面。

②事故单位对起重作业人员的日常教育培训不到位。

（4）事故教训和整改措施

1）行车吊运物品起吊、下降和运行过程中，严禁指挥人员身体直接触碰吊物。进一步规范行车指挥哨音和手势，做到清晰、准确，沟通到位。

2）单位重新组织对各区域起重作业安全风险的分析辨识，完善防范措施，并修订到岗位安全操作规程中。

3）由车间组织相关人员对修订的规程进行学习、培训及考试。加强安全生产规章制度的完善和执行，结合生产实际并参照国家最新的标准，及时修订完善相关规程，并组织员工学、背、用安全规程，确保在实际工作中认真贯彻落实。

4）在全公司开展一次全面的事故隐患排查活动，发动广大员工揭、摆、查安全方面特别是“三违”方面存在的问题。按照公司“抓纪律、夯基础、重基层、严管理”的安全管理思路，持续改进安全工作，消除事故隐患，提升安全管理水平。

（5）相关知识与管理借鉴

这起事故的发生，与作业人员习惯性违章有关，也与行车工配合不当有关，同时还与作业时精力不集中有关。在 3 个“有关”中，作业时精力不集中可能最为关键。

起重机械作业工作范围广，工作对象不时变化，配备的工具也不相同。此外，起重机械作业具有灵活性，同样的起重机械设备，其操作方法多种多样，不是千篇一律的，会随工作环境而定，否则就极易引起事故发生。造成起重机械事故的主要原因是操作因素、设备因素和环境因素，除此之外，还有人员配合不当等。这起事故就是指挥吊运作业时配合不当导致的。

在起重机械各种事故中，由于人员操作因素导致的事故最多，统计资料表明，约占事故总数的 88%。因此，防范事故必须抓操作因素，也就是人的因素。造成人员操作失误并导致事故的原因，主要有作业人员体力疲劳；作业人员素质差，培训不够；违反操作规程；不讲科学，盲目蛮干；麻痹大意，疏于防范等。

针对人员操作失误导致的事故，应采取以下防范措施：一是要建立完整的安全管理体系，真正做到管生产也管安全，组织贯彻执行国家安全生产法律、法规，督促、检查本企业安全工作的执行情况，做到有专人管理。二是抓好作业人员的技术和安全培训，必须定期定时对作业人员（特别是一线生产工人）进行安全教育和培训，并且要有针对性和实用性；坚持未经安全培训教育不准上岗、作业人员必须经考试合格后持证上岗的制度。安全教育内容包括设备性能、操作规程、安全制度、严禁事项和其他注意事项、安全技术及自我防护技能等。三是建立、健全安全管理制度，包括安全生产责任制度、安全检查制度、上岗检查制度、人员培训制度等。

49. 因操作失误人员被撞击坠落至水池死亡

2014 年 6 月 20 日 9 时 30 分，河北省唐山市丰润区某轧钢厂（本案例简称轧钢厂）轧钢车间在清理循环水池内氧化铁时发生一起起重伤害事故，造成 1 人死亡，直接经济损失 80 万元。

（1）企业基本情况

轧钢厂主要从事角钢、槽钢、工字钢轧制和销售。该厂下设办公室、生产科和销售科，有员工 177 人，兼职安全管理人员 1 人。

（2）事故经过和救援情况

2014 年 6 月 20 日 6 时 30 分，轧钢厂轧钢车间开坯班班组长宁某华带领冯某华、杨某君等 8 名白班工人到班。接班前，生产厂长高某录和宁某华主持召开了班前会，安排布置当班工作任务，明确安全注意事项。

7 时，宁某华、冯某华等人准时与夜班工人进行交接班并开始进行设备日常检修。7 时 30 分，设备检修完毕后，宁某华把 8 名工人分成 2 个班组开始正常工作（两组每小时轮换一次，一组工作，另一组休息）。

9 时，冯某华一组接班，按照任务分工，冯某华负责清理循环水池内氧化铁，手持遥控器控制电动葫芦操作天车抓斗，将循环水池内氧化铁抓取后放入循环水池南侧的料斗内。9 时 25 分，天车抓斗无法张开，不能正常工作，冯某华将天车抓斗悬停在料斗内，并站到天车抓斗上用脚踩踏抓斗上的衬铁（控制抓斗开合的装置）进行调整。9 时 30 分，冯某华调整完衬铁后，站立在料斗北侧，手持遥控器控制电动葫芦调试抓斗，因操作失误，天车抓斗突然向北运行，将料斗撞向循环水池，站立在料斗北侧的冯某华被料斗和抓斗同时撞击，致使坠落至循环水池内，导致受伤。

事故发生后，轧钢车间开坯工杨某君立即关闭正在循环水池内抽水的循环水泵，现场工人周某云急忙跑到加热炉附近，向正在指挥吊车安装脱硫烟囱的生产厂长高某录报告了事故情况。高某录赶到事故现场时，现场人员已将冯某华救出，并拨打了“120”急救电话。9 时 50 分左右，“120”救护人员到达事故现场，将冯某华送往丰润区人民医院进行抢救。当日 11 时左右，冯某华经抢救无效死亡。

（3）事故原因分析

1）直接原因。冯某华手持遥控器控制电动葫芦调试天车抓斗时，因操作失误，天车抓斗突然向北运行，料斗撞向循环水池，站立在料斗北侧的冯某华被料斗和抓斗同时撞击，致使坠落至循环水池内受伤致死。

2）间接原因如下：

①轧钢厂安全管理不到位，安全管理制度不健全，吊装作业无专人监管，未能及时发现和有效制止不安全行为，个别岗位无具体安全

操作规程，导致从业人员操作无章可循。

②轧钢厂安全教育培训不到位，未按规定对从业人员进行“三级安全教育”，导致从业人员安全意识淡薄，对作业现场可能存在的危险因素认识不足，自我防范意识差。

③轧钢厂事故隐患排查不力，对循环水池无任何防护；作业人员未经培训取得特种作业资格证，私自操作天车。

（4）事故教训和整改措施

1）轧钢厂要举一反三，认真吸取事故教训，要在全厂开展一次安全大检查，全面排查和及时消除各类事故隐患，杜绝各类事故发生。

2）轧钢厂要加强安全管理，督促其建立、健全安全管理机构，完善安全管理制度。同时要及时督促、检查安全生产责任制的落实情况，特种作业人员必须持证上岗，杜绝违章作业。

3）轧钢厂要切实加强对从业人员的安全教育培训，未经安全教育培训合格的，不得上岗作业。严格执行安全操作规程，杜绝“三违”现象发生，从本质上提升从业人员的安全意识和能力。

（5）相关知识与管理借鉴

这起事故是作业人员手持遥控器控制电动葫芦，结果因操作失误撞到自己，致使坠落至循环水池内导致事故。

葫芦式起重机是指以电动葫芦为起升机构的起重机，种类很多，如钢丝绳电动葫芦、电动单梁桥式起重机、电动单梁悬挂起重机、葫芦龙门起重机、葫芦双梁桥式起重机等。葫芦式起重机具有结构简单、自重轻、造价低、检修方便、操作容易的特点，因此在各类企业生产中广泛使用。但是，如果安全装置不全，操作不当，同样会造成伤亡事故，所以使用单位需要加强对操作人员的技术培训与安全教育，同时还应加强安全管理，经常检查维护，注意防范事故。

电动葫芦的操作与其他起重机有所不同，最显著的特点是以地面操作为主，在司机室操作的是少数，另外也有遥控等其他操作方法。同时由于电动葫芦的结构简单、操作方便，尤其地面操作更为简单方便，因此经常有非经专门培训的人员直接进行操作使用的现象。在操作时，操作者往往一人身兼数职，同时承担操作、司索、指挥的任务。如果操作人员在操作时麻痹大意，不注意安全，就容易出现误操作的情况，由此导致事故。

电动葫芦安全操作规程如下：

1）电动葫芦按说明书要求进行架设安装，架设安装完毕按说明书要求进行试车运转。

2）使用前应检查钢丝绳是否弯曲、打结，绳股是否凸出或过于扭转，表面有无扭转现象，钢丝是否破断和是否清洁，润滑脂是否足够。

3）使用电动葫芦时不宜反复频繁点动，否则可能会导致制动发热。

4）不允许倾斜起吊及做水平拖拉工作。

5）严禁长时间悬在空中，以防零件产生永久变形。

6）在使用过程中发现故障时应立即切断主电源。

7）要经常检查，发现故障或事故隐患及时排除，并对维修情况进行记录。

8）使用完毕将电动葫芦定点放置，吊升至 2 m 以上。

50. 包装工违规指挥天车站位不当被挤压致死

2016 年 11 月 1 日 11 时左右，由邯郸市某包装服务有限公司（本案例简称包装公司）承揽的邯郸市某附属企业公司（本案例简称附企公司）某钢铁股份有限公司（本案例简称钢铁公司）冷轧厂产品包装作业，发生一起桥式起重机起重伤害事故，造成1人死亡，直接经济损失约95万元。

（1）企业基本情况

1）企业相关情况。包装公司经营范围为钢材包装、装卸服务（只限车间内）。

附企公司经营范围为餐饮、洗浴、住宿、运输、普通小型钢材轧制、铆焊、机械配件加工、汽车维修、劳务及羽毛球、乒乓球场馆服务等。

钢铁公司经营范围为钢铁冶炼，钢材、钢坯的生产和销售，焦炭、机械设备及零部件、自动化设备及零部件、仪器仪表的销售，冶金技术的开发、转让及咨询服务，危险化学品生产。钢铁公司冷轧厂是钢铁公司下属分厂（非法人单位），主要产品有冷板、镀锌卷、彩涂卷等。

2）生产项目承包承揽情况。2015年12月31日，附企公司与钢铁公司生产制造部签订了钢铁公司冷轧厂产品包装业务合同，承包冷轧厂产品包装业务，同时与冷轧厂签订了安全管理协议，期限为2016年2月18日至2017年2月17日。

包装公司与附企公司签订了附企公司2016年包装项目承揽协议，项目承揽范围为冷轧厂产品的24小时现场包装及相关延伸服务工作。协议有效期限为2016年6月30日至2017年6月30日。

（2）事故经过和救援情况

2016年11月1日11时左右，包装公司员工在冷轧厂东区钢卷包装车间进行钢卷包装作业。冷轧厂4号天车工张某军操作桥式起重机（最大额定起重量40 t）作业，打包钢卷区作业人员朱某亭（包装公司员工，事故中的死者）指挥天车操作。天车工张某军根据指挥人员朱某亭的手势，从生产线上吊卷下线（钢卷重约 12 t），运行到包装区域。朱某亭指挥大车停止，主钩下降，等到下降到一定高度，指挥主钩停止下降。此时，朱某亭站到南侧，面向北侧，指挥小车往南走。张某军按照指挥往南打小车，朱某亭一边指挥，一边往后退（南向）。天车运行过程中，张某军发现没有指挥手势了，指挥天车的朱某亭也不见了。

此时在距离事故现场西侧两三米远处，包装公司包装工王某磊正蹲着给钢卷上护角，突然听到“咚”的一声响，就赶快跑过去，发现朱某亭在事故现场成品卷北侧地上，脸朝上平躺着，头朝着西北方向，脸上有血。王某磊于是大声向朱某亭呼喊，但朱某亭没有反应，于是王某磊急忙拨打了“120”急救电话，同时报告附企公司车间主任武某和包装公司总监事马某义。10 分钟左右，“120”急救人员到现场进行了急救后，确认朱某亭已经没有生命体征。后经司法医学鉴定，朱某亭系颅脑及胸腔脏器损伤死亡。

（3）事故原因分析

1）直接原因。包装公司包装工朱某亭在指挥天车落卷过程中，站位不当，违规在吊运区域内指挥落卷；冷轧厂天车工张某军在吊运钢卷过程中，仅看包装工朱某亭的指挥手势移动天车，未对朱某亭的站位和周围环境进行确认，造成朱某亭被吊运卷和成品卷挤压致死。

2）间接原因如下：

①包装公司违反与附企公司签订的书面安全交底规定。相关规定明确，在调运钢卷时，天车应由专人指挥，其余人员应撤出调运范围。包装公司在天车没有专人指挥的情况下，违规安排本单位包装工指挥天车，且指挥天车人员未取得起重指挥特种作业证。

②包装公司负责现场包装安全管理工作，但企业内设机构不全，规章制度缺失，未设置专职安全管理人员，现场作业人员未认真执行

联保互保制度，未对人员流动性大的情况采取有效安全措施。该公司职业健康安全培训教育管理制度中没有对特种作业人员（特种设备操作人员）的培训和取证要求，没有安全检查和事故隐患排查治理、危险源辨识（风险评价）等管理制度，没有天车指挥岗位的安全操作规程。

③附企公司负责产品包装的有关安全工作，现场设有专职车间主任，但对现场安全生产缺少统一的组织管理和沟通联系，冷轧厂天车工、包装公司包装工各自参加本单位班前会，车间内统一管理制度不健全；对天车无专人指挥、指挥天车人员未取证、作业人员未严格执行联保互保制度等事故隐患未进行有效监督和督促整改。

④冷轧厂负责协助督促附企公司执行有关安全规定，但对本厂辖区内外包单位安全生产监督检查不严，对检查发现的天车无专人指挥事故隐患没有督促整改到位；对本单位天车工作业中存在的事故隐患未及时发现和整改。

（4）事故教训和整改措施

1）包装公司要认真学习和贯彻安全生产法律、法规、标准、规程，切实加强和规范安全管理。主要负责人和安全管理人员要具备相应的安全生产知识和管理能力。要建立、健全内部管理机构和规章制度，设置专职安全管理人员，指挥天车人员必须取得特种作业证。针对从业人员流动性大的问题，加强员工安全教育培训，认真落实联保互保等制度。

2）附企公司要加强对外包单位安全生产工作统一协调、管理。要保证外包单位具备必要的安全生产条件和相应的资质，定期对外包单位进行监督检查。对在同一区域作业的不同单位，应统一管理和领导，避免各自为政、以包代管。对外包单位存在的事故隐患要下达整改通知书，限期整改到位。

3）钢铁公司冷轧厂要加强对本辖区外包单位的监督检查，对外包单位存在的事故隐患要及时督促整改到位。包装区域应合理布局规划，建议将包装区域南移；包装区域现场应及时清理，包装好的成品钢卷应及时入库，并保持包装工位无杂物。

4）各事故相关单位要切实加强安全生产工作组织领导，深刻吸取事故教训，举一反三，立即组织开展一次安全大检查，全面排查整改事故隐患，细化措施，严格考核落实，严禁超能力、赶工期突击生产，有效防止事故发生。

（5）相关知识与管理借鉴

在这起事故中，包装工指挥天车落卷过程中，由于站位不当，与天车司机配合不当，结果被吊运卷和成品卷挤压致死。

在天车作业中，经常会发生吊物坠落砸伤、压伤事故，吊具断裂、脱落事故，吊物撞击事故，吊物与吊具之间夹伤事故等，像这样指挥不当，自己被挤压致死的事故比较少见。由此，包装公司违规安排未取得起重指挥特种作业证的包装工指挥天车，是导致事故的一个重要原因。

按照规定，指挥信号工必须经专门的安全技术培训，考试合格，持证上岗，并具备相应的知识和操作能力。指挥信号工在作业中，需要注意以下事项：

1）应掌握所指挥的起重机的技术性能和起重工作性能，能定期配合司机进行检查，能熟练地运用手势、旗语、哨声和通信设备。

2）能看懂一般的建筑结构施工图，能按现场平面布置图和工艺要求指挥起吊及就位构件、材料和设备等。

3）掌握常用材料的质量和吊运就位方法及构件重心位置，并能计算非标准构件和材料的质量。

4）能正确地使用吊具、索具，编插各种规格的钢丝绳。

5）有防止构件装卸、运输、堆放过程中变形的知识。

6）掌握起重机最大起重量和各种高度、幅度时的起重量，熟知吊装、起重有关知识。

7）具备指挥单机、双机或多机作业的能力。

8）严格执行“十不吊”的原则。即被吊物质量超过机械性能允许范围不吊，视线不清、信号不清不吊，吊物下方有人不吊，吊物上站人不吊，埋在地下物不吊，斜拉斜牵物不吊，散物捆绑不牢不吊，立式构件、大模板等不用卡环不吊，零碎物无容器不吊，吊装物质量不明等不吊。

51. 电动葫芦钢丝绳锈蚀严重吊物掉落造成伤害

2016 年 11 月 24 日 11 时 20 分左右，河北省承德某实业集团有限公司（本案例简称实业公司）在某钢铁集团有限公司（本案例简称钢铁公司）5 号烧结机进行维护检修作业时，发生一起起重伤害事故，造成 1 人死亡、1 人轻伤，直接经济损失 90 万元。

（1）企业基本情况

实业公司有员工 3 000 余人，公司下设安全科、维检部、工程 1 部、工程 2 部、经营部 5 个科室。公司具有机电工程施工总承包二级、建筑装修装饰工程专业承包二级等资质，安全生产许可证等证照齐全。

2008 年实业公司开始承揽某工程技术有限公司（本案例简称工程公司）承担的钢铁公司炼铁厂 1～6 号烧结机设备维护检修项目中的劳务作业，工作范围主要包括炼铁厂烧结机系统（360 m^2 烧结机 3 台，180 m^2 烧结机 3 台）机械电气设备维护检修，烧结机定修中的轴承加油、紧锁母、更换轴承、更换车轮等在线修理。

（2）事故经过和救援情况

1）事故发生经过。2016 年 11 月 24 日 9 时左右，实业公司烧结机维护作业区班组长陈某民安排宋某祥、王某对 5 号烧结机梭车皮带减速机进行巡检，发现减速机声音异常，准备更换减速机高速轴。10 时 30 分左右按规定办理完安全措施票后，陈某民、张某丰、张某林、聂某杰、于某海、宋某祥开始往现场倒运工具。聂某杰、陈某民跟着转运车辆，张某林和张某丰直接步行去现场，于某海和宋某祥在现场外准备其他物料。

11 时左右，主机天车将工具吊至主机层后，聂某杰和陈某民步行上楼，后聂某杰去主机层和张某林负责检修工具吊运准备，陈某民到梭车层负责吊装口盖板吊装准备。陈某民和张某丰到梭车吊装口处检查吊装工具，未发现异常，2 人将吊装口其中一块盖板（规格：2 210 mm×500 mm×100 mm）掀起，转至安全处，陈某民呼叫下面人员躲开，观察下面确已无人后，陈某民在无人监护的情况下启动 3 t 电动葫芦用 5 mm（吊索具）钢丝绳，起吊第二块盖板（规格：2 210 mm×500 mm×100 mm，重 106. 45 kg）上的中间吊挂点。在第二块盖板吊起过程中，钢丝绳突然断裂，盖板从吊装口掉落至下层平台（高度约 7. 9 m），将下层平台聂某杰和张某林砸伤（2 人在上方吊第二块盖板时，运送维修物料至吊装口下方）。

2）应急救援情况。事故发生后，张某丰立即拨打医院急救电话，同时陈某民向实业公司维检部部长于某龙报告事故现场情况。医院救护车赶到现场后，将轻伤的张某林送往医院救治，对重伤人员聂某杰进行现场抢救，后被送往医院继续抢救。16 时 40 分左右，聂某杰经抢救无效死亡。

（3）事故原因分析

1）直接原因。吊运吊装孔盖板所使用的 5 mm 钢丝绳锈蚀严重，钢丝绳断裂处有断裂旧痕迹，断丝数大于10%，致使钢丝绳抗拉强度下降，承受不住吊运盖板的重量，导致钢丝绳断裂，盖板掉落，且吊装孔下有人行走和滞留，这是事故发生的主要原因。

2）间接原因如下：

①实业公司安全管理主体责任落实不到位。未严格遵守安全生产法律、法规，未与工程公司进行安全生产工作统一协调、管理，未认真进行作业现场事故隐患排查工作。

②员工违章作业。实业公司现场施工人员（组长兼现场安全员陈某民，组员张某丰、聂某杰、张某林）违反钢铁公司《炼铁维检作业区吊装作业操作规程》，在现场视线不清且没有明确现场指挥人员和监护人员，没有确认吊运现场环境和人员站位是否处于安全状态的情况下吊装作业。

③环境因素。5号烧结机维护作业区照明灯具严重不足，光线暗淡，达不到一般生产车间和工作面最低照度不小于30 lx的要求。维护作业区班组长陈某民未能发现吊索具存在的事故隐患，使用已达报废标准的钢丝绳进行吊装作业。违反起重机安全操作规程“十不吊”规定中“视线不清不吊”的安全要求。

④现场安全管理不到位，未严格落实岗位安全责任制。现场施工违反《起重设备安全操作规程》，吊装区域没有落实相关安全防护措施，对施工过程中存在的危险、有害因素认识不足，在检修吊装作业中未设置专人负责指挥，未设置现场监护人员，致使吊件下有聂某杰和张某林在行走和停留，也是造成这起起重伤害事故的间接原因之一。

⑤现场安全检查和事故隐患排查不到位。安全检查流于形式，事故隐患排查及整改反馈记录不全、不完善。未认真进行事故隐患排查和治理，作业前未对起重机进行检查，未对吊装用吊索具（5 mm钢

丝绳）是否有断丝、腐蚀等缺陷进行检查，使用不符合安全要求的钢丝绳吊装盖板（规格：2 210 mm×500 mm×100 mm），致使钢丝绳断裂，盖板从4号与5号烧结机之间吊装孔坠落，砸中平台下方3号位聂某杰。未认真落实安全检查和事故隐患排查治理制度及岗位安全职责和企业安全生产主体责任。

⑥实业公司安全管理制度不健全、不规范、不完善，制度制定简单、缺乏针对性，安全操作规程内容简单不全，缺少吊索具安全管理制度等相关制度。

（4）事故教训和整改措施

1）实业公司建立、健全安全生产责任制和安全生产规章制度，进一步修订和完善安全操作规程，安全管理体系和制度建设要有针对性和可操作性，要严格落实安全生产主体责任。

2）实业公司要做好安全教育培训，开展员工进厂的“三级安全教育”，做好从业人员日常及岗前安全生产、应急处置培训教育。要制定企业安全培训制度、计划和方案，并有效开展，同时要对培训效果进行评估。

3）实业公司要加强现场作业安全管理，落实安全责任，特别要加强危险性较大作业的安全管理。切实加强作业场所安全管理，尤其针对高处作业、交叉作业等危险较大作业，要认真执行危险性作业审批制度，严格落实规程。

4）实业公司要开展事故隐患排查和风险管控工作，要完善并落实事故隐患排查治理制度，建立事故隐患排查治理自查、自报、自改机制，对查出的事故隐患要记录、报告和制定整改方案，并对整改结果进行反馈。事故隐患整改要落实到部门、岗位、人员和时间。加强安全风险分级管控。

5）作业前对使用的装具，尤其是危险性较大和特种作业设备、装具进行可靠性、完整性检查。要对作业使用的工（装）具建立日常和作业前安全检查制度，并有效落实。要建立检维修台账。加强设备设施的检查，并做好记录。

（5）相关知识与管理借鉴

在这起事故中，导致盖板掉落的原因是钢丝绳锈蚀严重，承受不住吊运盖板的重量，而且吊装孔下有人行走和滞留，由此发生事故。

钢丝绳锈蚀严重是一眼就能看出来的，之所以凑合使用，主要还是安全管理存在问题，管理不够认真细致。有些企业对钢丝绳的安全管理缺乏相应的制度，致使对钢丝绳的安全管理处于一种粗放状态。钢丝绳投入使用后，由什么部门管理，多长时间检验一次，由谁来检验，达到什么标准需维修或报废，全都无法落实，以致不能及时发现并消除吊索具存在的事故隐患，使部分吊索具长期带“病”运转，直到引发事故。再者，对生产车间或工序来讲，没有实行定人管理、定点存放，谁用谁拿，用后随地乱扔，大大增加了钢丝绳发生断裂的机会，形成事故隐患。

在钢丝绳的安全使用上，应注意以下事项：

1）钢丝绳严重磨损，纤维主芯凸出，应停止使用，更换新钢丝绳。

2）钢丝绳浸泡于经化学处理过的液体中会引起严重腐蚀，使钢丝绳损坏，所以钢丝绳应注意放在防潮干燥处。

3）钢丝绳弯曲疲劳引起的典型断丝，较多发生在点接触钢丝绳类型中，所以推荐使用线接触钢丝绳。

4）钢丝绳股芯凸出，是突加负载引起的扭曲不平衡造成的，此时应该换更大规格的钢丝绳。

5）高应力作用下出现（独立结构钢丝绳主芯）断开，应注意外层股钢丝的交咬。

6）新更换的钢丝绳应与原安装的钢丝绳同类型、同规格。如果采用不同类型的钢丝绳，应保证新换钢丝绳性能不低于原钢丝绳，并能与卷筒和滑轮的槽型相符。钢丝绳捻向应与卷筒绳槽螺旋方向一致，单层卷绕时应设导绳器加以保护，以防乱绳。

7）新装或更换钢丝绳时，从卷轴或钢丝绳卷上抽出钢丝绳时应注意防止钢丝绳打环、扭结、弯折或粘上杂物。

8）新装或更换钢丝绳时，截取钢丝绳应在截取两端处用细钢丝扎结牢固，防止切断后绳股松散。

9）运动着的钢丝绳与机械某部位发生摩擦接触时，应在机械接触部位加适当保护措施。捆绑绳与吊载棱角接触时，应在钢丝绳与吊载棱角之间加垫木或钢板等，以防钢丝绳因机械割伤而破断。

10）起升钢丝绳不准斜吊，以防钢丝绳乱绳出现故障。

11）严禁超载起吊，应安装超载限制器或力矩限制器加以保护。

12）在使用中应尽量避免突然的冲击或振动。

13）应安装起升限位器，以防过卷拉断钢丝绳。

52. 天车主钩冲顶钢丝绳被绞断坠落造成伤害

2014 年 3 月 11 日 6 时 15 分左右，河北省唐山某钢铁有限公司（本案例简称钢铁公司）冷轧厂精整作业区一期平整机组工人在进行废卷芯吊装作业时发生一起起重伤害事故，造成 1 人死亡，直接经济损失 80 万元。

（1）企业基本情况

钢铁公司经营范围：生产中宽带钢、冷轧带钢和相关产品、炼焦制气等。公司下设焦耐厂、冷轧厂、钢管厂和热轧厂，有从业人员 1 223 人，设有独立的安全管理机构，有专职安全管理人员 13 人。

该公司冷轧厂分为酸轧、罩式炉、精整、生产准备、点检 5 个作业区，共有从业人员 400 余人，有专职安全管理人员 1 人。其中精整作业区有从业人员 80 余人，分为甲、乙、丙、丁 4 个班组，每班组 20 余人，4 个班组各下设 4 个小班组，分别为一期平整班、一期重纵班、二期平整班、二期重卷班。

（2）事故经过和救援情况

2014 年 3 月 10 日 23 时 30 分，钢铁公司冷轧厂精整作业区乙班班长孙某利组织乙班工人召开班前会，宣布工作内容及安全注意事项。随后，乙班一期平整班班长栾某元组织本班工人赵某龙（开卷工）、张某（卷曲工）、古某超（天车工）召开班前会，强调注意事项和劳动纪律。

23 时 50 分，乙班接班，各班组岗位工人就位并进行岗检。其中古某超按照岗位工安全检查表对一期平整机组的 6 号天车（型号：QD20/5t-28. 5 m，起升高度 13 m，主钩速度 12. 6 m/min，副钩速度 8 m/min，主副钩边缘距离 350 mm）主副钩及大小车限位等 8 项内容进行了检查，结果为全部正常。随后乙班一期平整班按照工作计划进行钢卷平整作业。

11 日 6 时左右，待平整的钢卷料只剩 2 卷，工作内容即将结束，古某超、赵某龙 2 人开始清理废卷芯（准备用天车将废卷芯由地坑吊至废卷库，废卷芯宽度 520 mm）。古某超在地坑（长约 3 m，宽约 5 m，深约 2 m）上部护栏处用地面遥控操作天车，赵某龙负责在地坑中挂钩、穿卷芯。赵某龙用打包带将 2 个废卷芯穿好，并将打包带挂到 6 号天车副钩上后，向古某超发出提升副钩的手势。古某超看到赵某龙发出的手势后，操作天车地面遥控（遥控为 360°可调摇杆，前后控制主钩，左右控制副钩）提升天车副钩，因古某超操作不当，主钩同时提升。当副钩提升至距离地坑底部 2 m 左右时，主钩冲顶造成钢丝绳被绞断，主钩（质量 450 kg）坠落砸到副钩（质量 110 kg），致使副钩钢丝绳断裂，主、副钩及 2 个废卷芯一同坠落至地坑中，主钩击中赵某龙头部，将赵某龙压倒在地，并发出了明显的撞击声。

事故发生后，正在进行钢卷平整作业的栾某元和张某听到了撞击声，立即赶到地坑处查看情况，发现赵某龙仰卧在地坑中并被废卷芯压住，安全帽粉碎，头部有明显外伤。栾某元立即向孙某利电话报告了有关情况，并拨打了“120”急救电话。7 时左右，救护车到达现场，将赵某龙送往遵化市人民医院救治。11 时左右，赵某龙经抢救无效死亡。

（3）事故原因分析

1）直接原因。古某超在用地面遥控操作天车提升副钩过程中，因操作不当，致使主钩同时提升，古某超未察觉到主钩提升，导致主钩冲顶，钢丝绳被绞断，主钩坠落击中赵某龙头部导致其死亡。

2）间接原因如下：

①钢铁公司安全教育不到位。古某超违反了《钢铁公司冷轧厂天车操作规程》第二十一条“天车行车吊物与人保持 3 m 以上的安全距离”的规定；未落实互保制度，在起吊废卷芯作业过程中未和赵某龙形成互保。赵某龙严重违章，在指挥古某超起吊废卷芯作业过程中未站到安全距离以外。

②钢铁公司安全管理不到位。冷轧厂天车点检员王某江严重违反点检制度，在 2 月中旬对 6 号天车进行点检作业的过程中，未对该天车上升限位器地脚螺栓不全（应为 4 个，点检时只有 3 个）且紧固不牢等事故隐患进行登记整改，造成事故发生前上限位作用失效，主钩上升到上限位时未起到正常保护作用，主钩冲顶后将钢丝绳绞断。精整作业区一期平整机组地坑作业空间狭小，工人在地坑内进行吊装

作业时无有效安全区域。

（4）事故教训和整改措施

这是一起因违反操作规程、规章制度，安全管理和安全教育不到位而引发的生产安全责任事故。

1）钢铁公司要深刻吸取事故教训，立即对冷轧厂精整作业区一期平整机组地坑进行改造，或将废卷芯的吊运方式改为斗装式，并举一反三，迅速在全公司开展拉网式的安全大检查，全面排查事故隐患。

2）钢铁公司要进一步加强安全教育培训，切实提升从业人员的安全意识，强化重要岗位和特种作业人员的教育培训，确保从业人员具备对本岗位各类事故隐患和风险的判断辨别能力，从本质上提升从业人员的安全意识和技能，坚决杜绝“三违”行为。

3）钢铁公司要进一步强化现场安全管理，严格落实点检、岗检、巡检三级检查作业制度，并严格落实企业主体责任，深刻吸取事故教训，本着对从业人员生命安全高度负责的态度，加大安全生产投入，提高安全生产水平，保障安全生产。

（5）相关知识与管理借鉴

在这起事故中，作业人员在地面遥控操作天车出现失误，是发生事故的一个原因；主钩上升限位器作用失效，是发生事故的另一个原因。二者相较，后者更重要。

起重机应定期进行维护和修理，防止起重机过度磨损或意外损坏引起伤害事故。起重机械的保养和维护分为日常保养、一级保养和二级保养。起重机械的维护是保证起重机械正常运转和防止发生设备安全事故的主要手段，也是延长设备使用寿命从而充分发挥设备效能最有效的途径。在起重机械的维护中，主要是对设备的易损部件、机械机构、电气设备和控制系统进行检查，然后根据实际情况进行监控、润滑、清洗、降低整体性能使用或对部件进行更换，进而达到设备正常运转和延长设备使用寿命的目的。

起重机由于部件间组合间隙不匹配以及润滑保养不到位而造成的磨损和结构焊接部位受周期载荷力的作用导致的裂纹缺陷，最终会导致设备整体载荷性能下降，因此必须进行检修或更换，避免出现设备事故而导致设备损坏和不必要的人员伤亡。因此必须定期或不定期地进行日常维护、月维护、季度维护和年度维护，根据设备的状况和零部件的损坏程度安排日修、小修、中修和大修，彻底消除事故隐患，使设备安全运行。

53. 吊装工冒险进入吊物下方被掉落炮泥砸死

2013 年 1 月 11 日 21 时许，河北省霸州市某钢铁有限公司（本案例简称钢铁公司）炼铁一厂南厂天车吊装炮泥时，发生一起起重伤害事故，造成一名吊装工人死亡，直接经济损失 75 万元。

（1）企业基本情况

钢铁公司经营范围：钢材加工，销售热轧型材、带钢、钢管，货物进出口、技术进出口等。钢铁公司炼铁一厂从业人员 480 人，下设 5 个车间，设有安全管理专职机构。

（2）事故经过和救援情况

2013 年 1 月 11 日 21 时左右，炼铁一厂炉前工马某强在班长张某军的安排下，负责在 1 号高炉南出铁场炉台下炮泥存放区向出铁场倒运炮泥。马某强在指挥吊车起吊炮泥时，冒险进入吊物下方，被掉落的炮泥砸中致死。

事故发生后，炮泥班班长张某军马上向副工长曹某报告，炼铁一厂安全科科长郭某生接到通知后立即拨打“120”急救电话，大约 10

分钟后急救车来到现场，将马某强送往廊坊市第四人民医院，马某强经抢救无效死亡。

（3）事故原因分析

1）直接原因。吊装工人马某强违反吊装作业管理规定，冒险进入吊物下方，被掉落的炮泥砸中致死。

2）间接原因如下：

①钢铁公司炼铁一厂安全教育不到位，致使员工安全意识薄弱，违反管理规定冒险作业。

②炮泥包吊装前带未经检测确认其能否达到承重标准。

（4）事故教训和整改措施

为深刻吸取事故教训，举一反三，进一步强化安全质量管理，促进企业安全健康快速发展，对钢铁公司提出如下整改措施：

1）建立、健全并落实安全生产责任制、规章制度和标准，强化现场安全管理、作业管理，强化规章、制度、标准的执行，确保做到每个环节、每道程序都有章可循、有制可依、有标可对，并确保照章办事、依标进行、依制操作。

2）切实强化安全管理和员工教育培训。要在健全完善管理规章、制度，切实增强针对性、约束性、有效性和可操作性的同时，强化规章、制度执行力，保证规章、制度的执行效果；要加强对员工的安全教育与培训，增强目的性、针对性、实效性，尤其要针对风险岗位特点，强化各级安全教育培训工作，扎实提高各级管理者和岗位操作人员的安全意识，并不断提高安全技能、水平。

3）加强吊装区域和吊装工具的安全管理。一是使用国家规定的专用吊装工具吊装物品。二是把原吊运区域的禁行装置进行完善，由移动式改为门禁式。增加醒目的安全标识，设置有效实用的吊装区域隔离措施。

（5）相关知识与管理借鉴

在这起事故中，吊装作业人员违反吊装作业管理规定，冒险进入吊物下方，被掉落的炮泥砸中致死。

在吊装作业中，要注意以下事项：

1）不得超载进行吊装作业。

2）不得将吊载在其他作业者头上通过。

3）不得侧向斜吊。

4）不得利用起升限位器作起升停车装置使用。

5）不得在正常作业中经常使缓冲器与止挡器冲撞，来达到停车目的。

6）不得在吊载作业中调整制动器。

7）不得在吊载作业中进行检修与维护。

8）不得在吊载有剧烈振动时进行起吊、横行与运行作业。

9）不得在吊载质量不清的情况下起吊，如吊拔埋置物及斜拉作业。

10）不得随意拆改葫芦式起重机上的任何安全装置。

11）不得在下列有影响安全的缺陷及损伤情况下作业：制动器失灵、限位器失灵、吊钩螺母防松装置损坏、吊装钢丝绳损伤并已达到报废标准等。

12）不得在捆绑不牢、吊载不平衡、易滑动、易倾翻状态下及重物棱角处与吊装钢丝绳之间未加衬垫的情况下进行吊装作业。

13）不得在工作地昏暗，无法看清场地与被吊物的情况下作业。

14）注意作业中吊载附近是否有其他作业人员，以防出现冲撞事故。

15）注意吊钩是否在吊载的正上方。

16）在狭窄的场所且吊载易倾倒的情况下，不宜盲目操作。

17）注意作业中应随时观察前、后、左、右各方位的安全性。

18）确认操作处于易见方位再进行操作。

54. 天车起吊时人员未及时撤离被撬杠击中致死

2015年4月10日8时5分左右，某钢铁公司（本案例简称钢铁公司）二带钢厂在生产中，一名员工在天车起吊时未及时撤离危险区域，冒险干预晃动的撬杠，被失去控制的撬杠击中导致死亡。

（1）企业基本情况

钢铁公司经营范围：炼钢、轧钢产品等。公司有员工3 000人，下属有12个分厂。

（2）事故经过和救援情况

2015年4月10日7时30分，钢铁公司二带钢厂生产甲班加热炉烧火工陈某发现加热炉炉内氧化铁皮堆积过高，出钢出现拱钢现象，无法进行正常生产，便电话向值班主任刘某报告了现场情况。当时刘某正在参加二带钢厂早调会，立即将此情况进行了报告，二带钢厂厂长董某君指派刘某负责组织停炉抢修。

7时40分，刘某到加热炉查看了情况，并通知当班卷曲工王某、刘某良、张某、王某涛等人员进行加热炉抢修。7时45分，抢修人员到位，经上述人员现场研究，制定了抢修方案。方案决定用长度9 100 mm、直径110 mm、自重约700 kg的圆钢作为撬杠，操作天车通过钢丝绳吊起撬杠，抢修人员扶着撬杠插入加热炉距北侧炉膛2 000 mm的位置后，天车将撬杠放下，将钢丝绳移到撬杠前端约2 000 mm的位置，升起天车，按照杠杆原理利用撬杠自重将钢坯撬离炉膛滑轨，人员撤离后，再使用天车慢慢将钢坯北侧一端移动至出钢辊道上，再用钢坯夹钳将移出的钢坯吊至钢坯存放场地。按此现场处置措施，依次撬出加热炉中 6 块钢坯后再清理炉内堆积的氧化铁皮，从而完成炉内拱钢处理。

在方案确定后，刘某进行了作业分工，由刘某负责指挥天车和现场组织，张某负责使用遥控器操作天车，王某、刘某良、王某涛负责扶撬杠。按此办法，他们顺利移出了 2 块钢坯。

8 时 5 分，抢修人员在用撬杠将第三块钢坯起撬松动后，抢修人员便各自撤离至加热炉两侧，张某操作天车向外移动，此时撬杠尾部出现晃动，王某涛自行返回要去扶住晃动的撬杠，刘某发现王某涛未撤离出危险区域，就立即通知张某停止天车运行，并呼喊王某涛躲避，此时钢坯已经顺着炉门外倾斜的滑轨向下滑动并砸到撬杠上，撬杠尾部大幅度摆动将王某涛击倒。

事故发生后，在场人员立即对王某涛进行抢救，同时刘某电话通知二带钢厂厂长董某君、厂安环科科长刘某军，并拨打“120”急救电话。8 时 10 分，厂安环科科长刘某军、生产科科长张某丰、设备段段长王某轩到达事故现场，3 人用电动三轮车将王某涛送往医院。8 时 35 分，“120”急救车将王某涛送到廊坊市第四人民医院（霸州），当日 11 时左右，王某涛经医院抢救无效死亡。

（3）事故原因分析

1）直接原因。卷曲工王某涛安全意识淡薄，对现场作业风险辨识不充分，未按照现场处置措施要求，在天车起吊时及时撤离危险区域；冒险干预晃动的撬杠，被失去控制的撬杠击中导致死亡。

2）间接原因如下：

①安全管理不到位。钢铁公司对于异常工艺情况而制定的现场处置措施未认真审核和监督执行，分厂主要负责人及安全管理人员未到达抢修现场进行作业指导。

②安全教育培训不到位。钢铁公司对特种作业人员未认真开展教

育培训，使得操作人员安全意识淡薄，对作业现场存在的危险因素认识不足。

③制度落实不到位。钢铁公司检维修安全管理制度、现场处置措施不完善，对检维修作业场所存在的危险因素未进行认真系统的辨识；未认真制定和落实处理加热炉拱钢事故的安全作业方案，现场作业组织混乱；指挥人员违规安排无证人员操作天车。

（4）事故教训和整改措施

1）加强员工安全教育，提高员工防范意识。要应用事故案例，特别是发生在自己身边的典型事故教育全体员工，让员工认真吸取事故教训，提高全体员工认识危险、防范事故的安全意识和自我保护技能。

2）抓好事故控制工作，重点抓好工段、班组安全管理，充分发挥班组、互保对子的作用；组织对生产现场作业通道、作业场所的设备设施进行全方位的安全检查，认真开展事故预知预警活动。

3）完善和落实各项安全管理制度，加强员工对作业现场危险因素的辨识，特别是加强对危险区域和危险作业的监管、监护、安全确认和安全互保等防范措施的落实；进一步加大对生产作业现场“三违”、事故隐患的检查，规范员工个人安全行为，杜绝习惯性违章，进一步强化安全互保和安全确认责任制的落实，增强员工安全防护意识，真正做到“三不伤害”，确保安全生产。

（5）相关知识与管理借鉴

这起事故的发生比较意外，作业人员未按照现场处置措施要求，在天车起吊时未及时撤离危险区域，反而冒险干预晃动的撬杠，结果被失去控制的撬杠击中导致死亡。

避免此类人员违章事故，可以参考借鉴某钢铁股份有限公司开展“三不伤害”活动的做法。

该公司开展“三不伤害”活动是从 20 世纪 80 年代后期开始的，多年来，企业改制、管理模式转变、设备工艺更新等，情况发生了巨大变化，但是“三不伤害”活动仍在企业基层深入开展，在安全生产中发挥着重要作用。

该公司在“三不伤害”活动中，制定岗位“三不伤害”防护卡，使“我”所在岗位使用的机器、工具、原材料以及他人使用的机器、工具、原材料等都不能伤害自己，同时也不因自己的行为伤害他人。制定好“三不伤害”防护卡，首先从伤亡事故发生的原因找对策。事故分析表明，因人的作业不标准或习惯性违章等，即人的不安全行为而导致的事故占事故总数的 70% 以上。因此，制定“三不伤害”防护卡，要把伤害因素找全。伤害因素分析可根据经验和规程开展。经验是根据自己和他人在实践中总结的经验教训，找出伤害因素；规程是根据岗位作业标准、技术要求等，找出可能导致伤害的因素。针对各种伤害因素制定的防护卡，不仅具体，而且行之有效，从而为“三不伤害”活动顺利开展奠定了基础。

开展“三不伤害”活动是一项群众性安全活动，目的是约束人的不安全行为，避免事故发生。开展“三不伤害”活动，可逐步提高员工自我教育、自主控制、自主管理意识，对开展标准化作业有着积极的推动作用。该公司还把“三不伤害”活动纳入安全管理的正常轨道，把“三不伤害”活动和日常安全管理方法相互结合，相辅相成。

55. 天车工忽视安全身体越线被天车挤压致死

2014 年 3 月 24 日 11 时 20 分，河北省唐山某钢铁有限公司（本案例简称钢铁公司）炼钢厂连铸车间发生一起机械伤害事故，造成 1

人死亡，直接经济损失 90 万元。

（1）企业基本情况

钢铁公司有员工 3 800 人，设置了安全管理机构，配备了专职安全管理人员 14 人。主要产品为优质热轧带钢，年产量 300 万 t。

（2）事故经过和救援情况

1）事故发生经过。2014 年 3 月 24 日 7 时 20 分，钢铁公司炼钢厂天车组组长谷某伟组织天车组人员召开班前会，强调了安全注意事项，会后天车工到各自岗位开始接班。

10 时 50 分，正在炼钢厂连铸车间出坯跨驾驶 15 号天车吊运钢坯的天车工张某发现 15 号天车的小车移动速度慢，立即打电话报告给谷某伟，谷某伟说一会儿安排电工检查一下，张某驾驶 15 号天车继续工作。

11 时 15 分，炼钢厂连铸车间出坯跨 16 号天车的天车工张某艳驾驶天车由北向南行驶时，发现炼钢厂连铸车间出坯跨钢渣热闷岗位的天车工王某金站在出坯跨西侧天车蹬车平台入口处招手喊她，与此同时也发现同轨道的 15 号天车正吊运钢坯由北向南行驶。张某艳为了给 15 号天车让开通道，就将 16 号天车行驶到车间南端，准备等 15 号天车卸完钢坯向北行驶离开后，再驾驶 16 号天车到天车蹬车平台入口处接王某金。11 时 20 分，张某艳将 16 号天车停在车间南端后望向王某金，看见王某金站在出坯跨西侧天车蹬车平台入口处，身体越线，被由北向南行驶的 15 号天车西侧端梁刮碰，身体被挤压在天车西侧端梁与轨道护栏之间。

2）应急救援情况。事故发生后，张某艳立即喊 15 号天车停车，并告诉张某 15 号天车把王某金挤伤了。这时准备对 15 号天车的小车进行维修的电工张某兴由车间南端斜梯爬上天车走台，由南向北边走边打电话，偶然抬头发现王某金被 15 号天车西侧端梁刮碰，身体被挤压在天车西侧端梁与轨道护栏之间。张某兴立即跑至事故现场，并打电话通知天车组组长谷某伟。到达事故现场后，张某兴指挥15号天车向北移动。15号天车移走后，王某金倒在天车走台上，张某兴立即抱起王某金往下走。11时22分，谷某伟赶到，2人一起将王某金抬到地面。同时，谷某伟打电话报告给天车作业长刘某静，刘某静通知了公司医务室急救车。11时26分，急救车赶到，谷某伟和刘某静将王某金抬上急救车，送至丰润区人民医院抢救。14时，王某金经抢救无效死亡。

（3）事故原因分析

1）直接原因。钢铁公司炼钢厂连铸车间天车工王某金忽视安全，违反安全管理规定，未经批准擅自登上炼钢厂连铸车间出坯跨西侧天车蹬车平台站在入口处，身体越线，导致被15号天车刮碰挤压致死。

2）间接原因如下：

①钢铁公司安全管理不到位，安全管理人员安全意识淡薄，未尽到安全管理职责，安全检查走过场，事故隐患排查不力。起重机械在吊运物品过程中未安排专人进行现场安全管理，天车蹬车平台入口处未设置相关的警示标识，未能及时发现和有效制止员工的违章行为。

②钢铁公司安全教育培训不到位，未教育和督促员工严格按安全管理规定作业，导致员工安全知识匮乏，安全意识淡薄，忽视安全，违反安全管理规定，随意离岗、串岗，擅自进入危险场所。

（4）事故教训和整改措施

1）钢铁公司要认真吸取事故教训，立即在全公司范围内开展安全大检查，全面排查和及时消除各类事故隐患，坚决杜绝各类事故发生。

2）钢铁公司要切实加强安全管理，提高安全管理水平，进一步深化事故隐患排查治理，认真完善和落实安全生产责任制、各项规章制度和操作规程。

3）钢铁公司要切实加强对员工的安全教育培训，特别是加强对重点岗位和特种作业人员的教育培训，教育员工自觉严格遵守各项安全操作规程，从本质上提升员工的安全意识，杜绝“三违”现象发生。

（5）相关知识与管理借鉴

在这起事故中，天车工忽视安全，违反安全管理规定，站在天车蹬车平台入口处，身体越线，造成被天车刮碰挤压致死。在起重作业事故中，类似的事故案例比较少见，这也说明，只要忽视安全，就有可能发生事故。

起重机械作业的风险特性，主要体现在以下几个方面：

1）物料的高势能。起重搬运的载荷质量大，一般都上吨重，有的甚至几百吨。起重搬运过程是将重物悬吊在空中运动的过程。载荷质量大、位置高，因而具有很高的势能。一旦发生意外，高势能就会迅速转化为高动能。

2）运动的多维性。与其他固定式机械不同，起重机在作业过程中需要整体移动，其搬运过程是借助多个机构的组合运动来实现的。每个机构都存在大量结构复杂、形状不一、运动各异、速度多变的可动零部件，再加上吊载在三维空间的运移，这样就形成了起重机械危险源点多且分散的特点。

3）作业的范围大。起重机庞大的金属结构横跨车间或作业场地，高居其他设备设施和施工人群之上；起重机起吊物料，可实现带载情况下起重机部分或整体在较大范围内移动运行，在增大作业区域的同时，也使危险的影响范围加大。

4）作业的群体性。起重作业由地面司索工捆绑吊物、挂钩、卸货，起重司机操纵起重机将物料吊起，按地面指挥要求，通过空间运行，将吊物放到指定位置等一系列环节组成。每一次吊运，都必须由多人合作完成，无论哪个环节出问题，都可能发生意外。

5）作业条件的复杂性。室内起重作业，地面设备多，人员集中；室外起重作业，受气象条件和场地限制。在夜间作业，会受作业范围内采光条件的影响。另外，作业涉及物料的种类繁多，包括成件、散料、液体、固液混合等物料，形态各异。流动式起重机还会受到地形和周围环境等众多因素的影响。

总之，起重设备起吊运行过程中存在着诸多危险因素，要加强作业现场安全管理，加强对作业人员的安全教育，增强安全意识，做好预防工作，保证起重作业安全。

七、其他常见事故

在冶金生产过程中，既有冶金工艺所决定的高热能、高势能的危害，又有化工生产具有的有毒有害、易燃易爆和高温高压危险，由此导致火灾爆炸事故、中毒窒息事故、灼烫伤害事故等。此外，冶金企业生产过程具有设备与工艺复杂、设备设施和工序工种量多面广、交叉作业、频繁作业、危险因素多等特点，因此在生产作业中，还有人员触电、机械伤害、起重伤害、车辆伤害、高处坠落、物体打击等事故发生。对此，企业需要通过加强安全管理，加强员工安全教育和培训的方式，深刻吸取事故教训，提高员工的安全意识和责任意识，提高安全操作技能，积极预防各类事故的发生。

56. 人员高处作业未系好安全带导致坠落

2013 年 11 月 4 日 8 时 50 左右，某钢铁集团有限责任公司（本案例简称钢铁集团）检修公司检修三车间冲渣一组在 2 号高炉冲渣北场准备更换 201 皮带尾轮作业时，发生一起高处坠落事故，造成 1 人死亡，直接经济损失约 85 万元。

（1）企业基本情况

钢铁集团下属焦化、炼铁、炼钢、轧钢、动力、检修等 10 个钢铁主体生产厂。钢铁集团检修公司主要负责钢铁集团炼铁厂、物流公司、焦化厂、钢轧厂的轧钢系统及小型轧钢厂等系统的设备维护检修工作。检修公司有员工 1 711 人，设综合办公室、检修科、技术科、生产科和安全管理科 5 个管理科室，共有 10 个检修车间：负责储料场、烧结、球团区域设备检修的检修一车间和电控一车间，负责焦化厂区域设备检修的检修二车间和电控二车间，负责高炉系统设备检修的检修三车间和电控三车间，负责东区轧钢系统设备检修的检修四车间和电控四车间，负责小型轧钢厂设备检修的机电车间，负责轧辊加工和部分电机修理的机制车间。

（2）事故经过和救援情况

2013 年 11 月 4 日，检修公司正常生产。按检修公司检修三车间工作计划，冲渣一组负责更换 2 号高炉冲渣北场 201 皮带尾轮。8 时班组召开班前会，组长李某峰安排黄某哲、刘某坚、高某、任某、武某负责更换 201 皮带尾轮。

8 时 30 分左右，李某峰、任某、武某 3 人去车间材料组准备检修工具，黄某哲、刘某坚、高某 3 人先到达作业现场，同时到达现场的吊车司机张某山开始支吊车做起吊前的准备工作。黄某哲、高某 2 人协同揭开了厂房一层吊装孔的一块盖板后，吊车司机目视确认从门内伸进吊车吊臂吊装高度不够，需将二层吊装孔西数第三、四块盖板揭开，吊车吊臂从二层的窗户伸进作业。黄某哲、高某上到二层平台，2 人先将西数第三块盖板揭掉，放在第二块盖板上。

约 8 时 50 分，黄、高 2 人准备揭掉西数第四块盖板时，刘某坚从一层上到二层平台作业处，帮助揭西数第四块盖板。刘某坚站在吊装孔北侧，黄某哲站在吊装孔南侧，刘某坚右手扶楼梯栏杆，左手抓盖板提手，揭了一下没有揭动，高某转身准备去找撬棍，这时刘某坚、黄某哲又试着揭盖板，盖板被揭开，由于用力过猛，刘某坚身体失去平衡，从揭开的盖板处坠落至皮带通廊地面（落差 6.3 m）。见此情形，黄某哲立即打电话给组长李某峰，尔后和高某快速跑到地下坠落点一起对刘某坚进行急救。

约 9 时左右，李某峰打电话给车间主任王某山，王某山马上赶到现场并立即电话报告给检修公司安全科科长肖某富及副经理。9 时 10 分李某峰赶到现场，大家一起将伤者刘某坚抬到车上送往医院进行抢救，经抢救无效，刘某坚于 9 时 30 分左右死亡。

（3）事故原因分析

1）直接原因。刘某坚在高处作业时，未按规定系好安全带，由于用力过猛，不慎失足，发生高处坠落事故。

2）间接原因如下：

①劳动组织不合理。在高处揭盖板作业时，没有采取省时、省力、安全可靠的吊车进行揭盖作业，而是采用费时、费力且危险性较大的人工方法，致使事故发生。

②安全培训教育不到位。员工安全意识淡薄，对作业现场存在的危险性认识不足，严格遵守操作规程的意识差，存在习惯性违章行为。

③安全管理不到位。一是班组三级作业安全确认审批表中未对检修高处作业应采取的安全措施进行具体安排，对现场习惯性违章行为没有及时制止和纠正。二是车间审批把关不严格，对班组三级作业安全确认审批表中安全措施不具体的问题未及时纠正，没有安排专人进行现场监督。三是安全管理制度不落实，未认真落实《钢铁集团四级作业安全确认管理办法》中“三级作业应由车间领导到现场组织对安全措施的落实情况和现场作业情况进行确认”的规定。

（4）事故教训和整改措施

1）钢铁集团要认真吸取事故教训，举一反三，立即在全集团开展彻底的“三项制度”落实情况大检查，及时发现和纠正存在的问题，确保各级责任、制度、规程严格落实到位，杜绝类似事故，防止其他事故，确保安全生产。

2）钢铁集团要进一步加强对员工的安全教育与培训，增强目的性、针对性、实效性，认真开展反“三违”活动，加大“三违”监督检查力度，增强广大员工的安全意识和遵章守纪的自觉性，提高员工安全联保的实效性。

3）钢铁集团要进一步加强作业现场安全管理，严格落实各项安全操作规程，尤其要强化对检修作业过程中的安全管理，克服“抓大放小”的麻痹思想，做好检修作业危险性分析，制定切实可行的作业方案和安全防范措施，明确相关责任人，严格执行好作业审批，做好现场督导检查和安全确认，真正做到安全工作与生产作业“五同时”（计划、布置、检查、总结、评比），确保作业安全。

（5）相关知识与管理借鉴

在这起事故中，检修人员从一层作业开始，接着上到二层平台但是并没有意识到身处高处，应该使用安全带进行作业。结果，一名检修人员在揭开盖板时，由于用力过猛，身体失去平衡，从揭开的盖板处坠落至地面，导致伤亡。

冶金企业从事检修作业前，应当制定相应的安全技术措施及应急预案，并组织落实。对危险性较大的检修作业，其安全技术措施和应急预案应当经本单位负责安全管理的机构审查同意。在可能发生火灾、爆炸的区域进行动火作业，应当按照有关规定执行动火审批制度。

检修人员因为工作上的需要，经常进行高处作业，在进行高处作业时，思想必须高度集中，佩戴安全帽，系好安全带，安全带的挂钩应上挂或平挂在结实牢固的物体上。夜间从事高处作业，必须具有充足的照明和必要的安全措施。高处作业随带的工具等物应放置在工具包中及稳妥地点，不准任意向地面乱丢物体，作业人员下面的危险区域必须设置“禁止进入”的围栏或红白安全带作为警示标识。

57. 人员气割作业发生煤气爆炸造成高处坠落

2013 年 6 月 6 日 10 时 20 分左右，河北省唐山市丰润区某轧钢厂（本案例简称轧钢厂）在拆除煤气发生炉过程中发生一起高处坠落事故，造成 2 名作业人员死亡，直接经济损失 120 万元。

（1）企业基本情况

1）企业相关情况。轧钢厂主要从事角钢、槽钢的轧制和销售，年产钢材 30 万 t，有员工 150 人，其中安全管理人员 3 人。

2）事故现场情况。轧钢厂南北方向顺序放置 3 座二段式混合煤气发生炉，每座煤气发生炉连接一台管式电捕焦油器，由南向北依次为 1 号、2 号、3 号，煤气发生炉和电捕焦油器通过冷却水管、煤气管道等附属设施相连接。电捕焦油器罐高约 10 m，直径 3 m，顶部设有绝缘箱、整流器和放散阀等部件，四周设有固定式防护栏杆，顶部作业活动空间狭小。该煤气系统电捕焦油器自建成以后未投入使用，仅作为煤气运行系统的管道使用。

3）设备拆除进展情况。2013 年 5 月 16 日，轧钢厂停止设备运行，进行检修，并将所有煤气发生炉内剩余煤炭及炉渣全部清出。同时打开煤气发生炉人孔和煤气主管道等部位防爆膜放散煤气。6 月 1 日，该厂决定更换新的煤气发生炉。6 月 2 日，轧钢厂车间主任杨某刚通知炉长赵某军做好更换煤气发生炉的准备工作，并让其打开所有煤气放散设施。随后赵某军等人打开3座电捕焦油器顶部放散阀门，未拆除3座电捕焦油器的防爆膜，未将电捕焦油器底部人孔打开。6月3日，该厂在没有煤气分析报告、动火批准、监护人的情况下，开始拆除煤气发生炉。6月4日，煤气发生炉一级平台上部干馏段和上段水冷体顺利拆除完成。为了将煤气发生炉和电捕焦油器顺利拆解，需将相连接的栏杆、冷却水管等附属设备设施一并切割拆除。

（2）事故经过和救援情况

2013年6月6日9时左右，轧钢厂车间主任杨某刚安排赵某军和杨某礼使用气割切割煤气系统的冷却水管和电捕焦油器顶部的防护栏杆，同时安排杨某付、郑某明等人切割煤气发生炉三层平台北侧彩钢板。

10时10分，杨某刚进行巡视时，看见赵某军和杨某礼站在3号电捕焦油器顶部正在切割防护栏杆。10时20分，正在煤气发生炉三层平台北侧切割彩钢板的杨某付、郑某明听到“砰”的一声后，发现3号电捕焦油器的顶盖坠落在地面上，在顶盖上作业的赵某军和杨某礼不知去向。见到此种情况后，郑某明和杨某付立即走下平台，和现场其他作业人员共同寻找赵某军和杨某礼，他们分别在电捕焦油器西侧车间屋顶和钢坯垛旁救出赵某军和杨某礼。轧钢厂供应科科长赵某兵立即拨打了“120”急救电话。15分钟后，“120”急救车赶到事故现场，立即将赵某军和杨某礼送往唐山市工人医院救治。经抢救无效，赵某军、杨某礼分别于6月8日3时20分和6月8日6时40分死亡。

（3）事故原因分析

1）直接原因。在拆除煤气发生炉前，未用惰性气体置换电捕焦油器中留存的煤气，致使电捕焦油器放空管与大气相通，其余部分与大气隔绝，内部还存在大量煤气。赵某军和杨某礼站在3号电捕焦油器顶部使用气割切割防护栏杆时，气割产生的高温引燃3号电捕焦油器内的煤气，造成爆炸，爆炸产生的冲击波致使2人从电捕焦油器顶部坠落致死。

2）间接原因如下：

①轧钢厂安全管理不到位，管理人员安全意识差，拆除煤气发生炉之前未做煤气分析报告，未办理动火批准，作业现场无监护人监护，违章作业；现场管理人员对作业人员违章作业未能及时发现和有效制止。

②轧钢厂安全教育培训不到位，导致作业人员安全意识淡薄，对作业环境存在的危险因素认识不足。

（4）事故教训和整改措施

1）轧钢厂要认真吸取事故教训，举一反三，开展一次安全大检查，全面停工整改，全面排查和消除事故隐患，达不到整改要求，坚决不允许生产，杜绝各类事故再次发生。

2）轧钢厂要加强安全管理，进一步深化事故隐患排查治理，认真完善和落实各项规章制度，强化监督，确保各项安全措施落实到位，杜绝类似事故再次发生。

3）轧钢厂要切实加强对作业人员的安全教育培训，教育其严格遵守各项安全操作规程，杜绝“三违”现象发生，从本质上提升作业人员的安全意识。

4）轧钢厂在拆除煤气发生炉之前要对电捕焦油器中的煤气进行有效、彻底的惰性气体置换，要认真制定煤气分析报告，办理动火批准，作业现场要派专人进行监护，确保拆除期间安全。

（5）相关知识与管理借鉴

这起事故的发生，主要原因是轧钢厂安全管理不到位，作业人员安全意识差，拆除煤气发生炉之前未做煤气分析报告，未办理动火批准，作业现场无监护人监护，人员违章作业，以及现场管理人员对作业人员违章作业未能及时发现和有效制止。

对于冶金企业来讲，拆除煤气发生炉属于危险性较大的作业，在作业之前，要对电捕焦油器中的煤气进行有效、彻底的惰性气体置换，要认真制定煤气分析报告，办理动火批准，作业现场要派专人进行监护，这样才能确保拆除期间的安全和作业人员的安全。

冶金企业设备设施拆除、报废具体作业中，要注意以下事项：

1）对危险性大的作业实行许可制、工作票制。要害岗位及电气、机械、起重机等设备，应实行操作牌制度。

2）施工时高处作业人员应使用安全带。

3）带煤气作业，如带煤气抽堵盲板、带煤气接管、操作插板等危险工作，不应在雷雨天进行，不宜在夜间进行；作业时，应有煤气防护站人员在场监护；操作人员应佩戴呼吸器。

4）有窒息性气体的底吹阀门站，应加强检查，发现泄漏及时处理。进入阀门站应预先打开门窗与排气扇，检测合格，确认安全后，方可进入，维修设备时应始终打开门窗与排风扇。

5）连铸采用煤气、天然气、乙炔、丙烷和氧气切割铸坯时，应安装煤气、天然气、乙炔、丙烷和氧气的快速切断阀，并应配备灭火器材。

6）修炉作业施工区有可能泄漏煤气、氧气、其他有害气体与烟尘的部位，应采取防护措施。

7）起重机应由经专门培训、考核合格的专职人员指挥，同一时刻只应一人指挥，指挥信号应符合要求。吊运重罐，起吊时应进行试重，人员应站在安全位置，并尽量远离起吊地点。

8）起重机启动和移动时，应发出声音与灯光信号，吊物不应从人员和重要设备上方越过；吊物上不应有人，也不应用起重设备载人。

 58. 人员违规移动高空作业平台导致平台倾覆人员坠落

2014 年 4 月 29 日 16 时 30 分，河北省唐山市某建筑安装工程有限公司（本案例简称安装公司）在某钢铁集团（本案例简称钢铁集团）某汽车板有限公司（本案例简称汽车板公司）二区建设工地屋面系统点焊隅撑螺栓时发生一起高处坠落事故，造成 1 人死亡，直接经济损失 180 万元。

（1）企业基本情况

1）企业相关情况。安装公司具有一级房屋建筑工程施工总承包资质、二级机电设备安装工程专业承包资质等资质，有员工 200 人，其中管理人员 35 人。

河北某建设集团有限责任公司（本案例简称建设公司）具有一级房屋建筑工程施工总承包资质、二级冶炼工程施工总承包资质，有员工 1 050 人，其中管理人员 280 人。

汽车板公司主要经营冷轧薄板、镀层板带、电工钢板带、汽车车身及其零配件制造、销售，新材料技术推广服务。

2）合同签订情况。2013 年 10 月 23 日，钢铁集团冷轧部与建设公司签订钢铁集团汽车板技术改造项目合同，钢铁集团冷轧部将位于唐山市开平区的钢铁集团汽车板技术改造项目承包给建设公司，双方按照合同条款履行合同所约定的全部权利、义务及责任。

2013 年 10 月 16 日，建设公司将钢铁集团汽车板技术改造项目厂房建筑工程分包给安装公司，并签订分包合同，双方按照合同条款履行合同所约定的全部权利、义务及责任。

（2）事故经过和救援情况

2014 年 4 月 29 日 7 时 30 分，安装公司驻钢铁集团汽车板技术改造项目部带班班长赵某，安排姜某山和陈某林 2 人乘坐自制高空吊筐

点焊钢铁集团汽车板公司二区建设工地屋面系统（距地面高度 20 m）的隅撑螺栓，其中姜某山为普工，未取得焊工特种作业证。姜某山认为用吊筐作业又累又慢，便要求使用高空作业平台点焊隅撑螺栓，赵某于是安排姜某山独自使用高空作业平台（型号 GKH40）进行作业，安排陈某林去拼装屋面檩条。

16 时 30 分，姜某山站在高空作业平台大臂前端平台上（距地面约 18 m，高空作业平台大臂伸出约 26 m）作业时，违反高空作业平台作业规程，在高空作业平台大臂未收臂的情况下，擅自操纵操作杆移动高空作业平台，致使作业平台重量失衡发生倾覆，姜某山随大臂前端平台一起坠落至地面受伤。

事故发生后，赵某赶到事发现场，发现姜某山与高空作业平台大臂前端平台一起坠落至地面，立即打电话通知项目部负责人石某峰，并组织邻近的施工人员把姜某山抬出施工现场。16 时 45 分，石某峰驾驶皮卡车赶到，赵某等人把姜某山抬上石某峰的皮卡车，将姜某山送往医院抢救。4 月 29 日 18 时，姜某山经抢救无效死亡。

（3）事故原因分析

1）直接原因。姜某山未取得焊工特种作业证，擅自进行焊接作业，违反高空作业平台作业规程，在高空作业平台大臂未收臂的情况下，擅自操纵操作杆移动高空作业平台，致使作业平台重量失衡发生倾覆，姜某山随大臂前端平台一起坠落至地面受伤致死。

2）间接原因如下：

①安装公司安全管理人员安全意识淡薄，未尽到安全管理职责，安全检查走过场，事故隐患排查不力，未能及时发现并制止施工人员的违章行为。

②建设公司安全管理人员安全意识淡薄，未尽到安全管理职责，未能履行其在分包合同中的权利，且安全检查走过场，事故隐患排查

不力，未能及时发现并制止分包单位施工人员的违章行为。

③安装公司对施工人员安全教育培训不到位，未教育和督促施工人员严格执行施工现场设备安全操作规程，导致施工人员安全意识淡薄，未严格执行安全操作规程，对违章作业的危险性认识不足，自我防范意识不强。

④建设公司未正确履行其在分包合同中的义务，施工前未向安装公司施工人员进行安全生产规章制度的教育，未告知施工现场可能存在的危险因素和应采取的措施及要求，导致施工人员安全意识淡薄，对存在的危险因素认识不足。

（4）事故教训和整改措施

1）安装公司要举一反三，认真吸取事故教训，立即开展安全大检查，全面排查和消除各类事故隐患，杜绝各类事故发生。

2）安装公司要加强对施工作业现场的安全管理，认真落实安全生产责任制，提高安全管理水平，加强对危险区域作业现场的安全检查，杜绝违章作业，要指派专人进行安全监护，并确保监护可靠、有效，覆盖作业全过程。

3）安装公司要教育和督促员工严格执行本岗位的规章制度和安全操作规程，充分认识危险有害因素，坚决杜绝违章作业，从本质上提升员工的安全意识及安全素质。

4）建设公司要举一反三，认真吸取事故教训，立即开展对本单位及分包施工单位的安全大检查，全面排查和消除各类事故隐患，杜绝各类事故发生。

5）建设公司要加强对本单位及分包单位施工作业现场的安全管理，认真落实安全生产责任制，提高安全管理水平，加强对危险区域作业现场的安全检查，坚决杜绝违章作业，要指派专人进行安全监护，并确保监护可靠、有效，覆盖作业全过程。

6）建设公司要教育和督促本单位及分包施工单位员工严格执行本岗位的规章制度和安全操作规程，充分认识危险有害因素，坚决杜绝违章作业，从本质上提升员工的安全意识及安全素质。

（5）相关知识与管理借鉴

在这起事故中，作业人员在使用高空作业平台进行作业时，在平台大臂未收臂的情况下，擅自操纵操作杆移动高空作业平台，结果使平台重量失衡发生倾覆，作业人员也随大臂前端平台一起坠落至地面受伤。

高空作业平台是服务于各个行业高空作业、设备安装、检修等可移动性高空作业的产品。高空作业平台有不同的类型，主要有剪叉式高空作业平台、拖车式高空作业平台、曲臂式高空作业平台、直臂式高空作业平台、铝合金高空作业平台、套缸式高空作业平台、蜘蛛式高空作业平台七大类。在这起事故中，作业人员使用的可能是曲臂式或者直臂式高空作业平台。

使用升降平台前，应检查升降平台车的工作范围，清除妨碍升降平台车回转及行走的障碍物。应选择平整的地面，如地基松软或起伏不平，必须用枕木垫实后，才可进行工作。

升降平台上的操作人员应使用安全带，作业前工作负责人应向操作人员进行技术和安全交底，内容应包括工作内容及要求、安全注意事项及危险点、人员分工情况及责任范围。工作负责人除要对平台情况和操作人员进行检查以外，还要负责查看地形环境、起降是否符合安全技术措施的要求或事先制定的工作方案，如有出入，则应制定出相应的措施后方能开始工作。

在具体操作使用中，应注意以下事项：

1）严禁在平台未平稳、外伸支腿未调好、圆形水平仪未调平、着地不牢靠的情况下提升平台。

2）严禁在地面不平稳的状态下使用升降平台。

3）严禁在平台上有人或升起时调整或收起外伸支腿。

4）严禁在平台升起时移动机器，如需移动请先将平台缩合，松开支腿。

5）严禁在超过额定载荷下使用升降平台。

6）严禁使用升降平台提升货物或设备。

7）严禁在强风或下雨状况下进行室外作业。

8）请勿在作业时向外用力推拉物体。

9）严禁在平台护栏上坐卧、站立或攀缘。

10）严禁在升降平台下站人或堆放杂物。

11）严禁在带电情况下起动升降平台。

12）严禁在平台升起时进行激烈的人为摇晃。

13）严禁在一切可以预见的危险状况下使用升降平台。

59. 人员违章作业导致高处坠落

2016 年 7 月 7 日下午，某钢铁有限公司（本案例简称钢铁公司）物流仓储部施工单位自行进入现场复工，1 名工人在拆除旧彩板瓦过程中从屋顶掉落到地面，经抢救无效死亡。

（1）企业基本情况

钢铁公司位于云南省红河州蒙自县雨过铺镇，是精品建筑钢材生产基地，至 2008 年 7 月已具备年产 200 万 t 铁的产能规模。

（2）事故经过和救援情况

2016 年 7 月 7 日，钢铁公司物流仓储部施工单位云南某实业有限公司（本案例简称实业公司），在未通知钢铁公司的情况下，自行进入现场复工。

上午，作业人员将新彩板瓦运至储焦大棚围墙外堆放。14 时 30 分左右，作业人员李某某与范某某、周某某 3 人未系安全带，就到物流仓储部储焦大棚屋顶拆除旧彩板瓦。李某某在拆除旧彩板瓦过程中接电话并自行走动，在屋顶往后退时踩在了亮瓦上，亮瓦被踩断，人从约 15 m 高的屋顶掉落到地面。施工单位随即联系“120”救护车将其送至红河州第一人民医院救治。7 月 8 日 8 时 30 分，李某某经抢救无效死亡。

（3）事故原因分析

1）直接原因。实业公司（施工单位）在未通知钢铁公司的情况下，自行进入现场复工，没有按照施工安全方案要求落实安全防护措施；施工人员在作业过程中没有系安全带（或安全绳），接电话自行行走，后退踩在亮瓦上等违章行为是导致本次事故的直接原因。

2）间接原因如下：

①实业公司未落实安全管理协议，未认真履行高处安全作业票制度，未认真做好现场安全防护，现场无安全监护人员，对施工人员的管理失控。

②施工人员自我保护安全意识淡薄，我行我素，互保联保失效。

③业主钢铁公司物流仓储部对现场安全管理失效，当班人员对外来人员进厂没有尽到属地管理职责，没有认真进行检查和确认，检修现场没有采取有效安全防范措施，对施工过程监管不到位。

④钢铁公司装备技改部对施工单位安全管理严重不到位，对施工单位管理失控，对其施工过程中是否执行钢铁公司有关规定、检查落实不到位，未认真履行“一岗双责”安全责任。

⑤钢铁公司安全生产监督管理部对施工单位日常安全监管不到位，未能及时发现和处理施工过程中的事故隐患和违章行为。

⑥钢铁公司领导班子对协作单位的安全管理工作失察，未及时督

促职能管理部门落实各层级安全生产责任。

（4）事故教训和整改措施

1）加强对协作单位的管理，对资质审核要严格，对不具备安全生产条件、没有作业资质的协作单位，一律执行一票否决。

2）进一步完善管理制度，针对协作方施工、检修过程中的安全管理，要进一步明确责任和落实好确认制。

3）加强施工、检修过程的监管，要求施工、检修单位每日两报。协作单位入厂施工、检修前必须要通知所属厂/车间/班组的安全管理人员和当班人员，收工后也必须要通知所属厂/车间/班组相关人员，加强信息反馈。

4）各职能部门要指导、督促协作单位在入厂施工、检修前认真进行风险辨识，制定有针对性的安全控制措施，措施不到位不准作业。

5）针对风险较大的施工、检修作业，各职能部门要认真履行“一岗双责”“党政同责”和安全生产岗位责任制。

（5）相关知识与管理借鉴

在这起事故中，施工人员在高处作业过程中，没有系安全带（或安全绳），而且还接听电话、自行行走，直至后退踩在亮瓦上发生坠落。

高处作业危险性较大，必须遵守相关规定，时刻注意自身安全。在高处作业时，要注意以下事项：

1）从事高处作业时，必须注意架空电线，要做好隔绝措施，防止触电。不得在靠近高压电线 2 m 内作业，不得在靠近低压电线 1 m 内作业。

2）在石棉瓦、油毛毡屋顶上作业时，应铺设跳板，或将竹梯顶端连接起来作为人字梯，架在屋架上，以便工作和行走，禁止直接踩在石棉瓦和油毛毡上。

3）在梯子上作业时，梯子与地面的倾角保持 60°左右。梯子底脚应装置防滑垫物，并将梯子上端与固定物扎牢，在未扎牢前，应有人扶梯做好保护工作，防止滑移倾倒。不准 2 人在同一梯子上工作。人字梯的两梯横档之间应用牢固的绳索捆住，避免滑动。工作前应认真检查梯子横档，保证牢固可靠。靠在墙上的梯子，不准站在上三档以上进行工作。

4）高处作业必须穿橡胶底鞋子，不准穿硬底鞋工作。

5）高处作业上下爬动要谨慎，不得沿绳或脚手架的栏杆攀上或爬下。

6）任何人不得骑在或坐在脚手架栏杆上休息，也不得在栏杆外的板头上工作和依靠栏杆起吊重物。

7）工作前必须认真检查脚手架、栏杆、平台、梯子等是否牢固可靠，是否符合安全与施工要求。

8）建筑物及设备的预留孔、吊装孔、平台等的盖板、栏杆与安全设施不得任意拆除，如因影响工作必须拆除时，应采取临时措施，工作完毕后应恢复原状。

9）高处作业的地点如靠近有毒气体的放散管，检修单位应及时与生产车间联系，采取临时有效的安全措施，防止中毒事故。

10）高处作业不准打闹、开玩笑。上、下层同时作业时，中间须搭设严密牢固的防护隔板或其他隔离设施，上、下层要保持联系，相互照顾。

60. 平台围栏缺陷且人员未系安全带导致高处坠落

2016 年 7 月 26 日 14 时 50 分左右，云南省玉溪某钢铁有限公司

（本案例简称钢铁公司）外协单位上海某环保科技有限公司（本案例简称环保公司），在钢铁公司3号烧结机脱硫区域板框压滤机检修过程中，1名机修工发生高处坠落事故，经抢救无效死亡。

（1）企业基本情况

钢铁公司设计年生产能力为100万t铁、100万t钢、60万t材。自2003年11月1日破土动工，2005年2月28日公司2号高炉出铁，2005年3月15日顺利出钢。2005年10月26日，热轧全线热负荷试车成功，最终成功打通了从原料、烧结、炼铁、炼钢到轧钢的整个工艺流程。

（2）事故经过和救援情况

2016年7月26日14时50分左右，钢铁公司外协单位环保公司，在钢铁公司3号烧结机脱硫区域板框压滤机检修过程中，机修工陈某休息时蹲靠在围栏旁，不慎从围栏空洞处摔下，发生高处坠落事故。

事故发生后，现场人员及时将陈某送至玉溪市第一人民医院救治，陈某于7月26日20时35分经抢救无效死亡。

（3）事故原因分析

1）直接原因如下：

①烧结机脱硫区域板框压滤机厂房周边彩钢瓦墙壁因锈蚀严重，进行拆除作业后又未及时恢复，致使平台周边围栏遗留有空洞，是事故发生的直接原因。

②陈某麻痹大意，安全意识淡薄，没有看清楚周围情况就向后蹲靠，导致坠落事故。

2）间接原因如下：

①陈某麻痹大意，对存在的潜在危险认识不足，安全防范措施落实不到位，高处作业不系安全带，属典型违章作业。

②环保公司现场安全管理不到位，虽有多人在场，但是无人提

示、告知陈某休息的地点存在较大危险，也未制定具体的检修安全措施。

③环保公司对客观存在的事故隐患未给予足够重视，对发现的事故隐患未及时进行整改。

④环保公司日常安全教育培训工作不到位，员工安全意识不强，缺乏个人保护意识。

⑤钢铁公司烧结厂主体责任不落实，未及时发现现场存在的事故隐患，未对在本区域作业的外协单位进行有效管理。

⑥钢铁公司各级管理部门安全生产职责落实不到位，对外协单位危险作业审批、安全检查不到位，外协单位的作业过程基本处于无人问、无人管的状态。

（4）事故教训和整改措施

1）环保公司需修订完善安全管理制度及岗位安全操作规程并颁布实施；要进一步对员工开展安全教育培训工作，吸取经验教训，督促作业人员严格执行安全措施确认制等规章制度。

2）环保公司要组织员工通报事故经过、分析事故原因，举一反三，排查身边事故隐患，切实提高员工安全意识。

3）烧结厂立即开展安全大检查，针对烧结机脱硫区域认真组织排查现场事故隐患，对存在的事故隐患问题及时整改；分析存在的危险、有害因素，结合现场实际情况，制定完善的预防控制措施，真正实现“预防为主”。

4）钢铁公司安监部要组织对外协单位、功能承包单位进行全面的安全检查，要求外协单位严格遵守公司相关管理制度，规范管理。

5）钢铁公司安监部要加强对外协单位的管理，特别是检维修作业，必须按照安全生产标准化要求进行，涉及的危险作业必须按照危险作业相关制度执行，无审批严禁作业。

6）钢铁公司安监部开展学规程、用规程、反“三违”活动，督促各岗位人员熟知本岗位安全操作规程，作业过程中严格按照安全操作规程作业，安监部将不定期地组织安全检查，对查出的“三违”行为严格考核。

（5）相关知识与管理借鉴

在这起事故中，造成事故的有2个因素：一个是物的因素，即彩钢瓦墙壁因锈蚀严重，进行拆除作业后又未及时恢复，致使平台周边围栏遗留有空洞；另一个是人的因素，即作业人员麻痹大意，没有看清楚周围情况就向后蹲靠，且高处作业未系安全带。

从系统安全工程论的观点来看，构成安全生产的三大要素是人、物、环境（也被称作人、机、环境）。安全生产不是人、物、环境这三要素之间的简单相加，而是三要素之间以特定的方式相互联系、相互作用，共同构成的一个系统。在一定的环境中，人的不安全行为作用在一定的物（设备）上，就有可能形成事故。同样，在一定的环境中，物的不安全状态通过人的行为也有可能形成事故。此外，一个不协调、不安全的环境对人的行为、物的状态都有着不可忽视的影响。

分析大量事故形成的过程可以发现，事故的发生不外乎是物的不安全状态和人的不安全行为两大因素共同作用的结果。在生产经营活动中发生人身伤害事故，按照事故运动轨迹交叉理论，伤害事故是一系列有序事件的结果，是人的行动轨迹和物（机械、设备、装置、工具、物料等）的运动轨迹在时空中发生非正常接触而引起的。因此，从事故发生的过程来看，要想不发生事故，根本的措施只能是消除潜在的危险因素（物质的不安全状态）和使人不发生误判断、误操作（人的不安全行为）。

安全生产就是充分发挥人的主观能动性，积极、认真地认识客观存在的生产经营活动，进行科学预测和决策，在系统设计、施工和运行的全过程中，对人、物、环境、信息等实行全面系统的管理，做到安全第一、预防为主，消灭事故于未然，实现安全生产。

 61. 厂房顶部作业瞬时大风导致人员高处坠落

2018 年 1 月 8 日 9 时许，在某钢铁股份有限公司（本案例简称钢铁公司）厂区内，江苏南通某建设集团股份有限公司（本案例简称建设公司）在屋面进行作业过程中，发生一起高处坠落事故，造成 1 人死亡。

（1）企业基本情况

1）企业相关情况。建设公司法定代表人黄某辉，经营范围：房屋建筑工程施工总承包等。

钢铁公司法定代表人李某，经营范围：工业企业、建筑业、公用、交通领域设备设施的工程承包、维修等。

2）合同签署情况。2017 年 3 月 20 日，钢铁公司与建设公司签订检测/检修服务采购合同，双方约定，由钢铁公司委托建设公司开展全厂围护结构及土建零星修理。双方同时签订了维修项目管理协议，明确检修业务实施和管理的具体事项。

3）项目基本情况。该项目为无缝钢管厂 AB 跨东段厂房采光设施整修项目，包括对厂房气楼屋面增设 16 个采光带，气楼两侧玻璃窗更换为采光板，对窗架进行防腐油漆处理等工作。建设公司为此项目专门制定了《无缝 AB 跨东段厂房采光设施整修施工方案》（以下简称施工方案），并通过了钢铁公司组织开展的施工方案高危项目专项安全技术方案审核。

（2）事故经过和救援情况

2018 年 1 月 8 日 8 时左右，建设公司作业人员刘某成等 4 人在接

受完安全交底后，上到离地约 20 m 的屋顶，刘某成负责高空施工监护，其余 3 人负责具体屋面修理工作。

作业人员首先在厂房顶部北侧拆除 2 块原有的彩钢板，使得屋面形成一个 6. 2 m×2. 15 m 的空隙，拆下的彩钢板被分别放置在空隙的东西两侧。随后 3 人站在屋面空隙的东侧，开始为屋顶的槽钢下料，刘某成则站立在空隙的西侧，距空隙约 4 m 进行安全监护，其身后摆放着拆下的彩钢板。

9 时左右，作业现场突然自西向东刮起一阵大风，将放置在刘某成身后的彩钢板刮起，被刮起的彩钢板将刘某成快速推向屋顶空隙，最终导致刘某成从空隙处坠落至地面。彩钢板则越过空隙，最终停留在空隙的东侧。

事故发生后，同在现场的作业人员迅速下到地面，发现刘某成卧倒在厂房地面上，没有知觉，于是立即拨打电话将事故情况告知单位领导，同时将刘某成抬到单位的车上，送至上海市宝山区中西医结合医院，刘某成经医院抢救无效死亡。

事故造成 1 人死亡，直接经济损失约 185 万元。

（3）事故原因分析

作业人员站立在地势开阔的高处进行旁站监护过程中，瞬时出现的 6 级以上大风将放置在作业人员后方的彩钢板刮起，被刮起的彩钢板将作业人员快速推向屋顶空隙处，导致作业人员从屋顶空隙处坠落至地面。

事故调查组通过现场踏勘、调查询问等工作，结合专业部门的分析意见认为：该起事故是一起因局地瞬时出现 6 级以上大风导致的一般生产安全非责任事故。

（4）事故教训和整改措施

1）进一步提升作业人员安全意识和安全技能。作业单位要认真吸取此次事故的教训，进一步加大对作业人员，尤其是对于从事高危作业人员的安全教育培训力度。要从对作业环境判断、工器具放置、人员站位等方面提升作业人员对现场危险源的判断能力，提高安全意识、安全技能和自我保护的能力，杜绝此类事故再度发生。

2）进一步提升安全防范措施的可操作性。相关单位要进一步强化企业安全生产主体责任意识，各职能部门在制定、审核作业方案过程中，要切实加大对安全防范措施可操作性的审核力度，特别是对于涉及高危作业过程中的安全防范措施，要确保现场作业人员能将措施落到实处，并留下相关记录。

3）加大现场巡查力度。相关单位要以此次事故为契机，结合企业工作的实际情况，针对维修项目作业场地分散、高处作业不易监控等特点，充分发挥现有技防设备作用，督促施工单位带好队伍、管好人。对于重点区域、危险部位，要加大安全投入，根据现场作业的实际情况增设监控设施，努力实现对作业场所的动态监控，督促作业人员严格遵守安全操作规范，确保作业过程安全可控。

（5）相关知识与管理借鉴

事故之后，调查组经过现场勘验，确定以下情况：

1）事故发生地点位于钢铁公司厂区无三路无缝钢管厂房 AB 跨 06 线附近的房顶北侧，房顶离地高度约 20 m。该厂房为钢结构厂房，顶部采用 6. 4 m×0. 55 m 的彩钢板铺设。

2）人员坠落位置处可见一个 6. 2 m×2. 15 m 的空隙，空隙中间铺设有东西走向的跳板。

3）空隙正上方，离屋面约 1. 2 m 处设有直径为 12 mm 的保险钢丝绳，用于作业人员站立在跳板上作业时系挂安全带。空隙正下方，离屋面约 5. 5 m 处，设有防止零星物品坠落的防坠网。

4）人员坠地位置位于厂房地面，距屋顶空隙垂直处东侧约

5.9 m，地面可见一摊血迹和散落的安全帽、工作鞋等物。

5）根据气象部门观测数据，2018 年 1 月 8 日上午，宝山滨江地区受寒潮天气影响，风力 4~5 级。9 时 6 分至 9 时 8 分，部分地区出现过短暂的风力增大过程，实测最大瞬时风速 6 级（近 7 级）。根据实地调查，事发地点位置高，地势开阔，且地形特殊，不排除出现局地瞬时 7~8 级大风的可能性。

在高处作业安全操作规程中，通常都会有这样一句话，即遇到 6 级或 6 级以上大风要停止人员作业。这条规定就是为了防止人员被大风刮落的情况。遇到类似情况，应该及时撤离人员，避免坠落事故发生。同时，还应强调的是，高处作业前，应系好安全带，穿好防滑软底鞋，扎紧袖口，衣着灵便；还应检查作业点行走和站立处的脚手板、临空处的栏杆或安全网及上、下梯子，确认符合安全规定后，方可进行作业。

62. 混匀机筒体结圈料大面积脱落导致保护架坍塌

2015 年 1 月 16 日 7 时 55 分左右，位于某钢铁股份有限公司炼铁厂（本案例简称炼铁厂）烧结分厂内，上海某实业有限公司（本案例简称实业公司）的员工在四烧结二次混匀机进料端进行清料作业过程中，发生一起坍塌事故，造成 1 人死亡。

（1）企业基本情况

1）企业相关情况。炼铁厂内部分为烧结分厂、原料分厂、炼焦分厂、高炉分厂、设备管理室及炼铁机关。

2）合同签署情况。炼铁厂和实业公司签订炼铁厂落矿回收协力业务承包合同，双方约定：在炼铁厂高炉、炼焦、烧结区域生产系统，实业公司（乙方）承担承包区域内的有关回收加工作业，负责归拢承包区域的有关废旧物品。

（2）事故经过和救援情况

2015 年 1 月 16 日凌晨，实业公司炼铁区域落矿清扫项目烧结作业区烧结四组林某国等 6 名作业人员，按计划到炼铁厂烧结分厂四烧结二次混匀机内进料端进行积料清理工作。在完成保护架（由槽钢和钢跳板组成）搭设、停电挂牌、三方确认等工作后，作业人员轮换进入保护架下，使用风镐开始进行积料清理工作。

7 时 55 分左右，当林某国 1 人在保护架下作业时，上部的积圈料突然脱落，将保护架压垮，林某国被脱落的积圈料和散落的槽钢、跳板压住。

事故发生后，现场炼铁厂烧结分厂运行作业区作业长曹某立即拨打厂内急救电话，随后又通过电话进行报告。实业公司现场人员立即开展救援，扒开脱落的积圈料、槽钢和跳板，将林某国抬至混匀机外。8 时 12 分左右，救护车到达现场，8 时 32 分左右，林某国被送至上海交通大学医学院附属第三人民医院抢救。9 时 30 分，林某国经抢救无效死亡。这起事故造成直接经济损失约 102 万元。

（3）事故原因分析

1）直接原因。在清料作业中，筒体内部上方结圈料大面积脱落至保护架上，保护架因承载力严重不足而坍塌，导致保护架下方作业人员被脱落的结圈料、槽钢及钢跳板砸中。

2）间接原因如下：

①实业公司对结圈料大面积脱落情况预判不足，在制定方案前，未根据实际情况进行科学评估，所使用的保护架无法承载大面积脱落的结圈料。

②实业公司在安排管理人员过程中随意性较大，现场管理混乱。

③实业公司在督促、检查本单位安全生产工作、及时消除生产安

全事故隐患过程中措施不力。

④炼铁厂烧结分厂对结圈料实际情况预判不足，未能及时提示实业公司。

（4）事故教训和整改措施

1）实业公司要全面梳理相关技术文件，进一步完善安全规程、技术方案等管理文件。对于安全措施的内容，要根据作业环境的实际情况进行科学评估，从操作性、规范性角度进一步具体、细化，确保安全防护措施落实。

2）实业公司要进一步强化生产安全事故隐患排查治理工作，尤其是对于作业场所及施工作业全过程危险源辨识，要进行科学论证和评估。

3）实业公司要加大企业管理力度，强化安全生产责任落实。要将安全生产责任细化到每个部门、每个区域、每位责任者，防止出现因管理人员对现场情况不熟悉而导致管理上的失误。

4）炼铁厂烧结分厂要指导、督促实业公司，根据作业环境的实际情况全面梳理相关规章制度和操作规范。进一步强化对实业公司及其他承包单位的技术方案等文件的审核力度。尤其是对于安全防护措施，要针对施工作业实际情况，从本质安全角度，开展作业方式研究，督促相关承包单位完善技术文件。

5）炼铁厂烧结分厂要将该起事故所暴露出来的问题，向所有承包单位进行通报。要加大对所有承包单位安全生产工作的指导力度，指导、督促承包单位努力提高危险源辨识能力。

6）炼铁厂烧结分厂作为项目发包单位，要严格执行《安全生产法》相关规定，落实生产现场对承包单位安全生产工作的统一协调和管理。定期进行安全检查，发现问题的，及时督促整改。

（5）相关知识与管理借鉴

事故之后，调查组现场勘查的情况如下：

1）事故发生地点位于炼铁厂烧结分厂四烧结二次混匀机筒体内部进料端部位，筒体内直径约 5 m。

2）结圈料脱落区靠近筒体进料端，沿筒体长度方向脱落 2.52 m，落料位于保护架上方，沿环向大面积脱落，脱落结圈料最大厚度 0.4 m，平均厚度 0.25 m，脱落面积约 15 m^2。

3）底部结圈料堆附近有一根槽钢（远离进料端）沿筒体长度方向平躺（10 号槽钢，长 5.1 m，最大弯曲变形 0.22 m），另一根槽钢（近进料端）埋入底部散落的结圈料堆内。

4）钢跳板散落在结圈料堆里、外，其中有 6 块钢跳板外露（钢跳板尺寸：长 3.0 m，宽 0.25 m，厚 0.05 m，壁厚 0.002 2 m）；钢跳板均存在一定的弯曲变形，并残留有固定钢跳板的绑扎铁丝。

根据技术鉴定，脱落至保护架上的结圈料总重约 6.3 t。大面积脱落的结圈料平均厚度为 0.25 m，该保护平台的支撑槽钢承载力严重不足。

这起事故发生的主要原因，是对结圈料大面积脱落情况预判不足，在制定方案前，未根据实际情况进行科学评估，所使用的保护架无法承载大面积脱落的结圈料。这起事故也提醒相关企业，炼铁厂积料清理是一个经常性的工作，积料清理前必须根据实际情况进行科学评估，所制定的方案要能够保证作业人员的安全。

63. 清理给料机上部淤煤受煤仓塌落引发事故

2013 年 9 月 14 日 12 时 40 分左右，河北省唐山某炼焦有限公司（本案例简称炼焦公司）备煤车间作业人员在清理 3 号圆盘给料机上部淤煤时，3 号受煤仓突然塌落，造成 3 人死亡、1 人受伤，直接经济损失 200 万元。

（1）企业基本情况

1）企业相关情况。炼焦公司经营范围：炼焦，粗苯、焦油制造，铁精矿粉、球团铁矿、白云石、石灰石、钢材批发等。主要生产装置有 TJL80-4355CD 型焦炉 2 座，年产焦炭 60 万 t、焦油 2.5 万 t。公司下设炼焦车间、化产车间、备煤车间、机运车间、电仪车间、生产处、安全处、机动处和综合办公室等 15 个部门。公司有员工 450 余人，其中专职安全管理人员 9 人。

2）事故发生地点情况。事故发生地点位于炼焦公司备煤车间配煤工段 3 号受煤仓下。备煤车间位于该公司厂区东部，于 2007 年年底建成并投入使用，主要由煤场和配煤、破碎、粉碎、带式输送机及转运站等组成。配煤工段位于备煤车间煤场东侧，主要设备包括受煤仓 7 个、圆盘给料机 7 台（其中 2 台备用）、带式输送机和电子秤（小皮带），负责向焦炉炉顶煤仓输送配合煤。7 个受煤仓由北向南依次摆放，其中 1 号、2 号、3 号、4 号、5 号受煤仓正常使用，6 号、7 号受煤仓备用，受煤仓均为半地下形式结构。备煤车间有员工 36 人，其中专职安全管理人员 1 人。

（2）事故经过和救援情况

2013 年 9 月 14 日 7 时 45 分，炼焦公司备煤车间乙班班长张某国组织召开由上煤工唐某青、邓某、商某印等 10 名作业人员参加的班前会，安排布置当班工作。8 时左右，各员工进入岗位作业，给焦炉炉顶煤仓上煤。按照当班分工，邓某负责看管地坑内 1 号、2 号受煤仓及圆盘给料机，唐某青负责看管 3 号、4 号受煤仓及圆盘给料机，商某印负责看管 5 号受煤仓及圆盘给料机。

10 时，焦炉炉顶煤仓仓满停止上煤，设备停止运行。11 时 50

分，开始再次给焦炉炉顶煤仓上煤。其间，备煤车间乙班维修工柴某东对设备运转情况进行巡检，未发现异常。12 时 20 分，唐某青发现 3 号受煤仓堵塞不下煤，于是将该情况向张某国进行了电话报告。12 时 25 分，张某国电话通知柴某东检查 3 号受煤仓故障。12 时 30 分，张某国和柴某东先后来到地坑内，柴某东检查了 3 号受煤仓后未发现设备异常，便告诉张某国等 4 人将煤仓下口的淤煤掏出来，随后柴某东回到地面值班室。张某国、商某印和邓某商议轮流协助唐某青从煤仓下口掏淤煤。商某印站在 3 号受煤仓下口圆盘给料机旁边电子秤（小皮带）下的支架上，用小耙子从煤仓下口掏煤，唐某青、邓某、张某国站在 3 号受煤仓下方皮带走廊的操作平台上等候轮流清理（因场地狭小，只能一人清理作业）。

12 时 40 分，3 号受煤仓突然塌落，塌落的 3 号受煤仓上口顶在地坑东墙上，下口顶在地坑西墙上，3 号受煤仓和仓内的存煤将唐某青、邓某、张某国压埋，受煤仓上口脱落的角钢将商某印砸伤。

柴某东听到受煤仓处传来的塌落响声后，立即跑向地坑，到达地坑口时，遇到商某印从地坑内跑出来。在了解了事故情况后，柴某东立即将事故情况电话报告备煤车间工段长刘某顺，同时组织现场人员立即救援。用移动式起重机将 3 号受煤仓吊起约半米后，现场人员随即清理皮带走廊操作平台上的积煤。14 时左右，张某国、邓某和唐某青陆续被救出并送往迁安市中医院进行抢救。经抢救无效，唐某青、张某国、邓某于当日先后死亡。商某印为轻伤，无生命危险。

（3）事故原因分析

1）直接原因。经多年使用，3 号受煤仓四面钢板与上口四边角钢焊接部位严重锈蚀，在汽车装载机装煤作业的长期碰触下，上口西侧边缘严重变形并与角钢分离，其他两面（南侧、北侧）也已脱离，只有东侧与上口角钢有部分焊接，造成连接强度不足。同时，受煤仓上部大量积煤，加之事故发生前下雨造成煤水分增加，致使受煤仓承压加大，在重力作用下受煤仓与大量配合煤突然脱落，导致事故发生。

2）间接原因如下：

①设计、制作存在先天缺陷。3 号受煤仓顶部四边角钢连接方法简单，不符合设计及施工规范要求；受煤仓与四边角钢未进行双面焊接，只进行了单面、间断焊接；受煤仓与顶部角钢未按规范要求加纵向加强筋板；地下配料槽钢筋砼梁、墙上口未设置应与煤仓上口四边角钢焊接的钢结构预埋件，受煤仓顶部四边角钢很容易同钢筋砼梁、墙脱离。

②设备管理不到位。炼焦公司未建立受煤仓点检及维修等管理制度；未对在线运行的受煤仓进行点检及维修，对受煤仓日常管理缺失；原设计使用的龙门吊抓斗起重机停用后未及时修复更新，改用汽车装载机装煤，导致装煤作业中碰触受煤仓顶部角钢，造成受煤仓顶部角钢西侧上口变形，顶部角钢同钢筋砼梁脱离；角钢同煤仓脱离后，未及时进行检查及维修；未能提供设计单位、施工单位及监理单位资质证明，未能提供设计图纸及施工、监理相关资料。

③事故隐患排查不彻底。炼焦公司安全生产事故隐患排查不全面，存在盲区死角，未能发现长期存在的事故隐患，致使事故隐患长期得不到整改。

④安全培训不到位。炼焦公司员工安全教育培训走过场、流于形式，未按规定时限和内容进行培训，导致员工安全意识和安全技能差，对作业现场存在的危险因素认识不足。

（4）事故教训和整改措施

1）炼焦公司要举一反三，认真吸取事故教训，切实加强企业安全管理，在全公司开展事故隐患大排查，全面排查和及时消除各类事故隐患。要对所有受煤仓实施彻底整改，请有资质的设计单位进行重新设计，确保受煤仓有关技术参数符合规范要求，并按设计要求由具备相应资质的施工单位进行施工。

2）炼焦公司要加强设备管理，认真完善和落实各项规章制度，及时排查和消除各类设备隐患，杜绝因设备隐患所引发的生产安全事故再次发生。要建立受煤仓点检及维修等管理制度，建立检查记录，加强对受煤仓设备设施日常管理。要及时修复或更新龙门吊抓斗起重机，恢复使用龙门吊抓斗起重机装煤。受煤仓上口不能过多堆积配合煤，以免造成受煤仓压力过大，避免类似事故再次发生。

3）炼焦公司要切实加强对员工“三级安全教育”，强化重点岗位和特种作业人员的教育培训，要按照规定时限和内容对员工进行再培训，确保员工具备对本岗位各类事故隐患和风险的判断识别能力，从本质上提升员工的安全意识和技能。主要负责人、安全管理人员和特种作业人员必须持证上岗。

4）炼焦公司要高度重视安全生产工作，认真学习《生产安全事故报告和调查处理条例》（国务院令第 493 号）、《国务院关于进一步加强企业安全生产工作的通知》（国发〔2010〕23 号）等法律、法规和文件规定，切实做好生产安全事故信息报告工作，不得迟报、漏报、谎报和瞒报事故。

（5）相关知识与管理借鉴

受煤仓工作原理：在配煤工段的地坑内，受煤仓下口悬置于圆盘给料机上方，受煤仓内的煤经仓口落到圆盘给料机上，通过给料机的旋转将煤转运到电子秤（小皮带）上，再通过电子秤将煤输送到传送带上，之后再传输到焦炉炉顶的煤仓内。

这起事故的发生，与设计、制作存在先天缺陷有关，与设备管理不到位有关，还与事故隐患排查不到位有关。事故公司未建立受煤仓点检及维修等管理制度，未对在线运行的受煤仓进行点检及维修，对受煤仓日常管理缺失；原设计使用的龙门吊抓斗起重机停用后未及时修复更新，改用汽车装载机装煤，导致装煤作业中碰触受煤仓顶部角钢，造成受煤仓顶部角钢西侧上口变形，顶部角钢同钢筋砼梁脱离；角钢同煤仓脱离后，未及时进行检查及维修。

坍塌事故是指建筑物、构筑物、堆置物倒塌以及土石塌方引起的事故。坍塌事故在建筑施工中属于常见多发事故，因此，在建筑施工中对坍塌事故的预防比较周密严谨；而不经常发生坍塌事故的冶金企业，有时候就容易忽视此类事故。由于坍塌过程产生于一瞬间，来势凶猛，现场人员往往难以及时迅速撤离，不能撤离的人员会随着坍塌物体的变动而引发坠落、物体打击、挤压、掩埋、窒息等严重后果。如果现场有危险物品存在时，还可能引发着火、爆炸、中毒、环境污染等灾害。还有因抢救过程中，缺乏应有的防护措施，因而出现再次、多次坍塌，扩大了人员伤亡，容易发生群死群伤事故。因此，需要认真吸取这起坍塌事故教训，加强事故隐患排查工作，及时发现和消除事故隐患，把事故消除于发生之前。

64. 清理料仓粘料突然坍塌导致人员窒息

2016 年 1 月 13 日 9 时 25 分左右，某钢铁集团有限公司（本案例简称钢铁公司）炼铁部在清理 1 号烧结机作业区 3 号料仓粘料过程中发生粘料坍塌事故，造成 2 人死亡，直接经济损失 220 万元。

（1）企业基本情况

1）企业相关情况。钢铁公司以生产钒钛产品和含钒钛低合金钢材为主业，形成了以冶、炼、轧、钒化工序相配套的钢、钒生产体系，设计年产生铁 900 万 t、钢 900 万 t、钒产品 2.5 万 t、钛精矿 6

万 t。公司下设办公室、生产计划部、设备管理部等 15 个部室，炼铁部、热轧卷板事业部、长材事业一部等 29 个二级单位。

炼铁部为钢铁公司二级单位，坐落在公司主厂区，占地面积约 75 万 m^2。其主要产品是含钒铁水，副产品是高炉煤气、高炉渣、瓦斯灰。炼铁部下设技术组、生产组、安全组等 6 个专业组以及点检作业一区、点检作业二区、1 号高炉作业区等 22 个作业区。实有人数 2 304 人，其中管理岗位 173 人。

2）事故单位生产情况。炼铁部有 2 500 m^3高炉 3 座，1 260 m^3高炉 1 座，450 m^3高炉 3 座；有 360 m^2烧结机 3 台，180 m^2烧结机 3 台。事故发生前，2 台 180 m^2的 4 号、6 号烧结机处于长期停产状态，其余设备正常生产。

事故发生在 1 号烧结机作业区。烧结生产是将矿粉（富矿粉、精矿粉）、燃料（焦粉或无烟煤粉）、熔剂（石灰石、白云石粉或石灰粉）以及含铁废料按一定的比例配合成混合剂，然后装在烧结机上点火进行烧结。燃料燃烧产生的热量可使混合料加热到 1 300 ~ 1 500 ℃，并产生熔融的液相渗入散料层内；燃料烧完后，温度下降，熔融液相凝固，起黏结剂作用，使粉状料形成坚实多孔的烧结矿。

3）事故地点情况。事故发生地点为 1 号烧结机作业区 3 号料仓，该料仓仓顶距地面 19 m，上部为长方体混凝土结构，高 8.5 m，宽 8 m，长 8 m，下部为圆锥体钢结构，高 5.8 m，锥体下部离地面 4.7 m。未清料前 3 号料仓内壁粘料分布：东侧有大约 1 m 厚的粘料，西侧有大约 2 m 厚的粘料，南侧有 0.8 m 厚的粘料，北侧有大约 1 m 厚的粘料。事故发生前 3 号料仓内壁粘料分布：东侧有少量的粘料，且料面较低；西侧、北侧和南侧粘料薄厚不均，最厚料面达 2 m；各侧夹角处粘料比较厚。形成的料坑高 2.5 m，直径 2 m，西侧粘料料面距离仓口 3.5 m，粘料料面距料坑上沿 3 m。

（2）事故经过和救援情况

1）事故发生经过。2015 年 12 月初，炼铁部 1 号烧结机作业区工作人员发现 3 号料仓下部锥斗磨损漏料，需先将料仓内壁粘料清理干净、物料放净，更换锥体内部衬板。

2016 年 1 月 1 日开早会时，1 号烧结机作业区主作业长韦某明、作业长赵某强、作业长王某志、作业区安全员姜某生、作业区组长李某讨论制定了 1 号机作业区配料 3 号料仓清料方案（简称清料方案）。清料方案中明确韦某明为组长，负责清料工作的全面组织工作，负责清料方案、安全方案的审核，负责清料整体进度的控制；赵某强为副组长，协助组长负责清料工作，负责制定清料方案，负责清料现场组织协调工作，负责安全监督和工器具的保障；清料作业安全员为李某。清料方案规定：“作业人员始终保持 2 人一组，进入料仓需有人在外瞭望，并系好安全带在料层顶部作业。每班 4 人分成 2 组轮流作业，形成一组互保对子，做好相互监督、相互照顾的互保工作。每组人员持续作业时间不超过 40 min。作业时，从顶部仓口牢固系好 2 条直径为 22 mm 的棕绳，绳子一端系在作业人员的腰上，作业人员要正确使用安全带，卡子应扣紧安全绳。顶部仓口设立专人安全监护，防止落物伤人。清料过程中每次放料量不宜过多，料面与粘帮平面落差不高于 1.5 m，防止塌料事故。”

1 月 8 日，在没有办理有限空间安全作业证的情况下，李某组织工人王某平、马某和、冀某庆、张某满 4 人（简称清料小组）开始清理作业，一天后停止了清理作业。1 月 12 日，清料小组又开始清理，至当日中午停止清料。1 月 13 日 8 时，李某带领清料小组到达 3 号料仓，没有对工人进行培训教育，也没有分成 2 人一组结成互保对子，4 人沿着吊梯进入料仓底部作业面，李某在料仓顶部负责监护。

因风镐管子阀门损坏，李某联系维检人员进行处理后，于 8 时 30 分左右，清料小组恢复清料作业，李某此时去化验室做烧结转鼓。王某平与马某和在料仓北侧处理粘料，冀某庆和张某满在料仓南侧处理粘料。9 时 25 分左右，王某平站在料仓西北侧用风镐处理粘料，马某和在料坑边沿西北角向上拉坑里的梯子，张某满在料仓南侧清料，冀某庆在料坑内破碎大块粘料，这时料仓西侧仓壁上的粘料突然坍塌，张某满随着落料滑下，滑塌的物料埋至其膝盖位置，王某平被坍塌的物料推到东北侧，物料将马某和、冀某庆掩埋。

2）应急救援情况。事故发生后，王某平打电话告诉李某，李某立刻给医院打电话并跑向事故现场，途中遇见主作业长韦某明，韦某明马上向炼铁部领导报告并赶赴现场组织人员救援。炼铁部、安监部、生产部、消防大队、医院等相关人员接到报告后，立即赶到现场组织救援。12 时 20 分，冀某庆被救出；13 时左右，马某和被救出。2 人先后被送往医院抢救，13 时 30 分，2 人经抢救无效死亡。

（3）事故原因分析

1）直接原因。在清理 3 号料仓粘料过程中，作业人员未按清料方案中应自上而下进行作业的规定清料，粘料突然坍塌，导致 2 名作业人员被掩埋窒息死亡。

2）间接原因如下：

①清料作业人员自我保护意识淡薄，在料仓内作业，对粘料坍塌等危险因素辨识不清，没有安全防范意识。清料方案中规定的 12 条安全要求，8 条没有落实。

②1 号烧结机作业区虽然制定了清料方案，但是未按照清料方案要求组织作业，对员工违规行为未加以制止，未按照教育培训制度传达清料方案，未按照规定将有限空间安全作业证张贴在作业场所显著位置。

③炼铁部安全管理不到位，未认真执行安全管理制度。特别是有限空间作业管理不严格，有限空间安全作业证审批、办理流于形式，有限空间安全作业证超时，也没有按照有限空间安全作业证相关要求执行。

（4）事故教训和整改措施

1）钢铁公司应认真吸取事故教训，特别要优化料仓清理作业方案，在方案中明确各作业人员的职责，对可能出现的危害因素进行辨识，制定防范措施，并告知作业人员，同时组织学习，在作业过程中严格落实执行，确保作业处于安全、可控状态。

2）钢铁公司进一步完善有限空间作业安全管理制度，组织制定料仓检维修作业及清仓作业安全管理制度，依据危险源辨识、风险评价、风险控制策划程序，将料仓检维修作业、清仓作业的风险等级提级管控。

3）钢铁公司加强员工安全教育培训工作，突出转岗换岗人员，注重安全操作、技术规程、各项规章制度的培训，提高员工的安全、技术操作水平。加强作业方案、施工方案、检修方案实施前的专项培训，使相关作业人员明了方案中的安全要求，防止违规作业。

4）钢铁公司炼铁部严格落实安全联保互保制度，在作业过程中做好互保对子之间的安全监护工作。加强对作业过程中的安全监督与管理，明确专人进行监护，发现违章作业等行为，立即进行制止和纠正。

（5）相关知识与管理借鉴

在这起事故中，清理3号料仓粘料过程中，作业人员未按清料方案规定进行清理，结果粘料突然坍塌，导致人员被掩埋窒息死亡。为什么作业人员没有按照清料方案规定进行清理呢？其中的原因，可能就是为了省时省力，把下面掏空之后，上面的粘料塌落下来，继续清理可以节省体力和时间，但是很危险。

清理料仓粘料与清理水泥料仓预防坍塌事故的思路是一致的，有些技术措施也可以借鉴。根据《水泥工厂筒型储存库人工清库安全规程》（AQ 2047—2012）规定，水泥清仓（清库）操作方法及注意事项如下：

1）清仓（清库）作业必须要有 3 人以上参加，并指定专人监护，进入钢板仓、钢板库人员必须正确穿戴好劳动防护用品。

2）严禁采用炸药、雷管等火工材料通过爆破方式清仓（清库）作业。

3）清仓（清库）必须采用安全的方法，查清、探明储存料钢板仓、钢板库的堵塞情况，拟定清仓（清库）作业方案，报生产安全部门领导批准后实施，分厂清仓（清库）安全员必须在现场监护，公司安全管理人员实施监督。

4）清仓（清库）作业前，必须通知与储存料钢板仓、钢板库有联系的工序人员，切断送料设备电源，挂上禁止合闸标牌，并确认无误。

5）清仓（清库）作业前必须切断空气炮气源，关闭所有气阀，放空空气炮气罐内气体，空气炮操作箱上转换开关置于“OFF”位置，并挂上禁止合闸标牌。

6）清仓（清库）作业前必须检查确认安全带、安全绳、软梯牢固完好。安全带系绳长短要适当，要系牢。情况不明、安全措施不具备，不得进入储存料钢板仓、钢板库清理作业。

7）清仓（清库）作业前要认真检查工器具是否完好，作业中注意工具不要伤人，认真做好“三不伤害”防护措施的落实工作。

8）清仓（清库）作业过程中必须始终实行统一指挥、专人负责，禁止任何人擅自动用与储存料钢板仓、钢板库相关的设备和设施。

9）在储存料钢板仓、钢板库内作业，必须严格执行从上向下清灰原则，服从统一指挥，严禁违章作业，严禁先冒险进入底层清仓（清库）作业。

10）进入储存料钢板仓、钢板库内作业，必须使用24 V低压照明灯具，仓内保持良好通风。

11）清仓（清库）作业完毕，要及时清理现场，收好工器具，恢复设备、设施正常状态，各人孔门做好密封，认真检查确认后，按规定手续接通设备电源，投入生产。

65. 冷箱外壁破裂珠光砂喷出导致坍塌

2009年7月15日7时30分左右，江苏省无锡某特钢公司（本案例简称特钢公司）在空分装置检修中，因冷箱内珠光砂大量喷出，发生分馏塔上塔倒塌事故，致3人死亡、8人受伤。

（1）企业基本情况

特钢公司许可经营项目为氧气、氮气、氩气的制造、加工，一般经营项目为金属压延制品的制造、加工、销售和金属冶炼等。

特钢公司的KDON6000/6000空分装置于2004年开始建设安装，2006年3月通过安监局组织的“三同时”验收，2006年6月领取了危险化学品生产企业安全生产许可证。2004年特钢公司与河南省某空分设备有限公司（本案例简称设备公司）签订合作协议，由设备公司派员驻厂对空分装置进行运营管理及日常维护。2009年2月，设备公司指派史某军等人驻厂管理。

（2）事故经过和救援情况

2009年7月12日7时30分左右，现场管理人员发现空分装置分馏塔冷箱中段外壁有结霜现象，当即紧急停车并安排对分馏塔进行检修。设备公司驻厂管理人员组织将分馏塔内的低温液体进行排空，13日用压缩空气对装置进行吹扫加温。

14日17时，设备公司驻厂管理人员与临时雇用的扒砂作业负责人一起查看扒砂现场时，嫌分馏塔冷箱原有的扒砂孔（直径320 mm）太小，影响扒砂速度，要求在冷箱扒砂孔旁边开一个大些的扒砂口。

15日6时许，在未办理动火作业票证的情况下，设备公司驻厂管理人员安排工人在冷箱原扒砂孔旁边割开了一个矩形的扒砂口(其中有三边被割开，长800 mm，宽600 mm)。7时许，扒砂人员在未穿戴必要的劳动防护用品的情况下，开始通过新开的扒砂口进行扒砂。7时30分左右，冷箱内珠光砂大量喷出，分馏塔上塔倒塌，造成现场扒砂作业人员3人死亡、8人入院观察治疗。

（3）事故原因分析

1）直接原因。在扒砂作业前，对分馏塔冷箱的加温不够充分，冷箱基础温度尚未达到0 ℃以上，泄漏到冷箱内的低温液体并未彻底去除，不具备扒砂的安全作业条件。在此情况下，扒砂作业人员即通过割开比原扒砂孔大得多的矩形扒砂口进行扒砂作业，因扒砂速度快，导致外界热空气大量进入冷箱，致使冷箱中存有的低温液体急剧汽化膨胀导致冷箱外壁破裂，大量珠光砂喷出，最终导致分馏塔上塔倒塌。

2）间接原因如下：

①承担检修任务的设备公司未组织制定详细的检修作业方案和相关应急措施，未严格按照国家标准《氧气及相关气体安全技术规程》[GB 16912—1997，已于2009年10月1日作废，被《深度冷冻法生产氧气及相关气体安全技术规程》（GB 16912—2008）替代]检修维修的有关规定充分加热冷箱中的珠光砂，也未对冷箱内的实际温度作

可靠的测定，冷箱内的低温液体尚未彻底去除，且还违章在原扒砂孔旁边割开了一个比原扒砂孔大得多的扒砂口。这是导致这起事故发生的主要原因。

②在扒砂作业前，设备公司驻厂管理人员未对临时雇用的扒砂作业人员进行安全教育和培训，作业人员安全意识淡薄，缺乏必要的安全知识。在未确认装置是否具备安全作业条件且未按规定配备劳动防护用品的情况下，施工作业负责人片面追求扒砂速度，违章指挥扒砂作业人员通过割开比原扒砂孔大得多的新扒砂口进行扒砂。这是导致这起事故发生的重要原因。

③特钢公司安全生产责任体系不健全，安全生产责任制不落实，对空分装置在安全管理等方面形成事实上的“以包代管”，未督促设备公司严格按照有关规定制定详细的检修作业方案和相关应急措施，对扒砂检修等重点环节缺乏严格的内部监管，危险作业等安全管理制度执行不到位。这也是导致这起事故发生的又一重要原因。

（4）事故教训和整改措施

1）设备公司要认真贯彻并严格执行相关的国家标准和行业标准，切实加强对本公司以及所有派驻外单位进行项目运行等队伍及人员的管理，驻特钢公司负责空分装置日常运行管理队伍要自觉纳入特钢公司管理体系，严格按照特钢公司的安全管理规定和要求，强化对设备检维修等施工作业和外包作业人员的安全管理，确保空分装置安全运行。

2）特钢公司要深刻吸取这起事故的教训，切实落实企业安全生产主体责任，建立、健全并全面落实安全生产责任制，将空分装置真正纳入公司安全生产统一管理体系，防止“以包代管”甚至失控漏管；同时，要进一步完善并严格执行包括设备检维修在内的各项安全管理制度、安全操作规程，积极贯彻执行相关的国家标准和行业标准。

3）负有安全生产监管职责的有关部门要进一步加大对冶金、建材、机械等行业的安全监管力度，对有同类空分装置的企业经常性地开展安全大检查，督促相关企业认真吸取本次事故的教训，及时排查并整改事故隐患，防范类似事故发生。

（5）相关知识与管理借鉴

这起事故的发生与不讲科学、野蛮作业直接相关。从原因分析来看，承担检修任务的设备公司，未组织制定详细的检修作业方案和相关应急措施，未严格按照国家有关规定充分加热冷箱中的珠光砂，也未对冷箱内的实际温度作可靠的测定，冷箱内的低温液体尚未彻底去除，且还违章在原扒砂孔旁边割开了一个比原扒砂孔大得多的扒砂口，这样扒砂的速度加快了，但危险也相伴而来。因扒砂速度快，外界热空气大量进入冷箱，致使冷箱中存有的低温液体急剧汽化膨胀，导致冷箱外壁破裂，大量珠光砂喷出，最终导致分馏塔上塔倒塌，并且造成人员伤亡。

在事故发生之前，事故企业与设备公司签订协议，由设备公司派员驻厂对空分装置进行运营管理及日常维护，需要维护的时候，由设备公司驻厂人员临时组成施工队进行作业。

近年来，外包施工队或外协单位生产安全事故屡屡发生，究其原因，是一些企业为了降低成本，将部分作业或者维修工作独立承包出去，至于施工队是否挂靠、是否假借资质、技术力量是否雄厚、是否转包等，企业并不考虑。而施工队伍又常常是一些临时招募的人员，技术水平、安全素质都不够高，发生事故在所难免。这起事故的发生，就与外协单位临时组成施工队作业，急于完成任务有关系。

对此，企业要加强对外包施工队或外协单位的安全管理，在安全管理中需要注意以下事项：

1）加强施工队资质管理。对施工队资质管理要从源头抓起，严格审批，除审查其文件资料外，更重要的是审查其是否有自己的队伍，其管理人员是否存在“挂靠”现象。要想审查其队伍，只要查看其劳动合同、养老保险费缴纳情况即可。

2）加强施工队伍基础建设，提高施工队伍技术水平和业务素质。施工队技术水平和业务素质的提高，须通过有实效的培训教育进行，如采取集中培训、一对一帮扶、手把手现场指导、警示教育、激励惩戒等形式培训。要根据企业实际情况，结合施工队人员现状，制定具体的安全培训规划，并加以实施。

3）企业要将外包施工队安全生产工作纳入企业统一管理。《安全生产法》规定，企业应对承包单位安全生产工作统一协调、管理，并定期进行安全检查。企业生产环环相扣，紧密相连，不能将任何一项工作单独分离开来。企业应将外包施工队当作自己的一个车间、一个部门去管理，在安排生产计划指标时，将安全工作统一安排进去，与其他车间、部门同检查、同考核。日常管理中对外包施工队主要负责人，在思想上一视同仁，要求其一同参加有关工作会议，一同落实企业各项责任制度，决不能游离于企业管理之外搞“独立王国”。

4）安监部门要加大对外包施工队安全生产监管力度。安监部门在日常执法检查时，应直接对外包施工队进行检查，检查人员作业、安全培训教育、事故隐患排查治理等，发现其违法行为，直接依法进行行政处罚。

66. 拖拉机倒进车间撞倒人员造成伤害

2016 年 4 月 29 日 4 时 10 分左右，河北省武安市某物流劳务服务有限公司（本案例简称物流公司）拖拉机司机李某华驾驶装载铸管的拖拉机，在某铸管股份有限公司（本案例简称铸管公司）武安工业区铸管部二区退火炉车间门口倒车时，发生一起车辆伤害事故，造成 1 人死亡，直接经济损失约 80 万元。

（1）企业基本情况

1）企业相关情况。物流公司经营范围为物流服务、货运站（场）经营、场内装卸搬运等。

铸管公司经营离心球墨铸铁管、灰铁排水管、新型复合管材及配套管件等。武安某物流有限公司（本案例简称武安公司）作为铸管公司武安工业园区下属采购中心的一个职能部室，其主要职能为代表铸管公司各实业部与外部运输公司签订运输合同和结算运费。

2）工程项目承揽情况。2016 年 3 月 31 日，物流公司和武安公司签订了运输合同。合同内容：根据铸管公司生产需要，物流公司组织车辆、机械、人员配合铸管公司完成指定实业部生产物料的装卸倒运工作。合同实施地点在铸管公司武安工业区厂内，合同期限为 2016 年 4 月 1 日至 2016 年 6 月 30 日，双方签订了工程项目安全管理协议书。

（2）事故经过和救援情况

2016 年 4 月 29 日 4 时许，物流公司拖拉机司机李某华，驾驶装载铸管的拖拉机至铸管公司铸管部二区退火炉车间外，下车进到车间门口内欲与退火炉车间当班人员沟通，见没人且天车未作业，就返回拖拉机进行倒车，欲将装载铸管的拖拉机倒进车间内用天车卸货。

4 时 10 分许，李某华将拖拉机倒车至退火炉车间门口内时，撞到自西向东行走的铸管部二区退火炉车间当班运管工李某瑞头部，李某瑞大叫一声后倒地。李某华听见叫喊声（由于车上铸管挡住视线，看不见后面），赶紧刹车并往前开了 4 m 左右，下车到车间内看见李某瑞头朝西北、脚朝东南（脚部在车间内侧，距离车间门口约 40 cm）

仰躺在地，头部右侧地面上有一片血迹，于是掏出手机向物流公司当班班长段某晴报告。此时，天车司机代某强无意中发现有人躺在车间门口内侧的厂房地上，就立即踩下报警铃。铸管部二区退火炉车间工部班长姜某国正在炉台上跟巡炉工看炉子，听到天车警铃，就到炉后，发现李某瑞躺倒在车间门口内侧地上，立即用手机先后向作业长裴某强、工部主任刘某彬和安全主管袁某进行了报告。

物流公司当班班长段某晴赶到现场，看到有人躺在车间门口内侧地上，且头部触地部位有一摊血。铸管部二区安全主管袁某、车间主任刘某彬也先后赶到现场。4 时 40 分许，救护车赶到现场，救护人员确认李某瑞当场死亡，随后将李某瑞送至武安市仁慈医院。

（3）事故原因分析

1）直接原因。物流公司拖拉机司机李某华未按照车辆运输操作规程与车间当班人员进行沟通确认，见现场无人，就私自决定将装载铸管的拖拉机倒进车间，造成自西向东行走到车间门口附近的退火炉车间运管工李某瑞被撞倒，头部触地死亡。

2）间接原因如下：

①物流公司车辆运输操作规程中规定车辆进入有关车间要进行安全确认，但未明确如何进行有效确认，造成拖拉机司机李某华见现场无人就进行倒车作业，且车辆装载物影响倒车视线，致使李某瑞被撞死亡。

②物流公司对拖拉机驾驶员管控不力，未对驾驶员的驾驶证件按期进行审验，致使本次事故中拖拉机驾驶员无证驾驶。

③铸管公司铸管部二区退火炉车间现场机动车辆管理不到位，没有认真落实铸管部厂内交通安全管理制度，现场安全确认措施未明确。

（4）事故教训和整改措施

事故调查组认定，该事故是一起因违章作业造成的车辆伤害生产安全责任事故。

1）物流公司要提高安全生产红线意识，认真学习贯彻安全生产相关法律、法规，建立、健全安全生产责任制和规章制度，加强员工安全培训教育，保证安全投入，严格日常安全检查，及时发现和消除事故隐患，切实落实企业主体责任。

2）吸取事故教训，在有车辆进出的企业车间内部、门口及其他风险路段要设置声光报警设备和阻拦设施。举一反三，完善和落实车辆进入生产场所的安全确认措施，明确具体确认程序、方式和管理人员。

3）加强夜班时段的安全巡查管理，防止当班人员犯困、注意力不集中引发安全事故。要关心员工生活，对因家庭或其他原因造成员工情绪波动、工作不在状态的，要适当调整岗位或工作时间。

4）铸管公司要认真开展一次外工队伍安全管理工作大检查，梳理和健全企业与外委、外协单位的安全培训、安全检查、现场管理规定，尤其是交叉作业的相关规定，明确责任，细化措施，加强管理，严格落实，防止外委、外协单位引发安全事故。

（5）相关知识与管理借鉴

在这起事故中，拖拉机司机见现场无人就进行倒车作业，直接把拖拉机开进车间，由于装载物影响倒车视线，没有及时发现车辆后面有人，结果发生事故。

车辆伤害事故的原因是多方面的，但主要涉及人（驾驶员、行人、装卸工）、车（机动车与非机动车）、道路环境这 3 个综合因素。在这三者中，人是最重要的。据有关资料分析，一般情况下，驾驶员是造成事故的主要原因，负直接责任的事故占车辆伤害事故总数70%以上。

为预防倒车事故，应要求驾驶员做到以下几点：

1）如果厂区道路、环境情况复杂，倒车前必须选择好倒车路线与地点。

2）倒车前应认真观察周围情况，确认安全后鸣笛起步缓慢后倒。

3）在厂房、料库、仓库、窄路及视线不良地段倒车时，须有专人指挥。

4）车辆在企业内平交路上及桥梁、陡坡等危险地段不准倒车。

5）保持车辆技术状况良好，防止倒车起步时车辆突然窜出。